G

咕
噜
GuRu

波诡云谲的中国证券市场是观察 40 多年来中国社会变化的重要窗口。就此而言,1995 年的 327 国债期货事件,是一个值得深入研究的重要案例。在这本《无常的博弈——327 国债期货事件始末》中,陆一以一个历史研究者的敏锐观察力和强烈责任感,用细致的考证、生动的描述完整地还原了这一惊心动魄的历史事件,使读者可以以小见大,从中管窥中国证券市场乃至整个社会的种种"潜规则"。改革至今,市场交换在我国已有了长足的发展。但是,权力之手对于市场的管控操纵依然时隐时现,327 事件只是一个缩影。

——吴敬琏

国务院发展研究中心研究员

从计划经济向市场经济的转型,是中国社会 20 世纪 80 年代后的一场伟大革命。从政府放开市场、允许市场成长,到各级政府和政府部门参与、利用、经营并驾驭市场,既是过去几十年中国经济高速增长的一种推动力量,也是中国政府官员大面积腐败和社会收入分配急遽拉大的根本原因。陆一先生的《无常的博弈——327 国债期货事件始末》,以对当代中国证券史上的标志性事件的考证、解说为轴心,展示了中国经济市场化的曲折、复杂与艰难历程。作者用事实告诉世人:除非政府的权力被关在制度的笼子中,从而建立起一个法治化的市场经济,否则 21 世纪中华民族的伟大复兴和中国经济长期的可持续增长就可能只是一场春梦。

——韦森

复旦大学经济学院教授

如果说一个人不了解历史实际上永远是个孩子的话,那么,对中国资本市场来说,如果不了解其真实客观曲折的成长历史,也很难真正成熟起来。327 国债期货事件是中国资本市场成长史中最有代表性、影响也最为深远的重要事件之一,陆一先生以其独有的工作阅历积累和严谨的专业态度,在书中努力复原了 327 国债期货事件的全貌,这对于我们理解这个事件本身以及理解中国资本市场的成长,都有重要的价值。

——巴曙松

北京大学汇丰金融研究院执行院长,香港交易所首席中国经济学家

金融的历史从来都不是一帆风顺的,贪婪和恐惧两股力量让金融的发展历尽大起大落。在贪婪和恐惧的背后,是人性的幽明互现、利益的激烈角逐。陆一的这本《无常的博弈——327 国债期货事件始末》,用中国证券市场的一段波诡云谲、惊心动魄的历史,深刻展示了金融的复杂灵魂。

——何帆

上海交通大学安泰经济与管理学院教授

327 事件是中国资本市场脱胎换骨的分水岭，英雄陌路，枭雄迭起。陆一始终站在制高点冷静观察，20 多年的理性沉淀值得我们期待。当事人都在，历史也在延伸，本书是里程碑。

——王巍
中国金融博物馆理事长、中国并购公会创始会长

本书再现了当代中国金融史上一次重大事件——327 国债期货事件。有别于习见的枯索的证券史，本书遍眼是生动的场景、对话和心理描写，状难写之景如在目前，却又有着扎实的史料依据。

——胡舒立
财新传媒创办人、社长，中山大学传播与设计学院教授

陆一的记者生涯虽早在 20 多年前戛然而止，但他的中国证券史研究仍然铭刻着一位优秀记者的印记：观察、记录、思考、研究。他挖掘可靠的原始史料，尽力就中国股市的变迁作负责任的真实描述。在这过程中表现出的考证、辨伪、还原、直书等等特点，表明他已具备一个历史记录者的可贵素质。这个时代，历史记录千疮百孔，清浊难辨。陆一的这本书，再一次体现了他的专业抱负，慢慢理清年轻的中国股市业已混沌的脉络。

——张力奋
复旦大学新闻学院教授，FT 中文网原总编辑

25 年前发生的 327 事件是中国资本市场的一块伤疤。尽管脓疮已板结在愈加胖大的肉身里，但其剖片的药理价值并未得到应有的探究和利用。从这个原因上讲，新闻人陆一的这本很晓畅的还原真相之作，仅仅是个好的开始。

——方泉
资深财经媒体人、《证券市场周刊》原主编

对于我的一些同龄人，如不少 80 后或 90 后而言，"327 事件"似乎只是一个久远而生疏的名词，可这一简单名词背后隐含着人性、金钱、权力的纠缠与挣扎，其间沉沦与救赎，可谓沉重又疯狂。陆一先生的书，无论是否经历过那段历史的人，都值得一读。

——徐瑾
FT 中文网财经版主编，经济人读书会创始人

THE ANICCA GAME

无常的博弈

327国债期货事件始末

陆一 著

上海三联书店

当我们身处逆境时，是该委曲求全，还是奋起反搏？

佛曰：放下。

目　录

前言

本书为《中国赌金者——327事件始末》一书的全新修订版。该书在2015年初甫一出版，就引发了诸多反响。

但我没想到，第一个主动和我联系的当事人居然是李剑阁。

在我2014年收集整理资料、访谈各方当事人，全身心撰写《中国赌金者——327事件始末》时，也几次起念想找剑阁聊聊——因为他在事发当年担任中国证监会分管期货市场的副主席，十几年后又阴差阳错转任申万证券公司董事长，按理他算是327事件的重要当事人之一。我虽与剑阁认识多年，但自从他担任证监会副主席后，我因在上海证交所供职，便很少找他——想到有可能给朋友带来的各种不方便，踌躇犹豫了很久，还是忍住了。

就这样，在还原327事件的过程中，我虽然当面访谈了绝大多数当事方的重要当事人，但由于辽国发三兄弟失踪、证监会的领导不便找，我总觉得有些许缺憾。

新书出版后,我开始在 FT 中文网我的专栏中连载部分内容。2015 年春节前突然接到剑阁的电话,原来他是看了我的专栏,通过时任总编张力奋辗转找到我,向我要书的。

剑阁在电话中说,看到我在 FT 中文网专栏写 327 事件的历史,想找我聊聊。于是我首先向他道歉:"在写书时就曾想找您,但思忖半天,觉得您还在位置上,所以就没有主动找证监会这个当事方的任何人做访谈,因为你们也不方便说。"没想到听了这话,剑阁在电话中呵呵一笑,说:"我刚刚从申万董事长位置上退下来,现在方便说了……"我立刻接上他的话茬:"那我马上请人把书给您送过来,过了春节我和您约时间,我们当面好好聊聊?"

于是,春节后我专程到北京,就 327 前后他所亲历的历史做了一次迟来的访谈。

接下来便一发不可收拾,许多当事者直接或间接向我表示愿意接受访谈,聊聊当年的事情。甚至一些已经接受过访谈的当事人,也找机会接受了我再一次的访谈,进一步澄清和补充了许多细节。

特别有趣的是,2015 年我参与上海市金融办和政协文史委组织的上海金融口述历史访谈项目,该项目要访谈中国工商银行上海分行原行长沈若雷,可沈若雷对列给他的访谈题目表示没啥可多谈的,反而表示对 327 事件和 1996 年地方政府影响市场的历史有话可说。于是在该行工作人员安排下,沈若雷专门抽时间接受了我的访谈,澄清了在 327 事件中上海市政府如何决策挽救万国证券和 1996 年地方政府影响市场的过程中诸多以讹传讹的历史细节。

于是,从 2015 年上半年开始,我在不断参与出版者和其他机构组织的各种读者见面会之余,持续对当事人进行了新的访谈:李剑阁、谢荣兴、尉文渊、王培君、李振法、沈若雷、钟宁、武小强、汤仁荣、王书琴、胡晓辉[1]……中金所、期货业协会的诸多研究人员和一线操作人员也在不同场合参与了我发起的有关期货操作手法、理念、策略等等专业问题的讨论……

近年来,包括一些自媒体在内的新媒体不断把周正毅、刘汉、袁宝璟、戴志康、张振新等一批当年在国债期货市场跟风做多的"小散"的身前身后事演绎得纷纷扬扬,并且不辨历史真相地冠之以"327事件赢家大佬",以博人眼球、赚取流量。从历史研究的角度来说,这些不经考证的说法都是极不严谨和严肃的。要说327大佬或大赢家,套一句江湖上不怎么恰当的比喻:至少也得是当年在中经开上海、北京营业部大户室里,和戴学民、钟宁等可以称兄道弟;或者在上交所、北商所和尉文渊、刘波、武小强等能够勾肩搭背的才差可入围……不过,当年在国债期货市场上出头露面的大佬,甚至名不见经传的小人物,在本书中基本都罗列出来了。

2012年4月3日,博鳌亚洲论坛"金融危机与全球资本市场的新挑战"分论坛上,时任中国国际金融有限公司董事长的李剑阁表示:"大家都知道1995年发生的327事件,我本人当时在证监会分管期货,是中央调查组的副组长。要对这个事情进行全面认识,当时条件还不成熟。现在17年过去了,大家气也没了,有些事该处理的处理了,有的人关进去也放出来了,所以大家可以坐下来谈谈这个事了。"

但20多年来,绝大多数327事件的主要当事人们,或者隐身幕后和海外,或者在后来混迹市场的过程中被修理得谨言慎行,所以现

---

1 前文未提及的谢荣兴时任万国证券公司上海黄浦区营业部总经理,尉文渊时任上海证交所总经理,王培君时任万国证券副总裁,李振法时任万国证券办公室主任,钟宁时任中经开上海业务部副总经理,汤仁荣时任海通证券公司总裁,王书琴时任万国证券基金部驻北京交易员,胡晓辉为327事件亲历者、期货操盘手。

在已没有可能让这些市场大佬们在现实中心平气和地坐到同一个台面旁。

不过历史可以用另一种方式再现,在本书初版前后,笔者访遍了与327事件相关的市场的参与方、监管方和组织方几乎所有的重要当事人。在这本书里,终于所有的327大佬可以集中到一起"坐下来谈谈这个事"了。

根据近年来不断访谈所得到的新的史料,以及访谈所引出的新的考证线索,原来书中部分史料的缺失、遗漏和部分细节因当事人记忆偏差的失真,逐渐显现出来。这就使得我和出版人都觉得有必要尽快引用新得到的史料对原书做一个修订,以更好地还原历史事实、澄清失真和谬误。

本书的这次修订,增加了三个章节,全书各章节增删补充,共增加篇幅2万余字。最大的改动是根据当事人的回忆、市场数据的分析和史料的考证,补充了万国证券上海黄浦区营业部和中经开上证在国债期货313品种上发生的第一次对决,并纠正了314和313的史料混用;根据上交所327合约与北商所401506合约1995年1—2月交易数据复原了万国证券和辽国发主动出击、跨市场布局的经过;对2月23日当晚及之后,上海证交所与证监会就事件处理所进行的互动,则根据李剑阁的回忆作了补充;对2月25、26日上海市政府救万国、申银和万国合并的决策过程,也根据沈若雷的回忆做了修正和补充。

其他有关汤仁荣并没有因为做319失误而受处罚,而是316合约平仓时遗漏了一个仓位没有及时平仓,所以才造成了将近2亿元的亏损……诸如此类的细节都根据当事人新的回忆一一作了更正。

2015年6月6日,管金生现身公开谈论327事件,之后恰逢股灾中金融期货的多空之辩达到高潮,市场专业人士和一线操盘手也不断就管金生所谈到的认识和反思,从专业角度澄清了概念的误解和理念的失误。我将这些内容也一并归入附录 12 中,以供读者研究参考。

2018 年,曾长期在期货发展和监管一线岗位上工作的中国证监会原副主席姜洋,出版了他的专著《发现价格:期货和金融衍生品》。根据本书初版还原的 327 事件,他在书中从期货市场专业角度,详尽地分析了导致 327 事件的重要原因——中央对手方的风险失控。我也将他的观点和书中披露的新史料加入了修订版中。

2019 年 5 月,上海著名作家俞天白专门约见我,给了我一份珍贵的史料——当年事发后不久管金生为自己的行为申诉和辩解的材料。20 多年来围绕 327 事件流传甚广的阴谋论推演、针对管金生与万国证券砸盘行为的合理化洗白,以及长期以来有关万国证券命运的悲情演绎,这份材料应该是最初的发端。

在附录中还收入了万国证券部分员工和一线交易员对 327 的反思,相对于万国证券公司部分高管几十年来的讳莫如深,这些基层员工当年对市场和 327 合约的理解表现得更为敏锐,几十年后的坦诚反思也显得更为睿智。

陆 一
2019 年 10 月

初版自序

2015 年 2 月 23 日，是 327 事件发生 20 周年的纪念日。从严格意义上说，所谓的 327 事件，只不过是中国证券市场历史上国债期货市场发生的一系列风险事件中的一个而已。

中国证券市场历史上所谓的国债期货市场风险事件，指的是在我国国债期货市场短短两年半的发展过程当中，先后发生在 314、327、319 三个合约品种上的国债期货市场风险事件的合称。其中又以发生在 1995 年 2 月 23 日、合约代码为 327 的国债期货市场风险事件在社会上产生的影响最大，通常称之为"327 事件"。而这一系列国债期货市场风险事件的发生和处置，最终导致了我国第一个金融期货品种的交易试点宣告夭折，我国证券市场的发展历史亦就此发生转折。

1996 年，我在上海接到北京一位报界老朋友的电话，说她策划的中国金融界重要人物专访系列的第一篇、访谈刘鸿儒的稿子已经在《中华工商时报》用一个整版刊出，因为时间关系，刊出前来不及给我看了，所以她请我找来报纸看一下，然后告诉她有什么问题。

这个专题策划，一开始她就找我商量过，因为我当时已经开始酝酿中国证券市场历史的研究计划，因此我从证券市场历史发展和金融体制改革的角度，为她的访谈人选、计划和采访提纲提出了不少建议。接了她的电话，我马上找来报纸从头到底看了一遍。

由于刘鸿儒在 327 事件发生后旋即被解职，所以她在全文的最后一段，用了一个记者的常用笔法，原文大意是说：3 月 27 日发生的 327 事件成了刘鸿儒在证监会[1]主席任上的最后一件市场大事，也终结了他继续市场改革和金融体制改革的职业生涯……

看到这里，我还不及细想，就马上打了一个电话给她，告诉她犯了一个非常外行的低级错误：327 是国债期货的一个合约代码而不是一个事件发生时间的简称，业内都知道 327 事件发生在 2 月 23 日。

时间过去将近 20 年。2013 年中我应这位朋友任院长的某大学传媒学院邀请，在为他们的财经记者硕士班和高级记者培训班的学员讲课时，还不无感慨地提起这件事。我说，即便如她这样，现在已经在金融界非常著名的记者，当年在访谈金融证券业人士和事件中都会犯这样的低级错误。这说明对证券界历史事件的研究和还原的工作，从历史事件发生的当时，直到几十年后的当下，一直是刻不容缓的。

1　1992 年 10 月国务院建立国务院证券委员会(简称国务院证券委)和中国证券监督管理委员会(简称证监会或中国证监会)。当时明确国务院证券委是国家对证券市场进行统一宏观管理的主管机构，而证监会只是国务院证券委下属的监管执行机构。

打捞历史，挽救记忆；探究历史皱褶中的真相，探寻历史细节里的启示——从 20 年前进入证券界起就成了我自觉承担的职责。

2008 年，我为中国改革 30 年重要事件和人物做口述历史的访谈，尉文渊就和我谈起：当年筹建上海证交所，从 1990 年 7 月 3 日到筹备小组报到，直到 12 月 19 日上海证交所开业，那五个多月的筹备过程，许多细节都已经很难回忆起来了，只有一些大的事件还有些印象。当时只记得每天都应付着不断出现的问题，解决矛盾，推进工作进程……为此，我在对他做访谈时，收集了许多历年他接受采访所谈的细节材料和历史档案中的许多情节描述，来唤醒他头脑中的记忆，并考证坊间诸多以讹传讹的史实。

更让我感慨的是，2013 年，原来万国证券公司的老同事找我参与他们编写的《梦想的力量——万国人的口述历史》一书，春节期间我和管金生面对面做了一次大半天的详谈，那天应该是管金生十几年来第一次开口谈论当年 327 最后决策的经历和心路历程。不久后的一天，为供我参考，管金生托人带给我一纸他亲笔写下的补充材料，回忆他在 1995 年 2 月 22 日晚上的经历、想法和第二天行为的因由。

他在那份材料中写道："1995 年 2 月 22 日晚 8 点，中央人民广播电台在各地人民广播电台联播节目时间，播发了新华社关于国家决定对 1995 年国库券贴息的消息。管金生听完广播之后心情特别沉重：一个已经在市场流传而他本人却不相信的消息终于被证实了，他预感到一场金融风暴即将发生，他估计次日开盘 327 国债期货交易价格可能出现异常波动，他也考虑了可能采取的应对措施。2 月 23 日 9:00，交易所开盘，果然 327 国债期货交易价格 5 分钟内直线上升。他当机立断通知公司中层各部门一把手 9:30 无条件赶到公司办公室召开紧急会议。他开门见山地对全体与会人员说，经过一夜思考，他充分估计到这场金融风暴来势凶猛，唯一可行的避免事态扩大的办法是紧急建议上海证交所总经理采取特殊措施对327国债期货交易实行立即停牌……"

当我仔细看了这一纸认认真真地一笔一画写下的回忆，感慨万千之余只能托人婉转转告管总，他回忆中有几点与事实是有出入的，其中最关键的是贴息的公布时间，不是2月22日晚上8点，而是327事件发生之后的2月25日凌晨0点。而上海证交所当时的交易开始时间也不是上午9:00，而是10:15。[1]

也许是当事人都愿意根据自己的偏好选择性地保存记忆，或者是时间长久淡化了某些关键细节在记忆中的准确性，在我这些年所做的证券市场历史研究和考证中，这已经成为工作量几何级数增加的主要因素。

如果连当事人的诸多记忆都已经有所出入，那么327事件已过了十几年，当后人面对十几年来汗牛充栋、相互抄袭、以讹传讹、充斥

---

[1] 上海证交所的交易时间有一个不断变化的过程——1990年11月26日上海证交所成立时第一次理事会通过的《上海证交所交易市场业务试行规则》规定：上午9:30—11:00，下午1:30—3:00；1992年5月20日《关于全面放开股票交易价格的通知》：从5月21日起，本所交易市场开市时间临时调整为：前市为上午9:30—11:30，后市为1:30—3:30；1993年11月26日通知：上午交易时间9:30—11:00不变；下午的交易时间从原来的1:30—3:30改为1:00—3:00；每日下午3:00—4:30开办国债交易专场；1994年8月19日通知：从1994年9月5日起，股票交易时间调整为前市10:15—11:45，后市1:00—3:00，集合竞价为前市10:00—10:15，国债交易专场从下午3:00—4:30，调整为3:30—4:30；1994年12月29日通知：从1995年1月3日起，在上午交易时间内（10:15—11:45）也可进行国债期货的交易，下午的交易时间不变；1995年6月27日通知：7月3日起调整交易时间，集合竞价为上午9:15—9:25，前市为上午9:30—11:30，后市为下午1:00—3:00。所以在1995年初发生327事件前后，上海证交所上午的开市时间是10:15—11:45，下午是1:00—3:00，下午有一个国债期货专场交易时间是3:30—4:30。国债期货专场交易时间之外的上下午交易时段都可以交易国债期货。而其他市场国债期货上午的交易时间却是从9:30开始。

在网络上和书本里的那些似是而非的描述，如何能真实了解当年那场惊心动魄、情节曲折的事件全貌呢？

对历史的反思，首先取决于对历史真实的还原……

在 2008 年我写作第一本有关中国证券市场历史的著作《闲不住的手——中国股市体制基因演化史》时，就对于 327 事件用了一个专门的章节加以描述，那些描述所依据的是我当年的亲身经历、将近 20 年的观察以及思考的结果。但是由于篇幅的关系，当时对事件经过本身只停留于大框架粗线条的勾勒，对 327 事件的诸多细节尚未进行广泛的考证和深入揭示。直到 2012 年为 FT 中文网写作有关中国证券市场历史研究的专栏，并在此基础上出版了第三本有关中国证券市场历史研究的著作《陆一良心说股事——你不知道的中国股市那些事》，以及 2013 年和老万国的同事们一起编辑出版了《梦想的力量——万国人的口述历史》。在这两本书中，才有可能根据新收集到的历史资料以及对当事各方主要人物进行的访谈，对事件本身的诸多细节有相对深入的描写。

尽管如此，由于各种原因，从 327 事件发生至今已过去将近 20 年，还没有一本严肃记录、认真考证、完整描述、全景复原这一历史事件的书籍，以供后来者研究、回顾和反思这段历史。

到今天，社会已经步入热点快速转换和记忆急速消磁的互联网时代，无论在业界还是外界，真的有多少人了解、记得、知道 327 事件是怎么回事？还有谁在认真研究 1995 年 2 月 23 日之前和之后数年与这一事件相关的前因后果？

曾有一位当事者多年后说过这样一句话：327 事件的发生是个复杂的问题，值得证券界和方方面面认真总结，327 事件中惊险曲折的过程也是一个很好的金融文学题材。

所以,在我完成了三本研究中国证券市场历史的著作、在内心里已经对中国证券市场历史研究暂告一个段落后,又在各方面朋友的鼓励和催促下,重新检点起历年来积累的资料,并开始新一轮访谈、考证、甄别、发掘躲藏在历史皱褶中的真实和细节,拼合并还原历史的真实过程。

为还原这一历史事件,我在此之前和之后历经数年时间,寻找和这一历史事件相关的各个当事方,对各当事方的十多位主要人物进行了深入访谈,收集并整理了数千份、数百万字的相关档案资料和历史照片,考证了整个历史发展过程的诸多细节和事实,在过程中就国债期货事件在《东方早报》等报刊和《上海地方志》撰写了多篇文章。

这本书和我以前的几本书的写作手法有很大不同,在考证史实、据实叙述、再现历史场景的同时,更具有历史过程的生动再现和人物行为、对话、心理的具体描写,但这些都建立在可靠和详实的历史档案和历史资料的基础上。这就使得本书更具可读性。希望本书能成为迄今为止资料最详实、研究最深入、考证最细致、描述最完整的一本有关当年国债期货事件历史的著作;同时期望本书不仅成为我对中国证券市场历史研究所作的一种新的尝试,也期待它成为其他研究者和更多当事人开展327事件研究以及更进一步挖掘历史细节的基础。

引子

黑色 8 分钟

一件影响证券市场历史的大事件，就这样毫不起眼地发生
了……

黄浦江与苏州河交汇的北岸，从外滩往北过了外白渡桥的第一个路口东侧，有一栋建于1846年（清道光二十六年）的老饭店，原名叫礼查饭店。这是中国第一家西商饭店，在这如今被称为浦江饭店的建筑内，充满上世纪30年代十里洋场的气息。1990年中国大陆重新创建证券市场，上海证券交易所安址于此。

一进饭店的大堂，就可以透过巨大的落地玻璃隔断，看到原来是旧上海著名舞厅的大厅现在已成为坐满红马甲、放满电脑交易台、高挂着巨大电子行情显示屏的证券交易大厅。

进门左转，沿着充满旧时代装饰气息的楼梯上二楼，是上海证交所的办公区。就在楼梯口的小空间，迎面放了一张秘书坐的前台，右手朝南三间靠马路的房间，就是上海证交所总经理尉文渊、副总经理刘波、吴雅伦的办公室，而左手边是一个四面无窗的小会议室，供老总们开会和接待使用。

时间是1995年2月23日，下午4:10。

前台的秘书小刘，看到小会议室的门打开了，尉文渊陪着中国证监会期货部主任耿亮和副主任姚刚谈笑着走出来。

尉文渊说："我们从1993年底缩短了半小时股票交易时间，现在下午3点半以后到4点半，有一段专门交易国债和国债期货的时间。所有会员公司都可以在这段时间内从事国债现货交易，而具有国债期货业务资格的会员公司，可同时从事国债期货的委托和自营业务，我们把它叫作国债交易专场。"

他转向耿亮:"既然国务院已经决定国债期货由证监会监管,要不我带你们下去看看,实地感受一下现场气氛?"

看到两位领导兴致盎然的神情,尉文渊回头对小刘关照了一下,就带着他们一路往一楼交易大厅而去。在楼梯上,尉文渊对耿亮说:"这两天,因为一些传言,市场有点骚动,部分国债期货合约成交量上升得蛮厉害。针对部分券商的一些违规行为,我们今天上午还开了一个30家会员单位的专题会议,通过了六条有针对性的监管措施,准备明天见报。"

目送领导下了楼梯,总经理秘书小刘在工作记录日志上,用娟秀的笔迹记录下尉总今天最后一个接待详情。4:18左右,桌上的电话铃响了。她接起电话,用她特有的又糯又嗲的语调说了声:"上海证交所,请问您是哪位?"电话里传来一通急促的上海话:"我是汤仁荣,尉总嘞了嗨(在)吗?"尽管听出来电话的是老熟人上海证交所理事、海通证券公司总经理汤仁荣,小刘还是不紧不慢地说:"尉总勿嘞嗨(不在)呀。汤总,侬啥事体嘎急吼吼的?尉总陪证监会领导参观交易大厅去了,要么一歇歇回来我转告伊侬来过电话寻伊,好哦?"汤仁荣在电话里的语气更加急促:"侬马上寻到尉总,告诉伊快点把主机关式、停止交易。勿要问为啥!"

尉文渊一行一进交易大厅,一股热浪扑面而来。像下雨一般的键盘声和场内交易员不时随行情起伏不约而同发出的感叹声,让第一次走进这大厅的人感觉到一种搭上市场脉搏跳动的亢奋。

而对尉文渊来说,也许见多不怪,他仍旧平静地向证监会领导介绍着情况:"1994年,国债期货市场得到较快发展,全年成交金额达

19054 亿元，成交合约为 7260 万口[1]，12 月底持仓[2] 合约余额为 237 万口。1995 年 1 月，国债期货日成交量又有所上升，日均成交金额达 755 亿元，日均成交合约为 260 万口，1 月底持仓合约余额为 289 万口。春节后这一段时间，市场气氛更加热闹……"

突然，尉文渊觉得不对，直觉告诉他这大厅里的气氛很怪。他转头看了一下正经过的交易席位，发现电脑显示屏上的价格曲线直线下跌、成交量大增，全场发出了一阵压抑的惊叹。他自忖：怎么回事？我刚才看到的这个成交量数字还算平稳，怎么突然变那么大了？难道是电脑出问题了？

尉文渊的第一反应是不是有人输单出错？或者是系统出毛病了？因为正常不大可能有这样的状况。他转身找市场（监察）副总监王强[3]，让他立即通过电脑主机核查原因。

尉文渊和耿亮他们走出还没几步，王强匆匆过来就着尉文渊耳朵说："查出来了，是万国证券的几个席位用巨量大单把 327 合约的价格打跳水了。"

尉文渊脑子里"嗡"的一下，各种状况分析和应对可能急速在大脑里运转起来……

他紧赶两步对耿亮和姚刚说："对不起，我有一个市场突发情况要处理，看来不能继续陪你们了。"两位领导马上客气地表示理解，

---

1 上海证券交易所国债期货合约的单位在日常表述中用"口"，一口等于一张合约；而在诸如北京商品交易所等其他市场，常常用"手"，一手等于一张合约。目前中国金融期货交易所，新设立的国债期货交易单位，也用的是"手"。

2 在市场数据的统计中，金融期货持仓是以单边计算的，除了明确标注之外，一般如果看到媒体公布的某合约持仓额是 1400 万口，那就意味空方和多方均持有 1400 万口。

3 王强是万国证券公司创立初期最早进入万国证券的四个年轻人之一，1990 年筹建上海证交所时曾从申银、万国、海通等证券公司抽调业务骨干参与筹建工作。在 1990 年 12 月 19 日上海证交所开业后，王强和部分参与上海证交所筹建工作的各证券公司抽调人员被上海证交所留用，成为上海证交所发展初期的骨干成员。

说:"我们晚上有约了一起吃晚饭,打扰这么长时间,我们也该走了。你先忙,留步,别送了……"

送走证监会领导,尉文渊赶忙问情况。就在这转眼之间的电光火石一刹那,已经过了 4 点半,2 月 23 日的国债交易专场已经收市。整个交易大厅里所有的交易员都没有马上离场,全都无语地呆坐着,大家一片茫然、惊讶、疑惑……

行情显示屏上,从 4:22:13 开始,327 合约的价格从 151.30 元急挫至 147.50 元,拉出了一根跳水的直线。无论是场内还是场外、不管是上海还是北京,所有参与上海证交所国债交易专场的人,面对这奇怪的跳崖式走势都目瞪口呆,仿佛末日来临般陷入一片奇异的寂静凝重的氛围中……

当尉文渊得知,这些抛单是从万国证券的三个席位分多次抛出成交时,马上打电话给万国证券的总裁管金生——这天中午他们还有过一次紧急约见。尉文渊问他是否知道这件事?管金生回答,他知道。尉文渊一听,肯定了自己的判断,这是人为的,是有意而为的。于是,他没有在电话中和管金生多说,只是简单地要求他立即到证交所来说明情况。

接着,在交易大厅里,尉文渊当场从放置在交易桌上的一台 EPSON 1600K 打印机中扯了一截双孔打印纸,在它的反面写了几行字:"327 交易品种出现异常情况,经初步查证,有严重蓄意违规行为。如何处理,请各会员单位留意交易所公告。"随后把它交给手下,要求通过交易所遍及全国的专用卫星信息系统马上向市场宣布。

无论是刚刚匆匆离去的证监会期货部的两位主任,还是尉文渊本人,在 1995 年 2 月 23 日下午 4:30 前后,谁都不可能意识到,一件影响证券市场历史的大事件,就这样毫不起眼地发生了……

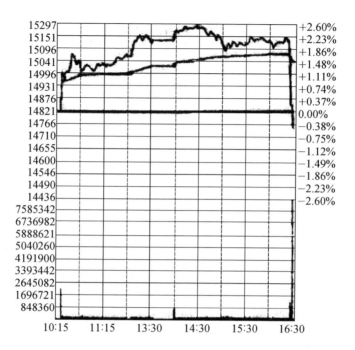

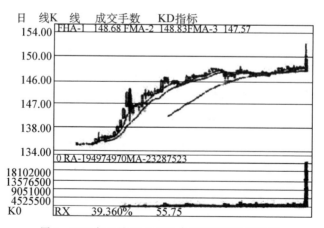

图 1 1995 年 2 月 23 日 327 合约走势图及 K 线图

金边债券

在上世纪 80 年代末倒腾国库券的队伍里，并不仅仅只有杨百万这样单兵作战的个人，其实也有第一批证券公司的身影。

倒卖国库券的人们

时间倒转回 8 年前……

1987 年上半年，每天下班时，在上海紧靠着苏州河南岸的南苏州路，总会见到一个外表斯文、戴着金丝边眼镜的中年人，拎着一个硕大的公文包，悠闲地由东往西从外滩慢慢走向西藏路……

他就是几年后在上海滩大出风头的证券界闻人管金生。

那一段时间，管金生刚刚在欧洲读出两个硕士，想去剑桥读博士未成。他被召回到原单位上海国际投资咨询公司后基本没事可做。

20 多年后，管金生对笔者回忆起那段难得的空闲日子：

> 我本来是忙惯的人，朝九晚五停不下来。而那时我每天坐车上班，下班没什么事，也没有加班加点，就溜溜达达从外滩走回西藏路附近的家，这中间要经过苏州河几座桥。时间长了就发现在桥口有人在交换国库券，见得多了我就发生兴趣，就和他们攀谈，最后还用 10 元钱和他们换过一张国库券。我慢慢和他们交朋友，他们告诉我：我们这里还不算多，在静安寺那里人还要多。后来我也到静安寺那边去看了，杨百万就是在那里认识的。

他想，这和当年西方在梧桐树下交换东印度公司股票不是差不多的事情吗？

其实当时在上海四川北路、虬江路口就有一个黑市,有些人急于用钱,就拿国库券跑到那里按面值打六折抛出,票贩子悄悄收进转手以七折再抛出。这便是人们称为"六进七出"的国库券价格。在一些小卖部或个体烟摊上,也挂出了收购国库券的牌子,被上海人称为"打桩模子"。

而管金生说到的杨百万,其实是当时上海滩另一个名人,大名叫做杨怀定,因为倒腾国库券赚了大钱,个人资产一下子上升到 7 位数,所以江湖人称"杨百万",真名反而用得很少。多年以后,他是这样说起他如何开始炒国库券的——

我是 1988 年 2 月 28 日辞职的,响应政府号召,自谋职业。开始我并没想到要做国库券买卖。我看到《新民晚报》上一篇报道,说温州实行利率开放,利息可以高到 13%。我就给中国人民银行温州市分行写了一封信,问上海报纸登的是否确有其事。人行温州市分行回了一封信,盖着公章,答复确有其事。我就想钞票不存在上海了,存到温州去。当时利率温州实际上高达 16%—18%,上海只有5.4%,我有 2 万元本钱,每年利息就是 3000 多元。我辞职时每月工资 68 元,一年也就 800 元多。我想这样不就可以不要上班了嘛。当时想法其实就是这么简单。到温州去的船票刚买好,上海报纸又登了消息,说上海要开放国债交易。我是读过《子夜》的,晓得这里面肯定会有"花头",所以 4 月 21 日开市第一天一早就去了。别人都不敢买,我买进。结果下午老百姓明白了,开始有人抢着买进。银行利率每年 5.4%,国库券三年期,年利率超过 15%,为啥不买?结果价格立刻上冲,冲到 110 元以上,我就抛掉。

很快,我发现全国 8 个试点城市的国库券差价很大,而中国人民银行却禁止金融机构之间流通国库券。于是,我又开始做国库券异地买卖。可以讲,国库券异地交易是我开创的。我没日没夜地乘火车在全国跑。差价可以大到每百元国库券超过 10 元,利很厚。啥地方穷,啥地方就更便宜。最早国库券是摊派的,老百姓拿在手里急于兑现,打八折80元抛售给银行,而银行缺乏资金,启动资金只有十几万元,一下子就用完了。我带着现金去买进,当地银行把我当救星一样。银行给我的价钱是九折,90元,到上海差价起码十几元。靠这2万多元,出去一趟起码几千元进账,本钱快速膨胀。其实当时国务院有文件,国库券不得低于面值买卖,上海执行政策最好,从来没有低于面值。我就以100多元抛给上海的银行。我实际上赚的就是这个政策的钱。那时我日日夜夜全国各地跑,现在面孔这么黑,就是那时晒黑的。

后来我进出都是上百万元了。银行开始注意我了,内部有争论。第一,这种行为是否属于经营金融。国家有规定,个人不得经营金融。第二,算不算投机倒把。我就到中国人民银行去"人民来访"。接待人问我啥事。我说我有些金融法规搞不清爽,想主动接受党和政府的教育。我填了一张人民来访单子。他吃惊地说:"你就是杨怀定?我们早就注意你了。你怎么会有那么多国库券呢?"我说:"我今天来就是想问这件事。我可以买卖国库券吗?"他说:"你看呢?"我说:"我看是可以的。"他问我你有什么依据?我说有。我从口袋里拿出一份《金融时报》。当时中国人民银行行长是李贵鲜。我说:"你们行长在报上讲,欢迎公民随时随地买进国库券,随时随地卖出。我看不到文件,但你们行长讲了,如果有错是你们行长错。"他不能说他们行长错,不知如何回答,只好说:"反正我们现在没有文件。"我说:"没有文件,那我就可以做呀。法律不禁止的,我就可以做呀。"就此观点,我后来还在报上发表过文章。

后来有一位官员对我说:"原来我们想让老百姓买卖国库券以搞活市场,没想到你利用这点来做生意。"我说:"我是合法的,我是投资者。我买进时,并没想要卖掉(其实是想的,就是为了要卖掉嘛),但是我突然之间要用钞票了。你管我是拿了一夜还是两夜呀。这也符合'随时随地买进,随时随地卖出'的原则呀。"当时还有人认为,杨怀定把上海的大量现金带到外地去了(当时银行内部现金是条块分割的），上海现金减少了。我说："你们没有看到，我把外地的利息都带到上海来了呀。"（我把有关的报纸、文件都保存下来了，当时怕"反攻倒算"嘛。）

这样做了一段时间国库券，心里还是有点害怕，怕政策变，也怕大笔现金带在身边不安全。当时个人没有本票，只有现金。我称过，一万元 10 元钞票是 0.6 公斤。我带 50 万元出去，就是 30 公斤。我就跑到公安局去，说现在改革开放了，我要从事国库券交易，能否请保安人员。后来上海《解放日报》社会新闻栏目上登过消息：上海出现第一例私人聘请公安人员当保安。我其实还有一个想法：中国人民银行如果认为我不合法，那么现在公安人员跟着我，我怎么做买卖的他们都看得见，有事你们可以去问公安局。

那时社会治安还是蛮好的。但那时大家都没见过大钱，你带着 100 万元现金，别人都会怀疑你非偷即抢，那时也不像现在这样讲法治，先把你拘留下来再说。有一次在火车站检查安全品，检查人员要我打开包。我说："我不能打开，要打开到你们办公室去打开，我怕被歹人看见要跟牢我。"检查人员很恼火，他们从未碰到如此不买账的人。走进办公室，我打开包说："都是钞票，可以带吗？绝对不是危险品。在外面不给你看，是考虑人身安全。"同时，我立刻把几包香烟掼过去。他们也很重视，马上通知乘警，请他们保护我的安全。就是这件事促使我萌发请公安人员的念头。以后我出门，保安人员开好执行公务的证明，还带着枪，一路免检，通行无阻，少了许多麻烦。到了外地银行，银行认为我正规，愿意把国库券卖给我。

1989 年，我又跑到税务局。当时有关部门认为有几种人赚钱最多，我的名字排在第四位：上海市民杨怀定，利用国债买卖获取暴利。我马上跑到税务局咨询是否要交税。税务局的同志讲，我们早知道你了，并且表扬我主动上门报税。当时的背景是，个体老板都不大肯交税。报纸后来登了消息：上海市民杨怀定主动报税。根据国库券条例，国库券是免税的，我买卖国库券也就不用交税了。

到中国人民银行咨询、请公安人员做保安、到税务局报税，就是这三件事让我出名的。[1]

在上世纪 80 年代末倒腾国库券的队伍里,并不仅仅只有杨百万这样的单兵作战的个人,其实也有第一批证券公司的身影。

1989 年底,中国人民银行一家北方信托投资公司听到风声,人民银行所属的信托投资公司都要撤销,但他们库里还压着 1000 多万国库券如何处理? 哪儿也找不到肯出这一大笔钱收购的买主。因为工商银行上海信托投资公司名声在外,那边的人便火急火燎地给副总经理阚治东打来电话:"我们公司要撤销,人家都来要钱,而国库券又无法一下子换成现金,请你们帮忙解决。"

阚治东感兴趣了:"我们可以吃进,什么价格?"

对方报了一个价,阚治东觉得很合算:"好,1000 万国库券我们都要了。"

"你们什么时候来呀?"对方还是很着急。

"今天下午就动身。"阚治东一点不含糊地回答。

"啊,你们行动这么快?"对方倒很有点惊奇了。

1000 万元,对阚治东的公司来说也不是一个小数目。在短短几个小时内,哪里去筹划这么多钱? 阚治东就立即给工商银行上海分行毛应樑行长打了电话,毛行长同意了。于是赶到银行开出支票,指令虞志浩、边晓敌当天下午乘飞机即赴哈尔滨办理转让手续。

随后,阚治东亲自出马,带领朱德明、郭纯和工行保卫处的几个同志,也火速赶到哈尔滨。

当时的国库券都是现货交易,钞票和国库券直接运来运去。阚治东他们此行也不例外。1000 多万元的支票一张,换来 50 箱国库

1 范永进、强纪英主编:《回眸中国股市 1984—2000》,上海人民出版社 2001 年 5 月版,第 250—255 页。

券,足足装满了10个大麻袋。怎么运走呢？朱德明今天讲起来还有点惊心动魄：

12月的哈尔滨,大雪飞扬,滴水成冰。人的眉毛挂霜,鼻毛都结冰,呵一口热气也会变成冰雾。我们一个个虽然身穿借来的皮大衣,但除了阚总外,我们几个初到北国的人怎么也感到无法抵御寒冷……先是点数国库券数得天昏地暗。麻袋装好了,什么时候走？怎么走法？都是在极为保密的情况下进行的,也绞尽了脑汁。

本来,我们想搭乘飞机回来,但保卫处同志从哈尔滨人行借了几把枪,带武器不准上飞机。我们又想干脆租一架军用飞机,但军用飞机不可能一下子飞到上海,沿途要停几次,安全有保障吗？我们又包了几间软卧车厢,但装国库券的麻袋体积太大,不允许上软卧。

最后,只好同哈尔滨铁路局及铁路公安派出所商量,把国库券放到前头的行李车上,派人拿着枪日夜轮流值班看守,生怕"东北虎"组成的"铁道游击队"飞车抢劫。换下来待在软卧车厢休息的人,神经也一刻不敢松弛。对讲机始终打开着,过几分钟就问："怎么样？"行李车上的看守人员就答一句："安全。"

就这样提心吊胆,经过几十个小时的路途颠簸,终于把它们安全运抵上海。[1]

曾任万国证券公司办公室主任的王钊虎,回忆起当年印象最深的居然是三次"背国库券"(上海方言,意为倒卖国库券)的经历：

其中第二次背国库券是在1991年的夏季,当时全国很多地方正在发洪水。那次我们是横跨北京、天津及河北廊坊等好几个地方,把这些地区总计过亿的国库券聚拢起来,再一起背回上海,历时整整半

1 郑重、陈可雄：《申银十年风云录》,学林出版社1994年8月版,第70—72页。

个月。万国静安营业部的张伟和公司的两位经济民警和我同行。

由于事先准备工作充分，国库券的实物交割都很顺利，上亿元的实物国库券很快就聚集存放在了天津证券公司。因为国库券的票面较小，实物体积超过了原先的估计，装了近80个麻袋。1捆国库券约1.7千克，1麻袋一共56捆国库券达95.2千克！近80个麻袋的总重量超过了7吨！因为量太大，若按原先的设想空运到上海，不仅成本高，而且出于安全考虑，机场方面也不会同意。我们决定通过火车陆运，于是包下了半节邮车车皮。

那年南方正在发大水，而且还是夜车，火车穿越灾区时开开停停，一路上还要多次停车取邮件。为确保安全，我们一行四人谁都不敢离开装了国库券的车厢半步。当时正值盛夏，邮政车厢还没有窗户。我们四个人打着赤膊，就睡在麻袋上面。每当停车取邮件时，我们就都跳将起来，并排挽手，八目圆睁，唯恐"麻袋"丢失。那一刻，脑子里想的只有管金生总经理的那句话：背国库券如果出现一次差错，整个万国证券公司都会垮掉的。

就这样，火车从天津一路走走停停，熬了整整一个晚上，过亿元的国库券终于安全抵达了上海。[1]

回顾那一段历史，最早的个人诸如杨百万之流，最早的证券公司诸如万国、申银、海通和各地财政证券等等，哪个不是因为倒卖国库券而攫取了市场的第一桶金？

国债和国债交易

让杨百万他们所疯狂的国库券其实就是国债，即国家借钱形成的债务，国库券、国家建设债券等就是借据。

---

1 《梦想的力量——万国人的口述历史》，上海人民出版社2013年9月版，第93—94页。

如今人们对国债发行已经习以为常，可是当年并不是这样……

1969 年，中国大陆正沉浸在"文化大革命"取得巨大胜利的全民亢奋中，《人民日报》在 5 月 11 日向全世界发表了一则消息：截止到 1968 年底，我国国内公债已全部还清。我国已经成为世界上既没有内债，又没有外债的强大的独立的社会主义国家。全国上下为此敲锣打鼓、彻夜游行，着实兴奋了好几个星期……

参与其事的刘鸿儒回忆：当时正处在"文化大革命"期间，我在人民银行办公厅工作，接到上级通知，由人民银行写一篇文章——"人民币是世界上最稳定的货币之一"，由我主笔。同时通知财政部写一篇"既无内债又无外债"的文章。文章几经修改，最后发表了。[1]

事实上，新中国建立初期，也是曾经发行过公债的。

1949 年 12 月政府通过《关于发行人民胜利折实公债的决定》，首先在国内发行折实公债。人民胜利折实公债计划于 1950 年内发行两期，每期 1 亿分，年息 5 厘，分 5 年偿还。公债的发行与偿还都以实物为计算标准。折实公债以"分"为单位，每分以上海、天津、武汉、广州、重庆和西安六大城市的大米（天津为小米）6 市斤、面粉 15 市斤、白细布 4 尺和煤炭 16 市斤的批发价加权平均总和计算得出。

至 1950 年 2 月底，全国总共推销公债 1.48 亿分。以后，由于财政状况开始好转，第二期折实公债未继续发行。

人民政府在国内发行折实公债的同时，还向苏联举借外债。根据《中苏友好同盟互助条约》及其《贷款协定》，1950 年 2 月中国政府取得苏联的第一笔借款，总额 12 亿旧卢布（约 3 亿美元），利率 1%，

---

1 刘鸿儒：《突破——中国资本市场发展之路》，中国金融出版社 2008 年 12 月版，第 573 页。

规定 10 年内分批还清。此项借款除一部分用于向苏联购买急需的军需物资外，主要用于国内改造和新建 50 个工业项目的建设。

1951 年 2 月和 1952 年 11 月，中国政府又取得两笔分别为 10 亿和 10.36 亿旧卢布（共约 5 亿美元）的抗美援朝军需借款，利率为 2.5%。

此外，中国政府还采取中苏合资形式，开办了中苏有色金属公司、中苏石油公司、中苏民用航空公司和中苏轮船修建厂等 4 个"平权合股"公司，中苏各占 50% 的股份。这是新中国最早的一批外债，也是新中国利用外债解决国内财政不足的一次尝试。

1953 年，中国第一个五年计划开始实施。1953 年 12 月，中央人民政府颁布了《1953 年国家经济建设公债条例》，决定从 1954 年起发行国家经济建设公债，筹集经济建设资金。1954—1958 年，政府连续 5 年发行了国家经济建设公债，总额 35.54 亿元，年息 4 厘，期限除 1954 年发行的公债为 8 年外，其余各期皆为 10 年。

1954 年 10 月，又取得苏联 5.2 亿卢布的长期贷款，到 1958 年中国向苏联借款，共计 14.06 亿新卢布（约合 74 亿旧卢布，15 亿美元）。

1958 年，随着前期公债还本付息数额的增加，中央政府认为依靠公债筹集资金意义不大。因此，1958 年 4 月政府发布《关于发行地方公债的决定》，决定从 1959 年起，不再发行全国性的公债，但允许地方在确有必要时发行地方公债。1959 年后，只有安徽、黑龙江等少数几个省份自行发行了少量的地方经济建设公债。

先前发行的公债，到 1968 年全部偿清。举借外债也于 1958 年停止，并在 1965 年前偿还了全部的苏联借款。合作社股票随着农村人民公社的成立和城市集体经济的建立而消失。原公私合营时划定的私股，也于 1966 年 8 月停止支付股息，实际上名存实亡。

在这样的背景之下，1968—1978 年中国进入国家既无外债又无内债的无债时期。

1969 年，中国人民银行正式并入财政部，中国很长时期没有中央银行。直到 1978 年中国改革开放的社会转型开始之后，中国人民银行才从财政部分出来，开始重新承担起中央银行的职责。

1979、1980 两年中国财政连着两年巨额赤字，在编制 1981 年财政预算时，财政部官员提出积极财政平衡说：建议发行国债。于是，在严峻的经济形势下，加上政府推进改革面临到处要钱的局面，1981 年 7 月国务院决定恢复发行国债，财政部首次以单位为对象发行国库券 48.66 亿元。1982 年 7 月，财政部首次向个人发行国库券。

从 1982 年开始，国债发行收入直接作为财政预算收入，如果出现预算赤字，由财政部向中央银行透支和借款予以解决。

由此，中国政府对宏观经济的调控，由长期依赖的计划经济的单一财政手段，开启了向现代金融多样化的市场手段缓慢转变之路。

恢复发行国债后，在整个经济体制改革的过程中，为提高国债信誉，国家采取了坚持国债发行优先的原则：时间优先（其他债券发行安排于国债发行之后）、价格优先（国债利率高于同期银行存款利率）；再加上国债利息免收所得税的政策优惠，树立了国债投资在安全性、收益性都优于其他债券的"金边债券"形象。

从 1981 年 7 月重新发行国债至 1985 年，发行的国库券都是 10 年期的。这一阶段国库券发行的特点：一是摊派发行，二是不可以转让，三是企业购买的国库券利息低、个人购买的利息高。[1]

---

1 刘鸿儒：《突破——中国资本市场发展之路》，中国金融出版社 2008 年 12 月版，第 41 页。

国债的发行在国家层面成了至高无上的政治任务。但是,对单位和个人却成了沉重的经济负担,甚至采取了党员干部带头、硬性摊派、工资里预先扣除等措施来保证当年国债发行任务的完成。

由于国债一级市场采用了非市场化方式,又根本不存在二级市场,流通很不方便,造成了国债认购积极性低、黑市交易盛行、转让价格低下。当时在人们的认识中,国库券不是一种投资工具,而是一种政治任务,是支援国家建设的一种方式,是一种变相的长期储蓄存款。

1986 年,工商银行上海信托投资公司静安分公司在南京西路开设了第一个股票柜台——静安证券业务部以后,在业务部门外的街头常可以看到这样的现象:买债券和股票的地方人群围得水泄不通,常把柜台挤破;而买国库券的地方则冷冷清清,门可罗雀,但各处买卖国库券的黑市却热闹非凡。

中国工商银行上海信托投资公司静安证券业务部的经理黄贵显和副经理胡瑞荃见此开始考虑一个问题:股票好上市交易,国库券为什么不能公开买卖呢?

1987 年 10 月,在上海股份制联谊会上,黄贵显在发言结束时加了一条"尾巴":"建议开办国库券转让业务"。当时在场的《文汇报》记者应延安认为这是一条重大的经济信息,立即抓住黄贵显进行采访。老黄当时谈了转让国库券的四大好处:

一、可以重新树立国库券的威信,把它的价值充分体现出来,消除群众中"不能兑现钞"的消极心理,从而吸收消费者手中更多的资金。

二、将使国库券的黑市市场难以为继。

三、有利于改变目前证券柜台交易债券、股票"有行无市"的局面。

四、通过代理国库券买卖,银行收取转让手续费,为国家增加收入。

应延安回到报社,将它整理发表在 1987 年 10 月 26 日第 135 期的内参上。这份内参,按惯例送到了北京每个政治局委员手中。

不久,北京的消息传到文汇报社——当时的中国人民银行行长陈慕华已在这份内参上作了批示:"国库券只有上市流通,才能提高信誉,建议人民银行有关部门研究这个问题。"[1]

刘鸿儒对此有印象:"记得 1988 年 4 月,国务院召开会议,不是讨论国债问题,但是会上有些同志反映社会上有人在农村偏僻地区以大大低于票面价的价格买入国库券,到城里来兑换,牟取暴利,几次打击都不成功。当时国务院领导同志说,那我们就开辟国债流通市场嘛! 持有国债的老百姓就可以不吃亏了。"[2]

在保证每年国债发行任务的强大政治压力下,财政部在 1988 年 3 月上报了《开放国库券转让市场试点实施方案》,随之,国务院正式批准今后发行的国库券可以上市流通。4 月起先开放了上海、深圳、沈阳、哈尔滨、武汉、重庆和西安等 7 个城市买卖国库券。4 月 21 日,1985 年、1986 年发行的国库券在上海等城市流通——当天,上海出现了千百人抛出与争购的盛况。这一天,中国工商银行上海信托投资公司静安、虹口两个业务部国库券买卖营业额为 3.8 万元,隔了一

---

1 郑重、陈可雄:《申银十年风云录》,学林出版社 1994 年 8 月版,第 66—68 页。
2 刘鸿儒:《突破——中国资本市场发展之路》,中国金融出版社 2008 年 12 月版,第 574—575 页。

个月后,它们的日营业额已增加到 70 多万元(静安 62.9 万元,虹口 7.3 万元),足足增加了 18 倍,业务量竟占了上海市的一半。[1]

同年 6 月又开放了 54 个大中城市,至 1991 年 3 月,全国约 400 个城市都开放了国库券交易。

国债市场化改革

国债的转让流通起步于 1988 年,1990 年才形成全国性的二级市场。

1990 年 12 月 19 日上海证券交易所开业,当天上市挂牌交易的证券品种共计有:股票 8 个,即"老八股";其他 31 个交易品种为各类债券,即 1989 年保值公债 3 种,1987—1991 年国库券 4 种,工行债券 6 种,交行债券 1 种,中行债券 2 种,建行债券 1 种,还有上海石化、氯碱化工等企业债券 14 种。

自此,国债成了中国证券市场诞生伊始的第一批上市品种候选者,国债的二级市场从黑市摊头逐渐走向场内交易,揭开了中国证券市场发展的序幕。

据上海证交所 1990 年和 1991 年统计年报,1990、1991 两年的市场总成交金额为 46 亿元,其中股票总成交金额仅 8.08 亿元,债券总成交额为 37.92 亿元,而其中国债的总成交额占 32 亿元。可以这么说,在早期的交易场所、证券公司,交易量最大的绝对是债券而非股票,而国债在债券交易中占有非常大的比重。

1991—1992 年,国债市场发生了重要转折。

---

1 郑重、陈可雄:《申银十年风云录》,学林出版社 1994 年 8 月版,第 68 页。

1991 年 1 月 7 日,财政部国债司张加伦和高坚两位副司长来到联办[1],商讨改革国库券的发行方式,从行政摊销改为承购包销,这是国债市场化改革的一项重要举措。

承购包销规范的做法可概括为:财政部提出国债发行的量、期限、债息,供有条件参加承销的金融机构进行投标,通过投标来确定发行价格。例如,要发 100 亿元为期五年、债息为 12% 的国库券,证券公司可根据自己对经济前景、市场状况的预测以及公司的能力来投标。比方说票面 100 元的券,有的愿以 99 元买 1000 万,有的愿以 99.5 元或 101 元买进,等等。经过投标竞价,找到双方都接受的发行价格。

这样,第一可以使财政部发债成本降低,第二承购公司按自愿价格承销,必须同时承担包销的风险,不能将券再退给财政部。简言之,证券公司们组成的承销团就像国债的批发商,财政部和他们商定条件后便一手交钱,一手交货,财政部可免去卖货之苦、退货之忧,券商们则可靠自己的本事争取货源,赚取手续费和市场价差。

1 月 28 日,财政部国债司委托联办组织 1991 年国库券承购包销团。

在参与催生中国证券市场过程中,联办忙了近两年,除去 STAQ 系统[2],真正主导并在前台亮相的就只是这次国库券的承购包销。

1991 年 4 月,财政部第一次组织的国债发行承购包销,有 70 家证券中介机构参与,标志着国债发行告别行政分配,开启市场化

---

1 即"证券交易所研究设计联合办公室"的简称,其前身为"证券交易所研究设计小组",在 1991 年改名为"中国证券市场研究设计中心"。有关联办在中国证券市场的详细情况,请参见《陆一良心说股事——你不知道的中国股市那些事》,浙江大学出版社 2013 年 1 月版,第 40—49 页。

2 全称为"中国证券交易自动报价系统",由联办创办于 1990 年 12 月 5 日,在 1992 年 7 月实现了部分公司法人股在该系统上市,1999 年被中央政府关闭。

进程。

签字仪式定于 4 月 20 日在北京人民大会堂蒙古厅举行。

在仪式举行前三天,风向骤转,有的人民银行领导有了别的想法,连带着国库券的卖主财政部也心虚了,要临阵退却了。

这时候,会场定了,请柬发了,中外记者候着了,怎么办?

时任联办研究开发部主任的李青原[1]一时火起,拽着她的老上司——国家体改委的傅丰祥司长和许美征副司长,闯进国家体改委主任陈锦华的办公室。

陈锦华说:"简要解释一下承购包销,这与体改委有什么关系?是不是写进了体改方案?"大家到书架上一翻文件,还真有。

这边陈锦华给财政部长王丙乾打电话,那边李青原"心都提到嗓子眼上了,可别不在"。

一打就通了。王丙乾说:"给我一晚上时间,明天上午答复你。"

当晚,联办的副总干事王波明问李青原:"这事儿能成吗?"

"一定会成,天意。"

王丙乾同意了,财政部没有退出,签字仪式如期举行了。

事后,美国《华尔街日报》报道说:"中国财政部宣布,今年四分之一的国库券将通过一个国内认购的企业联合会,而不是下达职工购买指令由国家委员会来发行。如果这种认购成功的话,此举将是中国 1989 年之后最为重要的财政改革。"[2]

1992 年 3 月 18 日,国务院发布《中华人民共和国国库券条例》并在全国范围内实施。该条例明确了通过发行国债,筹集社会资金,进

---

1 李青原,1992 年任国家体改委宏观司副司长,后任香港证监会中国事务顾问、中国证监会研究中心主任等职。
2 王安:《股爷您上座》,华艺出版社 2000 年 12 月版,第 121—124 页。

行社会主义现代化建设是一项长期任务。今后每年国库券的发行数额、利率、偿还期限等经国务院确定后由财政部予以公告。该条例还明确了国库券的发行对象是居民个人、个体工商户、企业、事业单位、机关团体和其他组织。该条例的发布使我国的国债市场从此纳入了法规管理体系,对国债市场的发展起着指导作用。[1]

然而好景不长。1992 年 7 月 10 日,1992 年第 2 期国库券应市发售,销售兴旺一阵以后,市场逐渐陷入疲态,销售情况难尽人意,到发行期结束,仍未完成预定计划,只能将发行时间延长 10 天。与此同时,国库券的二级市场价格也一跌再跌。6 月,1992 年第 1 期国库券上市,上海证券交易所以每百元 102 元最高价开盘,但一周后跌至101.85 元,到年底最低价格为 94 元。虽然收益率已达 14%,但国库券市场仍然卖压重重,买盘寥寥,不见回升迹象。

到 1992 年底,国库券的转让价格大大低于面值,5 年期国库券只标价 80 多元。

命定对手

　　讲究规则和无视规则；理性化、理智、冷静和情绪化、感性、冲动……这一切都互为表里地在管金生个人性格和万国证券的企业性格中得到了充分的体现。

尉文渊其人

1992 年 1 月 6 日，上海证券交易所召开会员大会第二次会议，总经理尉文渊在会上信心满满地做了工作报告。

在上万字的报告中，有关 1992 年首要工作，尉文渊专门在股票之后讲了"要大力活跃债券市场"。他说：

债券市场是上海证券市场的基础，也是市场与外地连接、向全国性市场发展的手段。在新的一年里，对债券交易要采取鼓励措施，及时将新发行的债券上市，重点是发展异地间和机持投资者的交易。要下力气认真解决好债券实物的保管和运输问题，争取依托一家全国性的金融机构，建立债券异地托管的系统，方便各地的投资者和经营机构参与场内交易。要研究试行"坐市商"制度，进一步沟通买卖，适当降低大宗交易的起点额和佣金标准，鼓励更多的机构入市，要积极探索债券期货交易的问题。目前，在我国物资商品市场上已开始进行期货交易，在金融市场上对投机性小、风险性小的债券进行机构之间的期货交易是有可能的。要根据李贵鲜行长视察上海金融工作时关于试办一些期货交易的指示，积极论证方案，培训人员，报经人民银行批准后试行。

在这里，尉文渊透露了上海证交所决策层已开始"积极探索债券期货交易的问题"的动向。

身高超过 1.8 米的尉文渊是一个颇有几分江湖气的人，讲义气、没有官架子、随和中带着一股让人乐于追随的领导气质。

他是一个执行力极强的人，同时也是一个绝不放弃把握自己命运的人。

在上海财经大学上学时，他是班长，毕业时学校已经预定让他留校，可他不愿意在校党委混个小官僚，主动报名去了没人要去的北京正在筹建的国家审计署。

1989 年，已经在国家审计署升到正处级的尉文渊，又主动要求调回上海，原因是老婆要生孩子，解决两地分居，就这样进了中国人民银行上海市分行。当时的行长是尉文渊在财大时的老师龚浩成，他把尉文渊安排到分行最重要的金融行政管理处（金管处），担任主持工作的副处长，享正处级待遇。

尉文渊进入金管处没多久，上海市委决定筹建上海证券交易所，成立了由交通银行董事长李祥瑞、人民银行上海分行行长龚浩成、上海市经济体制改革办公室主任贺镐圣组成的三人小组。分行决定将金管处老处长王定甫调去参与筹建工作。但到了 1990 年三四月份，因为老处长有些犹豫，尉文渊就主动向分管行长表达了自己的想法：如果需要，可以去参与上海证交所的筹建。当时分管副行长没有同意。但没多久，时任上海市委书记、市长朱镕基在 5 月份出访美国、新加坡和中国香港，向世界宣布上海证交所要于年内开业，把上海证交所筹备的时间表定了下来，老处长的犹豫使得三人小组比较着急，再不抓紧筹备工作，年底怎么开业呢？于是，对尉文渊工作执行能力很了解的龚浩成不得已同意将尉文渊顶上去，但事先和他说好：第一把交易所建起来，第二把接班人找好。去半年就回来。

但是命运在显现它的力量时，个性再强的人都不得不低头。无

怪乎多年后尉文渊说:

现在似乎所有人都把我定位为中国证券市场的创始者之一。有的说我是中国股市第一人,有的说"他敲响了第一锣"。人们都把"尉文渊"这三个字和中国证券市场的发展史联系起来。但是,我和中国证券市场的这种联系,其实是建立在非常偶然的因素之上的。我也没有想到我的人生会踏上这么一条道路,从来没想过。

尽管如此,从 7 月 3 日尉文渊进入上海证交所筹建工作小组,到 12 月 19 日上海证交所开业,5 个半月,他硬是在一无所知的空白中,选房子、装修、起草规则、培训会员、组织上市公司、开发建成电脑交易撮合系统和行情显示系统……把上海证交所建立并成功地运转了起来,而且成为全球最早建成使用电脑交易系统的市场之一。

在筹建的五个月里,应对着千头万绪、纷繁复杂的工作,尉文渊承受了巨大的压力。

多年后,说起那段日子,尉文渊这样表示:

一开始我还雄心勃勃,后来感觉太难了,时间来不及,加上大家都不懂,越做越难。心情最差的时候,我曾经绝望过,听天由命。我争强好胜,如果开不了业,要出大洋相。如果当时时兴辞职,我也许就辞职了。

但尉文渊还是成功了,1990 年 12 月 19 日,上海证券交易所开业。那一年他 35 岁,号称"全球交易所中最年轻的老总"。

上海证交所开业时,刘鸿儒和龚浩成都对尉文渊说:"半年内不出问题就是胜利。"既然不出事就是成功,也就谈不上什么发展市场。当时社会政治经济大环境也没有给证券市场提供很大的发展的空间。

1991 年，在股份制试点范围很小的情况下，上海证交所关门练"内功"，建立了以电脑自动交易、无纸化、中央结算为核心的业务技术体系。这套体系是领先全球证券市场的制度创新和技术创新，使上海证交所至今仍跻身全球新兴资本市场的前列。

1992 年，尉文渊自主做出了在上海证券市场放开股价的决定，经过几个步骤，到 1992 年 5 月 21 日实现全部放开。在上市公司迅速增加和投资者人数大幅度增长的同时，通过建立上海文化广场证券交易大集市这样的非常规措施，使得异地证券机构冲破地域限制，纷纷在上海建立分支机构，让上海证交所从创建初期的一个地方性市场迅速转变成一个全国性的证券市场。

在这个冲击原有体制的过程中，尉文渊在上下左右树立了"不太好管理"的个人形象。当时不少人对他的做法有意见，有些领导还提出要撤他的职。而尉文渊也知道自己屡屡擅自"闯关"，个人可能要付出代价，他曾给市领导写信坦言已准备好随时被"撤职"。

那么，是什么在 1992 年突然激发起了在体制中成长起来的尉文渊对原有管理体制四处出击的青春荷尔蒙呢？

当时有两个背景不容忽视。

第一就是 1992 年春节前后邓小平的南方谈话，重又激起了对原有经济体制进行深入改革的冲动，特别是邓小平有关证券市场的几段话，消除了证券市场发展过程中的争议。

第二个背景其实是前一个的延伸，1992 年 3 月 18、19 日，为落实邓小平南方谈话的改革精神，已担任国务院分管经济的副总理的朱镕基在厦门开了一次座谈会，请上海、深圳两个证券交易所去汇报两地股市试点的情况。当时尉文渊正在美国访问，理事长李祥瑞去做了汇报。在这个会议上，朱镕基批评了上海证交所发展步子有点慢、没有及时放开股价。尉文渊回来后，听说了朱镕基的批评，他正憋着一股劲呢。于是，他说：好呀，咱们就干吧。

所以，1992年的尉文渊是意气风发、斗志昂扬的："中国证券市场创建初期，每一项发展、每一个重大的进步，都是我一手主导的。我过去从来没有想过，我是能这样工作的！没有意识到，我是有这种能力的！现在反过头来想一想，竟然干了这么多事！竟然干成了这么多事！个人对市场发展过程竟然能产生这么大的影响！"

国债期货第一单

1992年12月28日，国债期货交易试点在上海证交所率先登场。

上午10时35分，上海证交所交易大厅内红绿黄数字相间的"上海证券交易所行情动态显示屏"上闪出了"F91303……111.1元……"的字样，第一笔5口合约的成交双方为上海万国证券公司与中国经济开发信托投资公司上海证券部，成交的是代码为301的1991年3年期3月份交收合约。[1]

这是一个极具象征意味的第一笔成交，当时市场上所有的人都没有想到，成交的对手双方两年多以后居然会以那样石破天惊的方式重又碰撞在一起……这真的应验了那句老话，不是冤家不碰头！难道从国债期货试点的第一单交易开始，冥冥中命运就注定这两家最终要作为对手搏命较量一番？

---

1 方泉：《一个记者眼中的上海股市》，中央编译出版社1995年1月版，第45页。

酝酿和创设国债期货市场的过程,要回溯到 1992 年年初。

1992 年 3 月,尉文渊到美国考察,曾专门到芝加哥交易所参观,一位华人陪着他。其实当时这样走马观花也看不太懂什么。但在看的过程中尉文渊对美国有了一个整体的感受:市场开放、自由竞争,其中包括充分发展的多样性金融工具和衍生产品。在详细考察了商品和金融期货市场的运作、国际金融市场创新的历史和现状,对国际金融市场有了比较多的了解后,尉文渊突然感觉自己的意境提高了,想得更长远了,敢于憧憬未来的发展前景了。用他自己的话说,就是敢立志了。于是他就萌发了将来在上海证交所搞金融工具创新的冲动,希望通过这样的创新,把上海证交所打造成未来在亚洲、全球都有影响的市场。

出国回来后,当尉文渊得知,朱镕基在厦门会议上批评上海证交所发展步子有点慢,就决定在全力推动放开股价的同时,同步开始研究酝酿金融工具的创新。

那时候上海证交所比较现实,觉得股票交易那么复杂、那么敏感,在当时的体制框架内和认识水平上,要搞股票指数期货是不可能的,国内的意识形态和行政控制允许活动的空间实在太小。于是就想,国债的发行正在受到国家的鼓励,搞国债衍生品行不行? 国家发债难,天天号召买爱国债,每年发行国债都要干部带头、领导带头。上海证交所觉得通过金融工具创新来带动国债市场的发展,是比较容易获得高层支持的。而国债是固定利率,风险会小一点,搞期货比较容易控制。

当时,担任财政部国债司副司长的高坚正在全力以赴推进国债市场化的改革,他在 1992 年下半年找到上海证交所的副总经理刘波,商量如何活跃国债市场。据高坚的回忆,他和刘波商量能不能把国际市场上成熟的国债期货交易引进到国内来,两人都觉得这是推进国债市场化改革的一个好抓手。同时对于交易所来说,增加一个新的交易品种也有助于交易量和市场覆盖面的提高,于是刘波说:好啊,那就在上海证交所试点吧!

当年的国家经济金融状况是,通货膨胀高居不下,中央财政拮据,央行的货币政策调控手段几乎是空白,刚刚建立的商业银行资产配置手段单一,中央想要通过央行公开市场操作改变单纯依赖财政、行政手段调控经济运行的现状,但是市场尚未建立,可用的金融工具很少,勉强可用于操作的国债每年发行任务的完成都非常困难,新生的国债现货买卖二级市场流通不畅,一二级市场国债价格倒挂,很难用它来进行公开市场操作实现宏观调控。而要改变这一切,直接、现成、可行的就是用国债期货来加速国债二级市场流通,实现国债的价值发现,优化商业银行资产配置,通过长短期套期保值等功能推动货币市场调控体制的建立。因此,创设国债期货交易试点,作为积极的推动者,无论是财政部国债司还是上海证交所,绝不是单纯为了品种创新、工具创新和技术创新。除了两家各自具体工作目标的考虑之外,合作体现了更高的国家战略考虑。

这种金融工具的创新,能够带动国债市场的发展,正合了中央政府的心意。在邓小平南方谈话鼓动起来的改革春风中,也获得了某种程度上的默许。

这中间还有一个重要的背景。1992年10月中央政府宣布成立国务院证券委及其监管执行机构证监会,由于当时相关的法律法规是空白,行政控制还鞭长莫及。多年后尉文渊回忆道:"那个时候交易所等于具备两个职能,既是市场交易组织者,又无形中代行证监会抓市场监管的工作,有些时候还自行决定重大政策。而现在证监会什么事都要上报国务院。所以我考虑到证监会成立以后交易所再要寻求自主创新就更加难了。不管成不成起码得抢先一步搞出来,突破了这个禁锢将来你就可以延续发展。"

于是,上海证交所领导层在 10 月份商量完了以后,就派员到香港去学习债券期货,3 个月以后回来,就开始筹备,到 1992 年 12 月 22 日,设计并试行推出了 12 个品种的国债期货合约[1],并正式下发了《上海证券交易所国债期货交易试行细则》。新中国第一个金融衍生产品就此诞生。

不过,第一笔国债期货交易在当时并未引起人们应有的热烈关注,接下来的国债期货交易更遭冷落。

实际上,第一天的交易只成交了 10 口。由于相对保守的制度设计,只允许部分券商进行自营买卖。第一批获准参与国债期货交易的 20 家上海证交所会员中,在最初的两周内,只有万国证券公司、中经开上证、海通证券公司、宁波上证和中信上证 5 家会员参与了交易。到 1 月 15 日为止,整个国债期货交易只成交 18 口,按多空双方的持仓合约计,总共才 36 口。而这 18 口交易都仅限于 3 月交收的 1991 年 3 年期国债一个品种。

一直拖到 1993 年年中,中央决定进行财税、金融、物价、投资、外汇五大体制改革。财政部、中国人民银行等派人来上海,研究在中国搞公开市场操作的问题。尉文渊从中看到了进一步发展国债市场的机会,也觉得上海证交所是改革开放的产物,应该积极配合宏观经济

1　详见附录1。

体制改革的工作。

于是，上海证交所开始大力整顿和发展国债市场。一是整顿现货市场，主要办法是查库控制卖空；二是开办了回购业务；三是重点放在国债期货市场，改进交易组织工作，特别是加强对结算系统、保证金系统等后台部分的改进。

在上海证交所国债期货市场，对每一口的价值、保证金，在试行之初的 1992 年 12 月 22 日《上海证交所国债期货交易试行细则》中规定：每一国债期货合约的价值，为每百元国债期货的市价与 2000 元人民币的乘积（20 万元）；申报变动价位为 0.05 元人民币；每个合约的保证金 5000 元；而到了将国债期货交易向社会开放的 1993 年，在 10 月 9 日下发的《上海证交所国债期货业务试行规则》中，改为每个合约的标的为 20000 面值的国债（2 万元）；每个合约的保证金 500 元。但前后都没有变更的是，申报变动价位都为 0.05 元人民币；保证金比例都是 2.5%。

如果与当时其他各主要国债期货交易市场监管规则相比较的话，就保证金标准而言（统一按面值换算），在 1995 年 2 月 23 日以前，上海为 2.5%，北京、武汉、深圳为 1.5%。对保证金，上海证交所实行的是"逐日盯市"；而北商所在结算中采用的是更为严格的"逐笔盯市"[1]。上海对日常交易有持仓限额规定，其他则没有；北京、武汉实行有价格涨（跌）幅度限制（即涨跌停板制度），上海、深圳则没有。

当时上海证交所的培训一律搞"小锅饭"，每次 10—15 家证券公

---

1 但是据北商所老员工回忆：逐笔好像是指平仓机制。当时无一户一码，各商品交易所以成交的合同号对各公司的持仓进行管理，流行的是逐笔平仓，由交易员输入需要平仓的合同号；但盈亏都是逐日盯市。保证金计算开始是按成交价的比例，逐渐变为结算价的比例。——由于当年的规则文本都没保存，绝大多数当事人都表示具体细节记得不确切了。

司,从交易员到营业部经理和财务经理一起来。这样很快见了效。同时又采取了一些政策性鼓励措施,比如收费大幅度降低。到1994年,国债期货交易已经从过去的一天几百口上升到几万口。

在整个国家经济体制尚未充分市场化的背景下,国债期货市场存在的两年多时间,确实带动了国债市场的发展:一是促进了国债现货市场的发展。统计显示,国债期货推出前期的1993年1月到5月,国债现货成交总额为21亿元,日成交0.19亿元;到1994年同期,国债现货成交总额达到378亿元,日均成交3.74亿元,分别是前者的18倍和19.7倍,大大提高了市场的流动性;二是促进了国债价格的发现。国债期货推出后,对现货的价格带动明显,市场中以1992年5年期国债为代表,现券从1994年1月开始走出长期滞留的面值低谷,并在随后一年出现了25%的升幅。一些合约价格得到了正常发现,为我国国债发行规模、年收益率的确定、期限结构安排等都提供了决策依据。

大鳄中经开

1988年4月26日,由财政部和中国人民银行批准成立了中国农业开发信托投资公司,这是财政部独资的唯一一家信托投资公司。这家小规模的信托公司一开始就有着浓厚的"政府背景":它以接受财政部农业周转金委托管理起家,之后接受财政部全部财政周转金和财政部国家农业综合开发办公室项目资金的委托管理。

1992年1月,中国农业开发信托投资公司羽翼渐丰,改名为中国经济开发信托投资公司,简称"中经开"。其业务扩大至信贷、证券、实业投资等自营业务。中经开以其进取与凶悍的风格闻名于业界。

1995 年 327 国债期货事件一举奠定了中经开在证券市场的显赫地位。据国内著名的财经媒体《财经》杂志的描述：

至今为人公认的是，327 合约所依据的 1992 年 3 年期国库券的贴息计划显然遭到泄密。中经开得天独厚的财政部背景令人不得不疑：中经开的第一任也是唯一一任董事长，是原财政部副部长田一农，以后则长期只有总经理，均出自财政部。1995 年时的总经理朱扶林是第二任，即是原财政部综合计划司司长，当时主管证券、期货业务的中经开一代"枭雄"戴学民亦出自财政部综合计划司。然而经过这一仗大胜的中经开并没有因此有巨额利润入账，1995 年底接任中经开第三任总经理的韩国春（前财政部部长助理）向《财经》杂志证实："327 给中经开的利润连 1 个亿都没有。"[1]

但泄密者是谁、为什么中经开没有赚钱？这或许将随着中经开的死亡成为永远的秘密。

距 327 事件仅半年，中经开再次成为焦点。虽然长虹转配股上市获利收入 2500 万元后来被证监会没收，并被罚款 250 万元，但是中经开的大胆凶悍、不按牌理出牌的市场操作手法再次令市场另眼相看。

1997 年，中经开对外支付几次出现危机，到期债务高达 78 亿元，证券客户保证金 6.8 亿元被挪用，实业投资 11 家经营不善。1997 年 7 月，来自大连财政局的姜继增成为中经开第四任总经理。姜继增

1　详见凌华薇、李菁：《中经开之死》，原载于 2002 年 6 月《财经》。本节部分内容转引自该文。

当时采取了"取消各业务部门、证券总部和各营业部对外融资、担保权,各类资金纳入公司计划资金部统一管理"以及其他一系列措施。但公司的盈利能力不断下滑:1997年公司尚盈利23433万元,1998年11737万元,1999年为5185万元。

1998年,中央启动对于信托投资公司的第五次整顿。2000年3月至8月间,国家审计署对中经开1999年财务收支、资产损益情况进行审计,结果不容乐观:截至1999年底,总资产为151.8935亿元,所有者权益20.2670亿元,但是存在"资本负债损益不实、资产质量不高、违规使用财政资金、违规融通资金以及经营证券业务等各类违法违纪问题"。

对这些问题怎么处理,中经开究竟要不要保留,管理层一度举棋不定。1999年,中经开还与上市公司鞍山信托(600816)联络收购事宜,但在2000年6月,中经开和中煤信托被移交中央金融工委管理,直属国务院的中信信托保持现行管理体制不变。他们成了在第五次信托业大整顿中仅有的三家被保留下来的中央级信托投资公司。收购鞍信的原因忽然消失了。

拿到信托牌照的中经开还被要求把证券业务与信托业务分开,中经开很快向证监会报送了成立"中经证券公司"的资料。

同时中经开内部还拟订了一个成立金融控股公司的计划,中经开作为控股股东,金融控股公司控股证券公司及其他业务,借以完成中经开从独资国有企业向股份制企业转制的过程。但股权的重新架构首先要获得财政部的支持,中经开与财政部因长期有资金亏欠问题始终协调不顺,同时这样的变革会带来一系列的人事变化及不确定性,因此,中经证券的组建工作一拖再拖,收购常州证券的事情也一再搁置,直至2001年8月银广夏事件突然发生,彻底扭转了中经开的命运。

很长一段时间以来,中经开的高层不和已是公司内部公开的秘密,中经开的业务拓展停滞不前而逐渐押宝证券市场的股票投资。中经开曾经在东方电子上获利颇丰,据说有 4 亿元至 7 亿元的利润进账。可以想象,如果不是银广夏的骗局被突然戳破,东方电子的故事会再次在银广夏重演:高位接仓——继续维持神话辅以高送配——关联基金进场掩护——出货赢取高额利润。

"银广夏事件的爆发一下子把公司拖入了泥潭",中经开的一位高层人士说,"我们从 1999 年开始年年都盈利,银广夏事件也没有让公司 2001 年亏损,但是市场的目光都集中过来了,我们成了人人喊打的'黑庄',这种情况下,什么牌照也保不住。"就此,银广夏事件的爆发成了中经开关门的导火索。

2002 年初,财政部的资产清理小组和银河证券的资产接收小组分别进驻中经开。

2002 年 6 月 7 日,央行终于发出了关闭中经开的正式公告:"鉴于中国经济开发信托投资公司严重违规经营,为维护金融秩序稳定,根据《金融机构撤销条例》和中国人民银行的有关规定,中国人民银行决定于 2002 年 6 月 7 日撤销该公司,收缴其《金融机构法人许可证》和《金融机构营业许可证》,并自公告之日起,停止该公司除证券经纪业务以外的其他一切金融业务活动。"

中经开清算组于同日成立并进驻公司,财政部财政金融司司长任清算组组长,行使公司法定代表人职权,清算期间公司下属的证券营业部在银河证券托管下照常经营。清算组下令,公司重要成员如果在清算期间要离开公司,必须经过离任审计。但究竟谁该为中经开的命运和"严重违规经营"负责?这已变成一个无人回答的问题。

中经开短暂但却充满神秘色彩的金融生涯就此终结。

万国证券与管金生

上海万国证券公司是中国人民银行批准成立的上海地区第一家以证券业为主的股份制金融机构。公司成立于 1988 年 7 月 18 日，注册资本 1000 万元人民币。1988 年至 1992 年，其行政关系隶属上海市国际信托投资公司。1993 年起隶属浦东发展银行。1991 年公司增资扩股至 3500 万，随后增至 5147 万。1992 年底，万国证券公司增资扩股至注册资本 10 亿元。

1988 年，在上海国际信托投资公司工作的管金生受命筹建万国证券公司，并于 1988 年 7 月至 1995 年 4 月，先后出任上海万国证券公司总经理、总裁。

万国证券公司在成立的最初几年里，以债券承销为重点，开展一级市场业务。1988 年至 1995 年共参与承销各类债券总额 17.1 亿元，其中，1995 年承销国债 3 亿元，地方建设债券 3.6 亿元，为申光玻璃、上海石化、氯碱总厂等企业发行债券 1.4 亿元。期间，还为 95 家企业发行各种短期融资券，共计 9.1 亿元。

1988 至 1995 年，万国证券公司作为财务顾问参与企业股份制改制工作共计 200 余家，成功承担企业 A、B 股票的发行、配股；定向募集、推荐上市、担任海外上市财务顾问共计 74 家，总筹资额达 113 亿元人民币和 5.7 亿美元。在一级市场竞争激烈的 1993 年，万国证券公司 A 股承销量占上海市场份额的 69%，B 股承销量市场占有率达到 52%，位居全国证券公司之首。1994 年万国证券在 A 股发行市场继续保持领先地位，B 股承销量在上海和全国发行市场占有率分别达到 62% 和 35%。

万国证券公司积极参与了上海证交所、深圳证交所的 A 股市场、B 股市场、国债现货市场、国债期货市场、国债回购市场、基金市场以及设在北京的法人股市场。1988—1995 年，万国证券公司的累计交易量为 5231.6 亿元，保持了相对稳定的市场占有率。

1992 年 12 月，万国在香港与李嘉诚合作，收购了香港上市公司大众国际的控制性股权。1993 年 6 月，又收购了另一家上市公司王集团，随即组建了控股的上海万国（香港）有限公司。

截至 1995 年底，上海万国证券公司总资产达 67 亿元。累计上缴国家税收 3.5 亿元。1993 年，万国证券公司成为财政部国债一级自营商。1993 年中国诚信证券评估有限公司评定万国为 AAA 级证券商。

在 1988 年成立的上海三大证券公司中，申银证券和海通证券受体制内管束较多，相比较而言，万国证券显现出股份制的优势，在市场上号称"虎狼之师"。当时，管金生喊出的口号是"追求卓越！"目标是要成为中国的野村、美林。1994 年，管金生提出万国证券"要在 2000 年进入世界十大券商之列"，并在通往虹桥机场的高架路旁，竖起了"万国证券，证券王国"的巨型广告牌。

企业的性格就是企业领导人的性格再现。万国证券公司张扬、高傲、不服输、追求卓越的特性，和管金生个人的性格有很大关系。

出生于江西清江县一个小山村的贫寒之家的管金生这样叙说自己的身世：

我出了娘胎，算命的说这孩子命硬，养不活，便送出去寄养，到了 3 岁才领回家。母亲教我练描红写字，用蜡烛棒做算术加减游戏。小学四年级，能干的母亲去世，门庭冷落，这时很少有人来关心。我从世态中体会炎凉，很小便懂得自我发展、自我约束、自我保护的道理。好自为之、自立自强。没有人来救你，只有自己救自己。

这就是我的幼年、童年、我母亲的言传身教，给我个人性格上烙下的深深的烙印：自尊、不服输、要强、固执、较真、在人前一定要得到第一……

管金生从小在班上考试要得第一，偶尔考了第二就耿耿于怀，发奋要追上去。后来考入了省重点的樟树中学，高中时当了校团委书记，可以免试进入北京国际关系学院，他却一定要参加高考。算命的说他是出门人，要往东方走，于是，他要考上海的大学，结果以加分满分的优异成绩考入上海外国语学院法语系，当了拔尖班的班长。开始同学看他这个乡下人当班干部，很有些瞧不起他，用上海话气他，因为他听不懂。管金生发奋三个月听懂上海话，同学之间便有了共同语言。考法国文学研究生，一百多人报考。他突击一个月，书堆得比人高。最后录取了三人，他是其中一个。从考场出来，发了狠地睡上了两天两夜。待到研究生毕业，他的专业派不上什么用场，分到上海市国际信托投资公司咨询部工作，人生的道路来了一次大转弯。

他始终对自己的命运感觉不满足，想要改变。他认为，努力的人不一定成功，成功的人必定要努力。

于是，他后来到欧洲，在比利时布鲁塞尔大学进修，读了 24 门课，取得法学和商业管理两张硕士文凭。他说：当时心里时时想的就是要人模人样、出人头地，就是要追求卓越。

管金生曾这样评价自己："我这人最大的特点是不服输，读研究生不服输，在国外拿学位不服输，办万国证券公司不服输，同别人妥协也是不服输……"

管金生说他喜欢"meeting point"（交汇点）这个词，说他自己就是个乡村文化和都市文化、传统文化和现代文化、东方文化和西方文化交汇的综合体。对此，多年后诸多朋友和万国证券员工客观评价：其实，讲究规则和无视规则；理性化、理智、冷静和情绪化、感性、冲动……这一切都互为表里地在管金生个人性格和万国证券的企业性格中得到了充分的体现。

舞台搭建

　　到 1994 年，万事俱备，只等呼风唤雨的主角们登台表演了。

1993 年发生了什么？

1992 年底，上海证交所推出国债期货市场交易，其实是中国经济转型历史上第一次在金融领域内市场自主创新的案例。但是，除了交易制度设计过于保守造成交易清淡之外，整个宏观经济背景也尚未给国债期货市场提供一个有利的生存环境。

证监会第一任主席刘鸿儒多年以后反思：尽管 1992 年国债发行由行政摊派改为承购包销，但是由于承购包销没有解决利率市场化的问题，当市场利率发生变化时，这种办法就难以继续进行下去。1993 年，由于金融环境发生变化，国债发行重新采取行政分配的方式。[1]

那么 1993 年的金融环境到底发生了什么变化？翻开历史资料和记录，可以看到：

1992 年后，随着邓小平南方谈话的发表，中国经济再次走上高速发展轨道，市场繁荣，人们的建设热情高涨，货币流通速度加快，到处一派欣欣向荣。与此相伴随的，是开发区热、房地产热、股票投机热……种种迹象表明，新一轮的经济过热已经到来。

1992 年，我国 GDP 增长 12.8%；全社会完成固定资产投资 7582

1　刘鸿儒：《突破——中国资本市场发展之路》，中国金融出版社 2008 年 12 月版，第 52 页。

亿元,较上年增长 37.6%;商品零售价格指数 105.4。

1993 年,GDP 增长 13.5%,全社会完成固定资产投资 11829 亿元,比上年增长 50.6%;商品零售价格指数 113.2[1]。

1993 年 7 月 5 日,国务院主管经济的副总理朱镕基在全国金融会议上开列出一连串比较数字:1988 年为经济"过热"年,全年发行货币 680 亿元;1989 年 300 亿元;1990 年 290 亿元;1991 年大兴土木,也只发了 550 亿元;1992 年骤增至 1298 亿元;1993 年春节前已经发了 1200 亿元,到 7 月初,尚有半数以上未回笼。原来拟订全年发行 1500 亿元,但是国家计委在 7 月份预计,可能要发行 2000 亿元以上才能应付全年的支出。

关于物价涨势,朱镕基在一次未公开的场合说,35 个大中城市 5 月份生活指数上涨 19% 以上,6 月超过 20%。他估计,全年要达到 15%,若不控制则要达到 20%。[2]

面对这一系列眼花缭乱的数字,具备一般常识的人都可以做出判断,若用经济学术语来说就是:通货膨胀!

1993 年 5 月下旬和 6 月初,国务院连续召开会议,研究加强宏观调控,制定解决经济发展中突出问题的政策和措施。6 月 24 日,中共中央、国务院正式下发〔1993〕6 号文件——《中共中央、国务院关于当前经济情况和加强宏观调控的意见》,即"十六条"[3]。6 号文件的

1　国家统计局:《国民经济和社会发展的统计公报》1992、1993 年。
2　彭森、陈立等:《中国经济体制改革重大事件》,中国人民大学出版社 2008 年 11 月版,第 434 页。
3　"十六条"的主要内容是:1. 严格控制货币发行,稳定金融形势。2. 坚决纠正违章拆借资金,尽快建立全国统一、有序的同业拆借市场。3. 灵活运用利率杠杆,大力增加储蓄存款。4. 坚决制止各种乱集资。5. 严格控制信贷总规模。6. 专业银行要保证对储蓄存款的支付。7. 加快金融改革步伐,强化中央银行的金融宏观调控能力。8. 投资体制改革要与金融体制改革相结合,从改革投资体制入手,尽快建立政策性银行,逐步(转下页)

发布,标志着宏观调控的全面展开。

7月10日,中央派遣10个督察组分赴20个省、市、自治区,督查中央政令的实行。其组成人员不仅来自计委、经贸委一类的国务院综合经济部门,而且还有专司人事管理的中央组织部人员,无论规模之庞大还是阵势之完整,均为前所未有。[①]

这就在中国的经济体制改革史上留下了一个特殊的名词:"宏观调控";同时也一度出现了一个特殊现象:国务院副总理(后来是总理)直接兼任央行行长。

而在这十六条中,将和国债期货直接相关的有两条:灵活运用利率杠杆,大力增加储蓄存款;限期完成国库券发行任务。

在现实经济生活中,进入1993年后,房地产开发等经济过热继续存在,股市也很热闹,社会集资利息涨风日盛,物价也在迅速上涨,导致市场利率迅猛上升。全国上下都疯了似的,炒开发区炒房地产,炒美元炒黄金,炒股票炒债券,炒沈太福的长城公司债券,炒拥有一块美国土地的鹰卡,唯独晾着国库券。

债券理论告诉我们:债券利率低于市场利率时,其市场价格必然下降,甚至大大低于发行价格。

因此,从1993年3月31日同时开始发行的5年期(年利率

(接上页)实现政策性金融与商业性金融相分离。9. 限期完成国库券发行任务。10. 进一步完善有价证券发行和规范市场管理,坚决取缔有价证券的黑市交易,维护合法、规范的市场交易活动。11. 改进外汇管理办法,稳定外汇市场价格。严厉打击进口走私行为。12. 加强房地产市场的宏观管理,促进房地产业的健康发展。13. 强化税收征管,堵住减免税漏洞。14. 对在建项目进行审核排队,严格控制新开工项目。15. 积极稳妥地推进物价改革,抑制物价总水平过快上涨。16. 严格控制社会集团购买力的过快增长。

① 彭森、陈立等:《中国经济体制改革重大事件》,中国人民大学出版社2008年11月版,第436—439页。

11%)和 3 年期(年利率 10%)两种国库券很少有人问津,发行十分困难。面临发行任务无法完成的局面,原定的发行截止日期只好宣布延长:"为了贯彻《国务院关于坚决制止乱集资和加强债券发行管理的通知》的有关规定,确保今年国库券发行任务的完成,现决定将原定 4 月 30 日止的国库券发行期延长,截止日期另行公告。请各地积极采取措施组织推销,并抓紧国库券收入的入库工作。"[1]

到 5 月底,国库券发行完成不到计划的 25%,且账面收入被地方财政多有截留,国库空虚。

1993 年 6 月 19 日,国债承销全国电话会议召开;6 月 29 日,举行 1993 年第二期国库券承销签字仪式;7 月 1 日,第一笔承销款 10 亿元划入国库。1993 年国库券共发行 350 亿元,其中承购包销只有 17.7 亿元。

国债市场化的改革陷入停滞,国库券发行普遍恢复了组织认购、行政摊派。

在这样的大背景下,政府开始出手对银行存款和国债进行贴息及保值贴补。

不起眼的行政决定

国债开始市场交易的初期,国家以行政手段规定了指导交易价格,后来随着市场化的扩大,允许在指导价上下一定幅度浮动,大部分国库券交易价很快就跌到发行价以下。

到 1993 年,面临严重的通货膨胀,经济过热、市场利率上升,国债交易价格大大低于发行价,"金边债券"优势没有了,新国债发行自

---

1 《中国证券报》1993 年 5 月 5 日第 1 版。

然没有人愿意买了。国债发行在市场化的道路上，居然往后退了一大步，从承购包销重新恢复到行政摊派。同时，在朝向利率市场化的道路上开始原地向后转——利率的构成中，政府行政保值贴补的成分大大增加。

1993 年 7 月 10 日，中国人民银行决定：

从 1993 年 7 月 11 日起，提高人民币存贷款利率，并对 3 年期以上定期储蓄存款实行保值。定期存款年利率平均上调 1.72 个百分点，其中……3 年期存款年利率由 10.80% 提高到 12.24%；5 年期存款年利率由 12.06% 提高到 13.86%……对 1991 年 12 月 1 日以前存入的 3 年期以上的储蓄存款仍然按 1988 年开办保值储蓄的办法施行保值；1991 年 12 月 1 日以后存入的 3 年期以上的储蓄存款，从 1993 年 7 月 11 日起重新实行保值。

同日，财政部也颁布了《关于调整国库券发行条件的公告》（财国债字〔1993〕第 62 号）。

目前正值 1993 年国库券发行期，国务院已决定储蓄存款利率再次上调，为了保护广大国库券投资者的利益，现决定相应调整 1993 年国库券利率；并对 1992 年和 1993 年发行的国库券实行保值，具体事项公告如下：

一、1993 年发行的 3 年期和 5 年期国库券的年利率分别从 12.52% 和 14.06% 调高到 13.96% 和 15.86%，调高后的国库券年利率仍分别比同期限储蓄存款利率高出 1.72 和 2 个百分点。

本公告发布前已发行的 1993 年国库券，也按新的利率计付利息，计息期不变。

二、对 1992 年发行的 5 年期国库券和 3 年期国库券及 1993 年发行的 3 年期、5 年期国库券，均参照人民银行《关于实行人民币储蓄存款保值的有关规定》,从 1993 年 7 月 11 日起实行保值,保值贴补率按兑付时人民银行公布的保值贴补率计算。

这两则公告当时并没有引起很多注意,绝大多数报纸都把它们处理在财经新闻的一个角落里。就是专业类报纸《中国证券报》,也只是把它们放在 7 月 11 日报纸头版的第三条和第四条,置于"国务院证券委发布《证券交易所管理暂行办法》"之后。但是,多年后回过头来仔细研究这两个公告,就会发现,历史上惊天动地的大事件往往在很早就草蛇灰线地种下了它必然的因由。而且,这两则消息在同一天见诸同一张证券专业报刊的头版,似乎颇有历史的兆示意味在里头⋯⋯

中国人民银行的公告要解决的是通货膨胀对存贷款利率的影响,而财政部公告要解决的问题有两个:一个是当时尚未完成的 1993 年国库券发行任务,另一个就是在二级市场价格跌幅太深的 1992 年 3 年期和 5 年期国库券。至 1993 年 7 月 9 日,上海证交所的收盘价,5 年期现券才 83.30 元(起息日已过 15 个月)、3 年期现券才 92.70 元(起息日已过 12 个月),原始投资者连本金 100 元都保不住,更谈不上投资收益了。

按照中共中央、国务院〔1993〕6 号文件中"灵活运用利率杠杆,大力增加储蓄存款"和"限期完成国库券发行任务"这两条要求,人民银行调整了存贷款利率,并对 3 年期以上定期储蓄存款实行保值;同样,财政部在公告内容中,也变更了 1993 年国库券发行的利率,并将此调整的利率应用至已经按原利率发行出去了的 1993 年国库券。具体的利率调整是:"3 年期和 5 年期国库券的年利率分别从 12.52% 和 14.06% 调高到 13.96% 和 15.86%,调高后的国库券年利率仍分别比同期限储蓄存款利率高出 1.72 和 2 个百分点。"——市场上和证券史上,称之为"贴息"。

同时,"对 1993 年发行的 3 年期、5 年期国库券,参照人民银行《关于实行人民币储蓄存款保值的有关规定》,从 1993 年 7 月 11 日起实行保值,保值贴补率按兑付时人民银行公布的保值贴补率计算"。——市场上和证券史上,称之为"保值贴补"。

针对 1992 年 3 年期和 5 年期国库券,公告仅提了一句"实行保值",即"参照人民银行《关于实行人民币储蓄存款保值的有关规定》,从 1993 年 7 月 11 日起实行保值,保值贴补率按兑付时人民银行公布的保值贴补率计算"。

概括起来说,对于 1993 年国库券,既有贴息又有保值贴补;而对于 1992 年的国库券来说,公告只说了保值贴补,而没有说贴息。是否和 1993 年国库券同样调整年利率(贴息)? 公告语焉不详。

这里所谓的"保值"、"保值贴补"、"保值贴补率",实际上是参照中国人民银行对储蓄存款的做法,由人民银行根据每个月全国城乡物价调查队公布的物价指数确定,并在每个月 10 日左右公布下月的保值贴补率。

所以 20 多年来,经历、参与、回顾和研究这段历史的人,大多只说"保值贴补",而忽略了"贴息",是不符合历史真实的,因为这是完全不相干的两个概念。

就这样,以 1993 年 7 月 11 日为界限,市场上的国债出现了保值和非保值两种形态;非但如此,就是 1992 年发行的同一品种国债也出现了保值和非保值两段不同的计息形态。

由此,相关国债(尤其是 1992 年发行的 3 年期和 5 年期国债)的到期值由固定利率的预期,变成了取决于到期日保值贴补率和贴息率(即调高国库券年利率的比例);而国债兑付时的收益率的最终决定,不仅将随兑付当月的保值贴补率而变动,还将和更难以捉摸的政府对贴息率的行政决策以及是否及时宣示相关。

于是,相关品种、特别是 1992 年 3 年期和 5 年期的国债收益率开始出现极大的不确定性,建立在此标的物基础上的国债期货市场的炒作空间扩大了。

作为金融衍生产品的国债期货交易品种,其基础标的物市值的基本性质之一——收益率的确定由此出现了根本性的改变,从原有的固定收益变成了浮动收益,而且因政策和市场的双重变化存在着预期收益非常不确定的状况。这就给整个社会的投机资金提供了一个巨大的炒作空间,极大地激发了市场参与者内心贪婪的欲念以至孤注一掷的疯狂,也给整个市场带来了极大的不稳定前景和政策风险。

这两个当时看起来很不起眼的普通行政决定,就这样从宏观上彻底改变了国债期货市场原有的格局,成为产生此后一系列国债期货风险事件的最根本动因,直至国债期货市场被关闭。

有关贴息与贴补的争议

1993 年 7 月 10 日的财政部公告马上引发了市场分歧。[1] 一开始,这种不同看法的讨论还停留在相关部门的内部工作层面;但到了 1994 年,争议公开化了,成为几大证券报刊有关国债版面的重要内

---

1 本节部分内容摘编自王甦:《"327"事件的导火线——92 年国库券到期值的幕后故事》,文章来源于网络。

容,并一直持续到 1995 年国债期货事件的爆发。

公告发布后,基层财政部门的国债发行人员面对 1992 年国债持有人的疑问,无法给予满意的答复,就自下而上逐级反映,最终通过电话和书面反映到了财政部。

当时有人将 1992 年和 1993 年国库券的发行利率变更情况作了对比,并据以推论出 1992 年国库券在 1993 年 7 月 11 日变更发行条件后,除保值贴补外,票面利率应分两段计算:前段是发行日至 1993 年 7 月 10 日,仍按原发行公告的利率计算(5 年期 10.5%、3 年期 9.5%);后段是 1993 年 7 月 11 日至到期日,则按同期保值储蓄利率再加国库券利率高出银行存款利率的百分点计算,即 5 年期 15.08%(前期和后期都比同期银行储蓄利率高 1.5 个百分点)、3 年期 13.46%(前期和后期都比同期银行储蓄利率高 1.22 个百分点)。这样才能保持国债政策的前后一致性,才有利于维护国债信誉。

对此,据说当时相关部门内部也有不同观点。

第一种观点认为群众的上述反映有其合理性,调整后的 1992 年国库券到期利息应该分三部分计算:(1)前期按发行公告利率计算(5 年期 10.5%、3 年期 9.5%);(2)保值之后按同期银行保值储蓄存款利率再加国债高出同期银行存款利率的百分点计算(5 年期 15.08%、3 年期 13.46%);(3)再加上保值期的保值贴补。

第二种观点认为,公告主要针对尚未完成发行任务的 1993 年国库券。为照顾 1992 年国库券持有者的利益,也公告对其自 1993 年 7 月 11 日起实行保值,"保值贴补率按兑付时人民银行公布的保值贴补率计算"。但是,公告中并没有承诺 1992 年国库券票面利率要相应调整。也就是说,1992 年国库券从发行日至到期日都按发行公告的利率计算(5 年期 10.5%、3 年期 9.5%),只是从 1993 年 7 月 11 日至到期日再加上到期日的保值贴补率计算保值补贴。

据说,持第二种意见的人处于相当层次,因此,1993 年 8 月 20 日对基层部门逐级反映的意见,内部的答复也是第二种观点:"1992 年国库券的票面利率不随储蓄存款利率变动。每百元 1992 年国库券的到期本息和可简述为:1992 年 5 年期国库券:152.50 元 + 保值补贴;1992 年 3 年期国库券:128.50 元 + 保值补贴;保值补贴 = 面值 × 国家规定的到期兑付日的保值贴补率 × 保值期的年数"。

对此,1992 年国库券持有者并没有被说服,他们进一步搬出人民银行实行保值补贴的规定辩论:保值储蓄的"储户所得利益不低于物价上涨幅度";保值贴补率是"保值期内物价上涨幅度的年算术平均数与 3 年期储蓄年利率之差",是与保值贴补的存款利率紧密相连的。3 年期存款利率 + 保值贴补率 = 该存款从保值起算日至到期日的平均物价上涨幅度;5 年期存款的利息所得则高于同期物价上涨幅度。即使退而求其次,暂且不谈 1992 年国库券发行利率高于同期银行存款利率一定百分点问题,既然国家承诺对 1992 年国库券也从实行 1993 年 7 月 11 日起实行保值,而实际上仅只同意保值期内按贴补率给保值贴补,而不承认补足该国库券的票面利率与贴补率计算依据的存款利率差,这样,实际上并没有真正保值。国家说了话不兑现,老百姓怎么看呢?

面对 1992 年国库券持有人的质疑,相关部门的国债发行人员当时只好含糊地对投资者说,请大家等待 1992 年国库券到期时财政部发布的兑付公告吧。国家既然说了 1992 年国库券从 1993 年 7 月 11 日实行保值贴补,到期兑付值会在兑付公告中有明确的规定。要相信国家绝对是说话算话、不会食言的。

在回顾和研究这段历史时,有人找出这样一个类似的例证:

1989 年 7 月 1 日,国家发行了保值公债,公告明确规定"债券偿还期限为 3 年,年利率随人民银行规定的 3 年定期储蓄存款利率浮动,加保值贴补率,外加一个百分点。"

当时有人提出要求,对同为 1992 年 7 月 1 日到期的 1987 年国库券(期限 5 年、对个人发行的年利率 10%)也应该从 1989 年 7 月 1 日起实行保值。财政部对此曾正式发文予以否定,否定理由是:1987 年国库券是固定利率债券,"是投资者在固定条件下的风险性投资。固定利率债券的利率,不论同期银行存款利率提高或降低都不能变动。"

所以说,1993 年财政部如果以正式文件公开明确,1992 年国库券的到期值计算方法是:每百元 5 年期为"152.50 元 + 保值贴补",3 年期为"128.50 元 + 保值贴补",相信市场会明白正式文件是有法律效力的,即使有不同意见,也必须执行。这样,就避免了国债现货市场中 1992 年国库券价格预期的捉摸不定,也就拆除了 1994 年、1995 年围绕着 1992 年国债所发生的多起事件的导火线引信。

到 1994 年,以上内部分歧演变成了一场公开辩论。其根本原因是因为 1992 年国库券不仅仅是现货交易对象,而且是国债期货的标的物。

对现货交易市场而言,假设交易面值 100 元的国债,其成本(即实际支出的本金)也是 100 元,而它的到期兑付值和市场价格每变动 1 元,对买卖双方盈亏的影响不过是本金的 1%,理论上说最大亏损不会超过 100%。但在期货市场上,交易对象的价格变动对交易方的利益影响,由于保证金的杠杆效应被放大了数十倍,它的交易亏损可以是个无底深渊。

以上海证交所国债期货市场为例,按当时的交易规则,国债期货交易保证金率是合约面值的 2.5%,也就是说交易价格 100 元的国债期货合约,交易方付 2.5 元保证金(即实际支出的本金)就可参与买卖。价格每变动 1 元,多空双方的盈亏就达保证金(本金)的 40%,和现货交易相比放大了 40 倍。

　　通俗来说,假设 327 国债期货合约成交价为 148 元,那么市场价格每变动 1 元,合约的买卖方就可能盈利(或亏损)其保证金的 27%。而当时交易所要求经纪公司,对客户账面浮亏达到其保证金的 40%,就应追缴补充保证金,如果客户没有资金及时补缴保证金,交易方就将会被强制平仓,账面亏损就会成为实际亏损。由于强制平仓意味着反向对冲,这就有可能加重亏损。如果 327 合约市场价格瞬间发生快速大幅涨跌,交易方浮亏超过其保证金数量,甚至会面临爆仓的灭顶之灾。

　　由于国债期货 327 合约的交割日和其标的物 1992 年 3 年期国库券的到期兑付日相同,因此,不仅对 1992 年 3 年期国债到期兑付值的预测决定了交易方选择做多还是做空,而且该兑付值的变动还将直接关联并放大 327 合约的市场价格波动,给交易方的输赢带来严重影响。所以当时 1992 年 3 年期国库券的到期兑付值就成了多空双方博弈的焦点。

　　1995 年 2 月 23 日,327 合约的市场价格因为 1992 年 3 年期国债贴息 5.48 元的传闻,开盘就比前一交易日上涨 1.29 元,当日最高上涨了 3.77 元;而当天最后 8 分钟内,万国证券的违规打压行为使得 327 合约价格瞬间下跌了 3.80 元,这个价格变动,已经占违规之前以 151.30 元成交的多头保证金 3.7825 元的 100% 以上,多方的保证金因此实际上被打爆超过 2.5 次。至于到 1995 年 7 月 1 日正式兑付时,按人民银行公布的当月保值贴补率 13.01% 计算,5.48 元的贴息加上当月保值贴补率得出的每百元 1992 年 3 年期国库券的还本付息到期兑付值为 160.00 元。而以此为标的物的 327 合约，在 1994 年底的价格为 147.95 元，在 1995 年 2 月 22 日的收盘价格在 148.21 元，这之间 10 多元的巨大价差会产生多大的市场冲击，简直让市场参与者和监管者在当时都无法想象……

据事后的统计，万国证券在 327 事件中所有空仓开仓均价约在 148.10 元左右，如果按照当天取消违规交易后的结算价 150.58 元和剔除违规交易后的万国证券空仓持仓量 193 万口计，万国证券的亏损估计在 9.57 亿元左右；而如果计入违规成交的持仓量，估计万国证券的空仓持仓量在 850 万口左右，持有到 6 月底交割的话，160 元的到期兑付值所造成的亏损超过 200 亿元。

由此可见，关于 1992 年国库券实行保值后的到期日是否贴息，由于没有一个权威的、在法律上生效的到期兑付值计算方法的正式说法及时出台，其到期兑付值的可能变化岂止是 1 元、2 元？对期货交易双方而言，可谓生死攸关！因为 1993 年底国债期货交易由严格限制于会员法人扩大开放到社会公众投资者，随着市场交易的活跃，1992 年国库券到期兑付值的公开辩论见诸报端就多起来了。

证券报刊陆续刊登的数十篇讨论文章中，前后发表的反对"贴息"的文章并不少，而且好多都显眼地刊登在版面的最上部，至于是不是授意刊登的，不得而知。但反对"贴息"者都是翻来覆去重复已经出现过的观点，强调维护政策的严肃性，不能随意更改已经发行的国库券的条件。

而且，即使赞成"贴息"的观点也不只部分"贴息"、完全"贴息"两种，甚而还有人拿 1993 年国库券两次提高票面利率均是从最初发行日算起为理由，主张 1992 年国库券从发行日至到期日都应该"完全贴息"。

1994 年 12 月 27 日的上海证券报,刊登了《如何完整理解 92(3)券保值政策》一文,文章内容没有明确表态赞成或反对"贴息",但从要求完整理解保值政策的观点看,有点像是对多篇反对"贴息"文章的论点的回答。

讨论继续到 1995 年 2 月,但基本上是以前出现的各种论点的重复和论据补充,似乎赞成与反对"贴息"的双方该摆出的论点都已经说尽、没有新的论点需要继续辩论了。

1994 年下半年,市场上有关 1992 国债是否要贴息的争议不可避免地反映到国债的主管部门,据时任财政部国债司司长高坚的回忆,1994 年财政部已经认识到贴息问题的严重性,并希望尽早解决。但是由于当年大多数时间忙于检查督促国债发行工作,加之市场不确定性较大,这个问题就一拖再拖,最终拖到了 1995 年春节后。

按惯例,国库券要在兑付前夕才发公告公布兑付办法,因此,在 1994 年年底之前,虽然报刊上讨论非常激烈,但 327 合约的交易价和交易量并没有非常大的变化。

不过,从 1994 年 9 月争议公开化以后,对应于 1992 年 5 年期国库券的 314 合约,就出现了国债期货的第一次市场风险事件。

到了 1995 年 2 月 22 日前后,市场流出对 1992 年国库券贴息明确方案的传闻,327 合约的价格真的就随之发生了剧烈变动。

在 327 事件之后的 5 月 11 日,同样对应于 1992 年 5 年期国库券的 319 合约,再一次发生市场风险事件,最终,直接导致了国债期货市场的被迫关闭……

有关保值贴补和贴息概念的误读、混淆和争议,其实从 1994 年起到现在一直没有中断过。不管有意还是无意,20 多年来总有人以各种方式找出各种解释来证明 327 当事方行为的正确性、正当性和正义性。

在本书初版出版后,对已经辨析清楚的贴息概念,出现了另一种说法,认为"期货交易的本质是合同买卖,贴息就是改变了交易合同的内容"。[1]

对此,笔者与曾经参与 327 事件的期货操作员、至今还在多市场对冲套保套利操作的一线操盘手、证券期货业和金融期货交易所的研究人员等,就此做过一系列专业性的探讨。业内普遍认为,这种说法其实是改换了期货市场的基本概念和原则。

期货交易的本质应该是:在趋势判断、仓位控制和及时止损的基本原则上逐利避险。如果从国债期货交易角度深入分析的话,保值贴补和贴息改变的是影响合约标的物收益率的诸多制约因素之一,并没有改变国债期货交易合约本身。因为合约只约定了标的物是哪一年几年期的国债、按照标的物的面值确定的每张合约的价格、交割日期、交割方式、保证金比例和最小变动价位等等。

1992 年 3 年期国债与 327 国债期货合约内容

92(3)国债		327 国债期货	
起息日	1992 年 7 月 1 日	期货品种	92(3)国债 95 年 6 月交割
年限	3 年	期货简称	F92306
到期日	1995 年 6 月 30 日	交易代码	310327
票面利率	9.5%加上保值贴补	合约标的	合计面值 20000 元国债

---

1 见附录 12。

92(3)国债		327 国债期货	
偿付方式	到期一次偿还,计单利	保证金	非自营会员 2.5%;自营会员 1%
发行额	210 亿元	最小变动价位	0.05 元/百元
		涨跌停板	无
		交割方式	现券交割
		交易时间	周一至周五 10:15—11:45;13:00—16:30

而且保值贴补这个政府决策,早在 1993 年 7 月 11 日就公开了,此后至 327 事件发生的逾一年半时间里,国债期货市场的运行、特别是相关标的物合约的交易一直在这个宏观背景和市场条件下运行。每个月的保值贴补率是参与者可以公开得到的市场趋势判断依据,而且是每月提前 20 天公布的,这对于市场参与者的走势判断其实是一个大概率事件。

对建立在 1992 年 3 年期和 5 年期国债基础上的 327 等期货合约来说,除了保值贴补率这个大概率事件外,还有一个争议了一年多的小概率事件,那就是会否贴息。不过从 1994 年第四季度到 1996 年 1 月,公开披露的保值贴补率一路上升,所显示的大概率趋势是明显有利于做多的。所以对于 1995 年 6 月底交割的 327 合约来说,整个市场实际的发展趋势并没有因为贴息这个小概率事件而发生方向和趋势的改变,贴息在当时只是加重了做多的砝码,而不是逆转了市场多空的趋势。

但是,如果觉得因为贴息概率小就不能做空,那期货市场就不存在了。市场总是存在多方和空方,因为每个人对趋势的判断不同,风险偏好也不同,赌一把未来其实是期货市场经常发生的事情。只是面对小概率事件逆势操作——也可称为对赌,只有控制仓位和及时止损才能控制风险,这更多体现的是市场参与者性格的修炼和人性的修养。极端的例子就是 816 光大乌龙指事件[1]。

市场格局悄然改变

1993 年,在整个宏观调控的社会背景下,金融市场内部,除了抑制通货膨胀和查处乱集资之外,还有一件事情并不引人注目,但对此后的国债期货却产生了很大的影响。

这就是对于全国期货市场的整顿。

1993 年 7 月 12 日,也就是财政部《关于调整国库券发行条件的公告》(财国债字〔1993〕第 62 号)发布后第二天,时任证监会主席刘鸿儒和国家体改委副主任的贺光辉一起给国务院副总理朱镕基写了个报告,提出把国务院证券委员会改名为国务院证券与期货委员会,下设期货监督管理委员会和证券监督管理委员会并行,并提出了内部机构组成和人员名单。

朱镕基看到报告后批示:"期货市场目前不宜发展,要严格控制,监管机构也不宜太大,由证监会代管即可,名称也不必改(至少暂时不改)。"[2]

这件事情的背景应该追溯到 20 世纪 90 年代初,当时中国大陆

---

1 详见附录 9。

2 刘鸿儒:《突破——中国资本市场发展之路》,中国金融出版社 2008 年 12 月版,第 615 页。

开始有组织地建立资本市场,主要是国债市场和股票市场。由于当时市场环境较差,法律法规、技术设备、人才队伍和监管能力等都不到位,建立期货市场并未提上议事日程。但是当时各有关部门(包括国家体改委、物资部、商业部、工商管理局等单位)和一些省市政府对于建立期货市场的热情很高。这原本是一项重大改革,但在条件不具备的时候,引进国际做法出现了偏差。

在试点初期,中央一些部门和各地政府从上海和深圳两家交易所的创办中得出错误信号,认为谁先占山头谁得好处,既能集聚资金,又能增加税收,完全看不到期货市场的风险。1992—1993年,中国期货市场出现了盲目发展的混乱局面。期货交易所开办一哄而起,交易品种重叠上市。1993年初,全国只有7家期货交易所。到年底,已有33家鸣锣开业。11月国务院《关于坚决制止期货市场盲目发展的通知》(即国务院〔1993〕77号文)下达后,仍有一些交易所相继开业,1994年以后又有几家交易所开业。当时,全世界商品交易所才有40多家,而我国期货市场刚刚起步,在不到两年的时间里,就相继成立了40多家交易所。政府部门组建的期货经纪公司300多家,以交易所会员身份从事期货代理的现货企业达1000多家。在交易过程中,不讲规则,欺诈行为屡屡发生。市场参与者主要是国有大公司,赢了钱不吭声、输了钱就告对方,不仅上告到国务院,还上告到党中央。

在最混乱的时候,几个部门都争着要建立期货监管委员会,而当时的证监会忙于股票市场监管已自顾不暇,不愿意承担期货市场监管的任务。不过,从朱镕基对刘鸿儒和贺光辉报告的批示中可见,国务院当时既不想发展也不想单建期货监管委员会,而是决定把期货市场交给证监会负责监管。

在这样的背景下,1993年11月6日,国务院印发的《关于坚决制止期货市场盲目发展的通知》中明确指出："国务院决定，对期货市场的指导、规划和协调、监管工作由国务院证券委员会负责，具体工作由中国证券监督管理委员会执行。各有关部门要在证券委的统一指导下，与证监会密切配合，共同做好期货市场试点工作。未经证券委批准，不得设立期货交易所（中心）。"[1]

于是在 1993 年底，在证监会的主导下开始清理整顿期货市场，要求加强立法，暂停审批注册新的期货交易所和经纪机构。现有的机构重新办理审批手续，取缔非法期货经纪活动，对国有企事业单位参与期货交易要从严控制。[2] 经过清理整顿，全国期货交易所数量由 40 多家缩减至 14 家，期货经纪公司重新登记注册，禁止了期货公司的境外期货代理业务，取消了现货企业的期货代理资格，期货交易品种也大幅度压缩，暂停了钢材、食糖、煤炭、粳米、菜籽油等一些关系国计民生的大宗品种交易。此后，有关部门停止审批新的期货交易所并逐渐将期货交易所削减至 3 家[3]。

尽管在商品期货市场发生着如此剧烈的变动，但证监会主席刘鸿儒于 1994 年 6 月 15 日在布置落实整个期货业整顿的"期货监管工作座谈会"上，讲到金融期货的问题时，还是表达了对国债期货区别对待的态度："国债期货交易对我国国库券的发行和流通有一定的积极作用，可以进行试点。经证监会商财政部批准后，将选择少数交

---

1 刘鸿儒：《突破——中国资本市场发展之路》，中国金融出版社 2008 年 12 月版，第 614—616 页。

2 1993 年 11 月，国务院发布《关于坚决制止期货市场盲目发展的通知》。1994 年 5 月国务院办公厅批转国务院证券委《关于坚决制止期货市场盲目发展若干意见的请示》。

3 到 1995 年 4 月期货交易所被压缩到 14 家。1998 年 8 月，国务院发布《关于进一步整顿和规范期货市场的通知》又将 14 家期货交易所重组调整为上海期货交易所、大连商品交易所和郑州商品交易所 3 家，其余均撤销或改组为证券公司或期货交易厅。

易所进行国债期货交易试点。"[1] 从上述讲话中可以看出，对于国债期货的监管权，当时国务院并没有完全明确归属证监会。所以，由"证监会商财政部"。

事实上，国债期货交易试点当时已经进行了一年半，而且不止一家机构加入试点，但谁都没有在意证监会的这个表态。

上海证交所出于各种考虑，没有受全国整顿期货业的影响，在 1993 年 10 月 25 日，决定将国债期货交易向社会公众开放。

国债期货向社会开放

1993 年年中，在十四届三中全会（1993 年 11 月 11—14 日）召开前，财政部、人民银行等部委曾委派朱小华带队，队员包括吴晓灵等，专门来上海研究在中国搞公开市场操作的问题，希望以此来调节银根（货币供求），这就需要有活跃的国债市场做配合。尉文渊从中看到了进一步发展国债市场的机会，也觉得上海证交所作为改革开放的产物，应该积极配合宏观经济体制改革的工作。出于这些大的宏观背景考虑，上海证交所开始逐步把工作重点转向开拓和发展国债市场。

从目前掌握的资料来看，上海证交所似乎并没有受到中央宏观调控、金融领域整顿商品期货市场，以及商品期货市场监管权变化的任何影响。反而，上海证交所在国债期货市场上的一系列考虑和推进措施，都好像在与一个虚拟存在的竞争者比速度……

1　刘鸿儒：《突破——中国资本市场发展之路》，中国金融出版社 2008 年 12 月版，第 625 页。

1993 年 1 月 12 日，也就是上海证交所自主推出 12 种国债期货合约交易之后的第 15 天，上海证交所给财政部国债司上报了一份名为《关于试办国债期货业务的报告》，报告向主管国债业务的财政部国债司汇报了上海证交所"试行开办"国债期货交易的初衷和决策过程："本所于 1992 年初提出年内发展国债期货交易的设想，并派出人员赴香港学习，考察了三个月。经 1992 年理事会第六次会议同意，本所正式推出了该项业务。"

在该报告中，上海证交所"得悉财政部和国债司的领导对本所国债期货业务给予了肯定，这将为今后该项业务的发展提供坚实的领导保证。"并汇报了"本所已召开专门会议研究推动国债市场发展的问题"和拟采取的几项措施。其中第一条就是："加速开放市场，将原准备三月推向社会，改为提前至二月上旬推开，促进早日形成市场，活跃交易。"

非常奇怪的是，对此报告和要求，在现有资料中并没有见到财政部国债司及时和直接的回应。

因此，在 1993 年 1 月 29 日召开的年度会员大会上，尉文渊所做的总经理工作报告中有关国债期货的内容里，只是进一步表达了 1992 年下半年以来"随着股票市场的升温，股票交易交投十分活跃，而国债交易逐渐疲软"的忧虑，表示"前几年上海是全国国债交易的中心"，"从去年下半年以来，国债交易呈现下降的趋势，原有国债交易的优势有可能逐步被其它一些城市所取代。""要采取切实有效的措施搞活国债市场，保持上海国债市场的传统优势。重点是发展国债期货交易。"为此提出"加速向社会开放国债期货市场，以解决目前参与者过少、无法形成市场的问题"。但并没有提出明确的时间表。

直到 1993 年下半年，上海证交所在原计划延迟了大半年后，在 9 月份决定将工作重点转到国债市场上，旨在进一步活跃国债交易，加强国债在证券市场中的主导地位。

从 1993 年 10 月份起,直到年底,上海证券交易所迅速采取了一系列强有力的快速推进措施:

一、设立新的国债管理部门,加强国债市场的组织和发展工作。本所已于 10 月份成立了国债期货交易部,由总经理直接负责。

二、开发新的国债金融工具,推广国债期货交易。1993 年 10 月 25 日,本所向社会投资者开放国债期货交易,受到社会的广泛关注和热烈响应。目前,国债期货经纪商已由开办初的 19 家增至 42 家,投资者由一个月前的 230 人增至现在的 6000 余人。

三、大幅度调整国债交易收费标准,进一步调动投资和经营国债的积极性。从 1993 年 11 月 1 日起,买卖国债现货成交后的交易经手费从万分之三降至万分之一,期货则从 10 月 25 日到明年 1 月 30 日免收经纪商自营的一切费用,证券商接受客户委托买卖债券的佣金标准规定在千分之三以下浮动。

四、开设国债专用交易厅和国债交易专场,尽力克服股票交易对国债交易的冲击。本所已专设国债交易大厅,有 500 个交易席位。为使证券商与投资者能集中精力参与国债交易,从 1993 年 12 月 6 日起调整交易时间,将后市交易时间由 13:00—15:30 调整为 13:00—15:00,15:00—16:30 开设国债专场。所有会员公司均可在国债交易专场时间内从事国债现货交易,具有国债期货业务资格的会员公司,可同时从事国债期货的委托和自营业务。

五、组织多种交易形式,适应多种投资需求,搞活国债交易。本所已确定从 12 月 15 日起,推出国债回购业务,并准备于 12 月下旬开办国债远期交割交易。

六、整顿国债库存管理,严格控制卖空,以保护投资和经营国债的热情。对长期欠库的会员公司,已通知限期入库整顿异地保管的国库券保管单证,同时在全国各大行政区设立国库券保管分库,做到了严格管理，方便调运，适应国债市场实物券多、地区跨度大的特点。

七、加强培训普及和宣传工作。本所在已经定期开办国债期货交易培训班的基础上，开始着手组织人员对投资者进行国债期货交易知识普及工作。同时，上海证券交易所已同《上海证券报》等新闻媒介密切合作，广泛开展了对国债的宣传工作。[1]

在 1993 年第四季度，上海证交所似乎全然不在乎宏观层面越来越紧的调控，也并不在意国务院改变期货行业监管归属和证监会开始对期货行业的收缩整顿，在 1993 年 10 月 9 日，上海证交所向会员下发了《关于国债期货交易事宜的通知》，正式宣布"从当年 10 月 25 日开始，国债期货交易向社会企事业单位和个人开放。"

该通知一开头就明确表示："本所已于去年 12 月份开始试行国债期货交易，为进一步活跃国债市场，根据今年初会员大会通过的'总经理工作报告'的计划，并征得国债管理部门的同意，本所决定进一步放开国债期货交易。"值得注意的是，这份《通知》和所附的《上海证交所国债期货业务试行规则》同时抄报了财政部、国务院证券委和证监会，而不是像 1992 年 12 月 22 日发布的《关于开展国债期货交易的通知》及其《试行细则》那样只是抄报理事会、监事会、市证管会、市人行和市财政局。

其实上海证交所这么做已经预埋伏笔，因为无论在 1992 年 12 月 22 日开始试行国债期货交易时发布的《上海证交所国债期货交易试行细则》，还是 1993 年 10 月 9 日向社会开放时经修改发布的《上海证交所国债期货业务试行规则》，对于开户者都同样规定："凡国家法令允许参与证券交易的自然人和法人（以下简称客户），均可通过

1　引自财政部国债司存档的上海证交所 1993 年 12 月 10 日《关于近期上海国债市场发展情况的报告》。

证券期货商在本所交易市场买卖国债期货"。

此后,上海证交所在 1993 年 12 月 10 日给财政部国债司的《关于近期上海国债市场发展情况的报告》中,再三说明:以上"加大国债市场力度的措施,旨在尽快达到上海国债市场近期发展的目标,即保证财政部明年国债无纸化发行的成功改革,并在无纸化交易和清算中心的基础上为中央银行公开市场操作提供有效的市场基地。"报告结尾这么写道:"财政部是国债市场的主管机关,本所将根据财政部的要求和国债市场发展需要,积极开拓国债市场的新局面。""希望财政部对上海国债市场的工作提出要求,并予以支持和指导。"

这一次主动向主管部门的汇报报告,得到了财政部国债司的迅速回复和肯定,12 月 20 日,财政部国债司在复函中说:"上海证券交易所为搞活国债流通市场做了许多有益的探索,取得了积极的效果。希望你们能继续努力,为搞活国债流通市场,促进国债市场的健康稳步发展作出新的贡献。"

上海证交所有关国债期货市场试点,借着配合十四届三中全会召开而向社会公众开放,也终于得到了国家财政部作为国债主管部门以文件形式加以的肯定和支持……

舞台落成

在上海证交所将国债期货向社会开放之后,在上海证交所国债期货市场中,机构投资者虽然是市场主力,但个人投资者却成为市场绝对主流。机构投资者所占比例平均仅为 16%,自营与委托业务比大约在 1 : 3。市场结构分析表明,机构投资者占比远远低于国际上其他同类市场。

大量新的投资者进入,使得上海国债市场立竿见影地出现了新的起色,1993年第四季度现货交易额比第三季增长一倍以上,期货交易日均成交约1000多口;现期货交易12月份有明显增长的势头,国债各品种的价格普遍上扬。

上海证交所据此还在1993年12月10日给财政部国债司的报告中,透露了自己下一步想要采取的市场创新举动和设想:"为进一步促进国债市场的发展,本所近期还将采取一系列新的措施,主要有:组织吸收各地国债交易专业机构进场交易,吸纳有金融期货经营权的专业期货公司入市;设计、开发国债期权交易,计划于明年一月份推出。"

和将近一年前向财政部国债司报告,设想于1993年初向社会开放国债期货的举动相比较,这几乎是如出一辙的翻版。尽管没有证据表明,国债期权交易的设计和推出,在上海证交所的1994年工作日程中有任何进展,也没有见到上海证交所再一次用既成事实反过来求得主管机关的追认,但是前两项设想到1995年初,已经推进得七七八八。

这就使得20多年以后研究这段历史的我们产生了一个疑问:上海证交所这样争分夺秒、日夜兼程,究竟是为了和谁抢时间、拼速度?

从1993年初尉文渊在会员大会上所做的总经理工作报告中,我们也许能嗅出一点硝烟的味道:"前几年上海是全国国债交易的中心","从去年下半年以来,国债交易呈现下降的趋势,原有国债交易的优势有可能逐步被其它一些城市所取代。"

上海证交所成立后,在股票交易和公司上市上,一直受到来自深圳证交所的巨大压力,但在1992年,通过放开股价、开拓市场、活跃交易,无论在上市数量、市价总值、扩大投资者队伍等各方面都实现了地区性市场向全国性市场的转化,缓解了深圳证券市场带来的竞争压力。

在债券市场上,尤其在国债市场上,上海证交所面临两个方面的竞争压力。

一方面来自武汉证券交易中心。武汉想搞中国第三个交易所没搞成,就想搞中国债券交易中心。武汉证券交易中心所属的武汉有价证券托管中心当时搞了一个代保管单制度。就是你可以不把国债现券交过来,而让证券公司给你开具一个保管单,证明你有那么多国库券存在那里。凭这个代保管单就可以到武汉交易中心进场进行国债现券的交易买卖、回购。但是证券公司并没有完全做到在收到客户存进国债现券才开保管单,管理不好的公司对谁都可以开,只要我和你关系好,开5000万、1个亿都可以,这就是虚开保管单。结果武汉交易中心就这样放手创造信用,国债的供应无限增加。某一个国债现券发行量可能只有5个亿,他可以创造出50个亿来,这一下子就把国债现券市场价格打下来了。

对此,上海证交所在1993年上半年整顿国债现货市场时,下令要证券登记公司严厉督查。结果查出有28个亿的保管单进入上海证券交易所现货市场。上海证交所就要求全部拿回去换现货进来,因此他们就要去买现券,就这样国债现券的价格就往上涨起来了。

当时上海证交所面临的另一个竞争对手,则是北京商品交易所(简称北商所)。1993年8月18日北商所成立以后,就在当年的12月25日以国债为标的推出了金融期货合约,270家会员单位中有近200家参与国债期货交易。据北商所总裁武小强回忆,他们一开始就建了4个期货产品交易池:金融、金属、化工和农产品,甚至一度还推出过汇率期货,但最后都没有国债期货成功。

现在根据历史资料分析,在当时国债期货市场上竞争得最厉害的就是上海证交所和北商所两家。上海证交所向社会开放国债期货交易后,交易量快速增加;北商所就在后面苦苦追赶。1994年底的数据表明上海证交所的总成交额达到19054.18亿元,占全国国债期货交易总量的2/3;北商所开设的4个品种的国债期货总成交量达到3887.44亿元,仅次于上海证交所。

同时,无论在交易品种、交易量、客户群和客户量,两家之间都多有重合。这两家之间的瑜亮情节也最为严重,至少在武小强多年以后的回忆中,都还残留着对当年竞争的惺惺之惜。

1994年,武汉交易中心开始推出18个品种的国债期货交易,吸引了563家会员参与,1994年全年的国债期货交易达到2326亿元;深圳证交所在1994年7月成立国债部,9月12日开办国债期货业务,有202家会员涉足其中,到年底成交量就达到370亿元;还有广东联合交易所从1994年10月开始国债期货交易,以每10万元为一手进行交易,恐怕这是全国按手交易中最大的了,1994年的国债期货交易总量为1304亿元……

就这样,从1994年下半年开始,除上海证券交易所后,深圳证券交易所、武汉、天津证券交易中心4家之外,北京商品交易所等10家期货交易所也陆续开设了国债期货交易,全国在短时期内突然有14个交易场所相继推出了国债期货交易,对上海证交所的国债期货市场形成了激烈的竞争态势。

在这种背景下,就不难理解上海证交所为什么会在1992年底创设国债期货后,急于在1993年初就出于迅速扩大市场占有份额而想要向社会开放;为什么会在1993年初向财政部国债司主动汇报,以求得国债市场主管机关的支持和领导;为什么会在几个月得不到主管部门对开放国债期货市场的回复后,急于在 1993 年 9 月决策向社会开放国债期货交易;为什么会在宏观和微观外部条件都不很有利的状况下急于推进并做大上海国债期货市场。

1993 年 7 月 7 日,国务院证券委发布了《证券交易所管理暂行办法》,开始对地方政府为主管理的证券交易所戴上中央集中监管的紧箍咒;1993 年 7 月 10 日,财政部颁布的《关于调整国库券发行条件的公告》(财国债字〔1993〕第 62 号),改变了国债固定利率的基本性质;1993 年 11 月 6 日,国务院印发的《国务院关于坚决制止期货市场盲目发展的通知》(即国务院〔1993〕77 号文),改变了期货行业监管主管机关;1993 年 11 月由证监会主导的期货业的整顿,改变了整个商品期货行业的生态……

尽管外部环境已经、正在发生如此剧烈的变化,但国债期货的监管权力,仍然处于有待明确的过程中,至少在当时还处在财政部国债司为主的管辖范围内。

这是因为在 1969 年 7 月底至 1977 年底约 9 年间,人民银行与财政部合署办公,对经济的调控只有单一的行政手段。改革初期对计划体制尚存的路径依赖,使得诸如发行国债、决定开放转让国债、批准国债期货试点、加息、保值贴补,仍然都以财政部为主。而到了 1992 年之后,相关的市场发展给中央政府的监管提出了新的课题:当时的现状是国债现货的发行由财政部主管;而国债期货实际上由财政部国债司代行监管权,但影响它的部门从 1993 年 7 月起不只有财政部(贴息)、人民银行(保值贴补),证监会也开始参与期货市场的管理,直到 1995 年 2 月国务院明确将国债期货交由证监会监管。在中国整个经济体制缓慢的转型期,监管机构和监管方式不断重新组合与演进的过程中,大家不管和多头齐管,这其实就是引发国债期货市场风险事件的楔子。

上海证交所紧赶慢赶,终于在 1993 年抓住了这个稍纵即逝的监管空白的时间窗口,完成了在国债期货市场上的布局,把住了市场发展的龙头。

多年以后,尉文渊面对笔者回忆起当年的经历,不无自得地这么说:

所以,我们无意之中完成了中国国债市场的发行和交易制度的改革。这是上海证交所的一大贡献,这对国家财政体系以及财政融资、财政的功能发展,产生了很大的促进作用。

那段时间一切都顺利,高唱成功凯歌。干什么有什么、干什么像什么,只要上海证交所出手一干,漂漂亮亮,一片天地就开创出来了,做得非常好。

至此,可供国债期货肆意折腾的舞台和条件都已具备,只等呼风唤雨的主角们上台表演了。

预演癫狂

在暴风骤雨般的开场锣鼓声中亮相的 314 事件，更像是为 327 事件所做的一次绝佳彩排。

第一次对决

在上海证交所的国债期货市场向社会公众开放之后,国债期货市场开始逐渐升温:

自 1993 年 10 月放开到 12 月 20 日止,先后有 1 万多投资者通过 42 家国债期货经纪商参与交易,累计成交额 9.8 万余口,成交额 20.63 亿元。过去一直呈跌势的国债价格出现大幅回升,开放国债期货交易前后的 9 月 27 日和 12 月 20 日相比,面值 100 元的国债现货交易价格:1991 年国库券由 115 元上升到 122.60 元;1992 年国库券(五年期)由 91.1 元上升到 97.80 元;1992 年第二期国库券(三年期)由 98.6 元上升到 104.50 元;1993 年二期国库券由 98.4 元上升到 103.30 元。[1]

但是,据上海证交所的统计年报显示,1993 年全年的国债期货交易总成交量为 12 万口,成交金额是 25.72 亿元。从统计数据上看,绝大多数交易量都集中在向社会公众开放后的最后两个月,即便按照市场开放后到年底的成交量在 10 万口上下、50 余个交易日计算,平均日成交量其实还是停留在 2000 口左右,整个市场的活跃程度仍不算很理想。即便到了 1994 年初,整个上海国债期货市场交易量出现快速上升,但是 1994 年第一季度每月成交量据统计还是在 10

---

[1] 见《中国证券报》1994 年 1 月 3 日有关国债期货市场的述评。

万口左右,日最高成交量也不过 1 万口出头一点。

市场的激活需要热点,也需要有带头大哥的交易冲动。这在任何市场中都是一个颠扑不破的道理。

20 多年后,当笔者重新梳理 1994 年的交易数据,在简单枯燥的数字背后竟然发现了一场激烈的多空搏杀;在国债期货成交量、期货合约成交价和对应现货的价格波动中居然隐含了一场激活国债期货市场的对决。

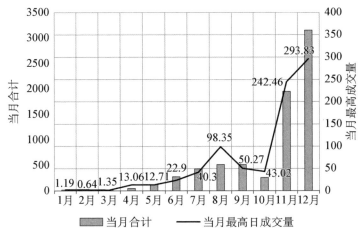

图 2　1994 年上海证交所国债期货成交变化(单位:万口)
资料来源:上海证交所 1994 年统计年报。

从图 2 不难发现,上海证交所国债期货月成交量在 4 月开始出现了一个突涨,从第一季度每月 10 万口左右突然上涨到将近 52 万口,此后除 10 月略有萎缩外,几乎一直保持较高的成交量,到年底更达到了逾 3000 万口的天量。

这表明在 4 月份的国债期货市场上出现了某种异常的状况。继续仔细深入寻找当月每天的交易状况,就发现有两个交易日存在需要更深入研究的市场突变：

4月15日周五，整个上海国债期货一天的成交量3万余口，超过了3月份平均每周的成交量。成交金额7.89亿元，几乎相当于前期一周的成交额。而在4月21日，当天的国债期货成交量达到了13.06万口，超过1993年全年12万口的记录。

这两个交易日相差将近一周，究竟是哪个交易合约引发了市场这样剧烈的波动？

再进一步探寻这两周内所有国债期货交易品种的成交数据，这才发现其中代码为313的F92506（基于1992年5年期国债、6月份交收）合约在4月初每天的成交量还只是5—6千口，在14日到达1.86万口，15日突破了2万口达到20954口，此后连续在日成交2万余口上下，到4月21日更是突破了11万口达到116827口。

看来是在313合约上，上海证交所的国债期货市场在4月份出现过一场特殊的多空搏杀。

经过对当事人再三的访谈，对所有历史资料和数据的仔细考证和研究，我们才发现，这场多空搏杀居然发生在中经开上海证券业务部和万国证券黄浦区营业部之间。命运的安排，使得这两个冤家在上海国债期货市场上第二次刀光剑影地碰撞出了四溅的火花……

4月14日，新成立的国家开发银行宣布今年将发行650亿元金融债券。这一消息引发了当日沪市跳空6点低姿态开盘，并以636.09点收盘，创下15个月以来的最低收盘记录。这是沪指在周内第二次改写1993年以来的最低记录。而当日，深市终于失守160点。这是深圳股市自放开股价以来首次回落到160点之下。到15日，沪指在盘中失守600点。

和股市的下跌相反，据《上海证券报》的报道，4月11—15日这一周，上海国债期、现货市场每天的成交量都在3亿元以上，周四和周五更是达到7.56亿元和7.89亿元，从而使两年多来，国债的交易量第一次如此接近股票的交易量。国债市场推波助澜的"主角"——期市，交投飙升，连刷开市来新高，继周四一气拿下27361口之后，周五又轻越3万口大关。市场主力密集于92年5年期的4个期货品种，特别是6月份交收的F92506（即313合约）。[1]

　　4月14、15日，借着国家开发银行发行金融债券的利空，万国证券联合部分券商在313合约上做空，4月15日，313合约从3月份的107元跌至104.50元，现券跌至101元。当时市场人士认为，这是空方在继续打压价格。中经开作为多方，希望期货价格能够稳定在104.50元左右。这一天多空搏杀的结果，使当天国债期货市场的成交金额达到7.89亿元，几乎相当于前期一周的成交量。

　　据时任中经开上海证券业务部副总经理的钟宁回忆：接下来多空双方在313合约上出现了僵持，不过313合约价格紧接着开始了一周的反弹，上涨幅度比现货快。

　　而原万国证券黄浦区营业部总经理谢荣兴在接受笔者访谈时表示，当时他已经调到总部任交易总监，统管万国证券在全国各地的营业部，对于4月份发生的那次多空搏杀他并不清楚细节，他所知的"这只是两个交易员做的，做的量多了点"。

　　而紧接着的一个交易周，和上一周如出一辙——股市创新低、国债期市很火爆……

　　4月19日，在持续了相当长时间的阴跌之后，沪市大盘终于沉没于600点之下，且全天走势基本上均在600点之下维持，最后收于

<hr />

1　见《上海证券报》1994年4月16日头版"国债市场本周最热"。

572.71 点。指数创下了 1993 年以来新的最低点,沉至 1992 年 12 月时的水准。由于沪市尾市大幅下挫,带动深股亦加速下滑,140 点被轻易沽穿,收盘时深指跌至 137.16 点[1]。4 月 21 日,《中国证券报》头版头条发表了中国证监会秘书长朱利表示"今年 55 亿新股将推迟发行"的消息,监管层希望用这则消息提振股市。

而 21 日的国债期货市场,被媒体形容为"上海证券市场富有重要意义的一天":期市自 4 月 12 日以来,日成交量始终在万口以上,仅隔两天首破 2 万口,紧接着第二天以 30176 口再破 3 万口大关。昨天(21 日)又在 35041 口的新高上,创造了 130552 口的"天量"。[2]这一天,上海证交所的国债交易额达 29 亿元,首次超过了股市的交易额。

1994 年初,主管部门为保证当年 1000 亿国债得以顺利发行,采取了国债市场化改革的重大举措,其中就要求银行等金融机构的流动性准备也要以国债形式存在。因此在 4 月 15 日以后,专业银行看到期货市场活跃有利于套期保值,开始大量购入现券,而现券价格的上涨,又推动了期货价格不断上涨。结果到了 4 月 21 日,313 合约成交量大量增加,期货盈利增加。据钟宁回忆,当时空方对形势有所误判,认为银根吃紧,多方已进货,会平仓,因而大量抛售,达 11 万多。而多方只有我们一家。

笔者所找到的市场数据显示:4 月 21 日 313 合约品种当日成交了 11.68 万口、24.67 亿元,这意味着单就这一品种的成交金额就超过了当天全国各地国债现货交易的总额。与此同时,持仓量急速增加,由 5.8 万口增至 14.12 万口,增幅 143.45%。但是,和现货价格挺升 0.54 元的走势背离,92 年 5 年期国债期货 4 个品种在 4 月 21

---

1 见《中国证券报》1994 年 4 月 20 日头版"沪深股市剧烈下探"。
2 见《上海证券报》1994 年 4 月 22 日头版头条"上海重现国债市场'龙头精神'"。

日遭到了空方的强烈打压,虽经多方阻挡,仍下挫 0.02—0.18 元,可以想见当日多空搏杀的激烈程度。

另一个影响国债市场的监管因素是,从 3 月份开始,财政部、证监会鉴于部分市场乱开国债代保管单、创造虚假信用、卖空国债等问题,连续发文和表态,要求严查国债市场的卖空行为。4 月 21 日,财政部国债司官员在接受媒体采访时表示:"财政部已责成有关方面对国债卖空行为进行调查,经核实后将对相关责任者予以处罚。并会同国务院证券委等有关部门加紧制定《国债代保管存单管理办法》。"5 月 25 日媒体公布了财政部、中国人民银行和中国证监会的联合通知,要求从 7 月 1 日起对乱开代保管单和卖空国债的行为采取切实措施加以治理。这就直接造成了国债现货市场价格的上涨,到 5 月底,92 年 5 年期现券的价格从 4 月份的 101 元左右一路上扬至107.65 元,在这背景的影响下,6 月底交割的 313 合约相应出现了进一步的上涨,达到 108.90 元。

至此,空方持有在 6 月份交割 313 合约的空单,最终亏损了数千万元。

谢荣兴在接受笔者访谈时回忆,他在 313 合约 6 月底交割的时候,应管金生要求和万国证券国债部一起协助黄浦万国解决 313 合约空仓的后续问题。他在当时借了、也买了很多国债现券,以应付该合约交割时的平仓,最后万国证券在这一仗中确实亏损了蛮多。尽管此事发生时谢荣兴已不在万国证券黄浦区营业部,但他还是受了影响,在万国证券内部被边缘化,管金生在七八月份又任命了一个交易总监,使他彻底无所事事。于是在 1994 年底 1995 年初,谢荣兴悄悄办理了前往君安证券担任副总裁的调动。327 事件发生的当天晚上,他和黄浦万国的老同事、老部下在黄浦区东方饭店聚会。2015

年 2 月 23 日,他在微信里这样写道:"20 年前今天的一场悲欢离合的欢送会,因为本人被迫正式离开万国去君安担任副总裁;在同一时刻万国证券总部百乐门大酒店高中层也在盒饭的陪伴下沉浸在悲哀之中,327 国债期货让证券市场只有第一没有第二的万国证券倒下了。席间参加东方饭店聚餐的几位部门经理的拷机响了:到总部开紧急会议,留下的人虽级别较低,但也无心思吃饭,因为万国往后的路凶多吉少。"

谢荣兴因此躲过了 327 事件对他个人职业生涯的冲击,在证券市场幸存至今,而他原来在万国证券黄浦区营业部的副手,受 313 合约亏损的牵连最后也离开了⋯⋯

不过,在中国证券市场历史上,这一次多空对决的历史意义,并不在于个人的去留和机构的输赢,而是整个国债期货市场、乃至现货市场被真正激活了,至此以后,上海证交所国债期货市场的成交量,从每月数十万口一下上升到了数百万口,而且每月都在以几乎翻倍的速度上升,到 11 月达到将近 2000 万口、12 月超过了 3000 万口。尤其是进入 1994 年第四季度以后,市场规模成长加速,交投日趋活跃,第四季度日均成交合约为 85.28 万口,比第二季度增长 279.34%,日成交金额最高达 830 亿元,成为证券市场发展的一大热点。

上海国债期货市场的激活,大大推动了国债二级市场的发展,1993 年,上海证券市场国债(现、期货)总成交额为 87.29 亿元,仅占各类证券成交总额的 3% 左右;1994 年,上海国债(现、期货)总成交额为 19562.67 亿元,占各类证券成交总额的 76.77%。其中,1994 年的国债现货成交量是 1993 年的 6 倍,1995 年一季度又比 1994 年同期增长 2.95 倍;1994 年国债期货交易总成交量达到 7260 万口,成交金额 19054.18 亿元,远远超过股票市场 5735 亿元的成交额。

与此同时,国债的现、期货价格也大幅上涨,彻底扭转了以往大部分国债市价低于发行价、严重损伤国债声誉和持有者利益的被动局面,调动了市场投资者经营国债的积极性。这就使得国债重新成为上海证券市场的主力军,很快形成了全国性的国债投资热。

从此之后,国债市场化改革走出了瓶颈,基本改变了国债发行困难、新债上市跌破面值的现象。这使得1994年成为中国证券市场史上真正意义上的"国债年"。

314的故事

1994年上半年,在股市极度低迷时,国债期货市场开始有了发展,但交易量和持仓合约量均不大。

但是,1994年高达21.7%的通货膨胀率,提高了市场对加息的预期。与此同时,1994年第四季度前后,股票市场疲软,加上期货市场整顿中将钢材、食糖、煤炭、粳米、菜籽油等等一部分商品期货品种停止交易,大量的股市和期市短期投机性"热钱"[1]开始涌向国债期货市场。

由于保值贴补率的不确定性而传导给国债贴息率的变化,原来建立在固定收益的国债之上的国债期货合约变成了收益不确定的产品,迅速加大了炒作国债期货的空间;同时,由于国债期货市场对公众开放以后,大量机构及个人投资者由股市转入债市,国债期货市场行情日趋火爆。1994年全国国债期货市场总成交量达2.8万亿元。

这种态势一直延续到1995年,与当时股票市场的低迷形成鲜明对照。从1995年1月到5月17日证监会宣布停止国债期货交易的

---

1 热钱(Hot Money),又称游资,或叫投机性短期资金,热钱的目的在于用尽量少的时间以钱生钱,是只为追求高回报而在市场上迅速流动的短期投机性资金。

4 个多月时间里,上海证交所国债期货的交易量达到将近 5 万亿元,是上海证交所 1995 年全年股票交易量的 16 倍。

就在这样暴风骤雨般的开场锣鼓声中,国债期货市场风险事件的主角们又一次在舞台中央亮相了。

这就是 1994 年发生的 314 合约交易风险事件。

314 合约是上海证交所对应于 1992 年 5 年期国库券开设、1994 年 9 月 30 日交收的国债期货合约品种。

在 1994 年 8 月末、9 月初这段时间里,市场多头主力中经开的一些具有较强分析能力的管理人员,较早地看到了我国国债现货市场的规模狭小,非常有利于在期货市场做多。

他们的理论是,1992 年 5 年期国库券发行定量才 100 亿左右,而且现券非常分散,实际在市场中交易流通的只有数十亿元。在当时期货对应于现货品种设置的现状下,做空头处于明显的劣势,因为现券市场太小,如果空方交易规模做大的话,难以收集到足够的现券来进行期货的交收;并且如果大量采购现券进行交收,也必然导致现券价格的大幅上涨。而做多则只需有资金就够了,资金的供应相对现券来讲,非常地充裕,因此,在多、空争斗中,多方优势必然大于空方。

于是,从 1994 年 8 月中旬至 8 月 29 日,在 1992 年 5 年期国债现券价格稳步攀升的带动下,314 合约成为沪上交投最火爆的国债期货品种之一。临近 9 月底交收期的近一个月,交投愈演愈烈,成交屡创天量,持仓量扶摇直上,期货跳空上扬,并在 8 月 29 日创下成交 426189 口的巨量并摸高至 115.09 元的天价,同时持仓量放大,由过去的 20 余万口逐步增加到 40 余万口。

8月30日至9月15日，随后的数日，交投较前稍为平淡，价位在114.00元至114.50元之间波动，持仓量变动不大。

这期间092(1992年5年期国库券)现券与其对应的期货价格出现倒挂，期货价格虽在114.30元左右波动，然而还是低于现券0.50元左右。出现这种情况，并不是现券价"反理论"高出期货价，而是因为092券的发行总量仅为100亿，其市场流通量尚不足其发行总量的50%，正是在这种现券的稀缺性与银行在资产负债管理的改革措施下的大量购入现券，造成现券价格的大幅上扬。

另一方面，造成对现券价具有指导意义的期货价反而低于现券价、出现价格倒挂的诸多原因中，空方的"功劳"不可磨灭。空方自112.70元以来极力做空，市场观察普遍认为，以9月13日结算价114.26元计算，空方浮动亏损已近亿元。

在此一回合之前，万国证券和中经开曾在313合约上有过一次对决。在那一回合中完败给中经开的万国证券，难以忍受失手于他人的羞辱，曾为此以"不公平竞争"为由，状告至朱镕基副总理，一时引得市场各方侧目。万国证券在市场中以老大自居的傲气，由此可见一斑，这实际上也更像是管金生争强好胜的个性脾气的写照。

但是，在市场利益面前，再傲气的对手也会团结在一起。据市场参与人士的回忆，在314事件上多空双方和6个月后的327事件不同，辽宁国发(集团)股份有限公司(简称"辽国发")一家领衔做空，与中经开、万国证券等诸多机构对赌。面对不合常理一味做空的辽国发，昔日的对手万国证券和中经开联手发动了一场"多"逼"空"的豪赌。

9月16日,314合约以114.05元开盘后,空方在112.10元处抛出10万口的空单,市场中不少心明眼快,反应敏捷的人士"抄"到了底,在此价位做多吃进万余口,当日此万余口浮动盈余达400万元左右。多方在喜获意外丰收后,又乘胜追击,使314当日摸高114.31元并收于114.30元,呈一实体为0.25元,下影线1.95元的长阳线。但胜利果实尚未落袋为安,上海证交所发出通知,宣布当日114.00元以下成交的单量均属无效。

9月19日,新的一周开始了。对于上周最后一个交易日空方扰乱市场的行为,上海证交所未作任何表示。

于是,当日多空双方突然大规模开仓,开市后,空方即展开猛烈打压,314价格自开盘后的114.34元逐步走低,下午3:30分左右,盘中赫然出现50万口114.10的空单,这是空方孤注一掷的行为。

当日所有国债期货成交达50.26万口,而作为主要交易品种的314期货合约业已进入交收月份,当日314合约成交43.2466万口,超过8月29日天量,其持仓量也从原来的45万口骤升至78.86万口。

造成19日仓位急增的原因是:当时实行的是以相对应的实物券交收的制度,而市场上可流通的实物券偏少,空方难以搜集足够的实物券交收,多方据此发动逼"空"行情。而空方则在19日以放量建仓来对付,以期通过巨量交收同样造成多方资金紧张的问题,达到使对手方爆仓出局的目的。

商品期货交易中"多"逼"空"的现象已屡见不鲜,国债期货交易还是第一次碰到这样的问题。"多"逼"空"造成的主要问题是交收难,空方难以买到足够的国库券进行交收。

交易所在收市后分析了问题的成因:一是交收制度的问题。对应券交收,多方可以利用资金供给多而实物券数量少的矛盾来逼

"空";二是对中经开等少量大机构会员没有核定持仓限额[1],有垄断优势;三是会员公司对委托客户的仓位管理制度尚未建立。

所以,9月20日,交易所针对前一天的市况,出面进行了干预,在当日发出的《关于加强国债期货交易风险管理的通知》中规定:

(1)各会员公司须严格执行本所核定的最高持仓限额,对少数原未核定持仓限额的会员公司,其持仓合约数累计最高不超过20万口;(2)对进入交收月份的期货合约品种,持仓合约在交收月份的第10个交易日时,不得超过最高持仓合约限额的50%,在最后第5个交易日时,则不得超过25%;(3)会员公司须加强对客户持仓合约的核定和管理工作,对在单一品种上核予持仓合约超过1万口(含1万口)的客户,须向本所申报备案,在单一品种上任一客户在各券商处的持仓合约累计最高不得超过5万口;(4)提高进入交收月份期货品种的保证金比例,从交收月份的第11个交易日开始,保证金比例从2.5%提高至5%,从最后第5个交易日开始,保证金比例则提高至

---

1 所谓"限仓",也就是持仓额的限定。1992年12月22日《上海证交所国债期货交易试行细则》规定:本所可按照国债期货品种订立持仓合约的最高数额,任何客户和证券期货商持仓的合约数不得超过该限额。1993年10月9日《上海证交所国债期货业务试行规则》规定:本所可按照国债期货品种订立持仓合约的最高数额,任何客户和证券期货商持仓的合约数不得超过该限额。证券期货商亦可按照客户承受风险的能力和资信,订立客户的最高持仓数额。1994年9月20日《关于加强国债期货交易风险管理的通知》中规定:持仓合约数累计最高不得超过20万口;1994年11月10日《关于加强国债期货风险管理的通知》中最高持仓限额管理的规定:本所将根据会员公司的资本金、经营信誉和管理经验,按20万口、10万口、5万口与1万口的标准,核定各会员公司国债期货的最高持仓限额。各会员公司须严格执行最高持仓限额标准,并在此限额内核定客户的最高持仓合约数量,其中核予客户最高持仓合约限额超过3万口的,须报本所备案。任意客户在单一品种合约上的最高持仓额不得超过5万口。但在实际操作中,对于市场份额比较大的会员公司,上海证交所核定的持仓数额应该是有所突破的。比如1995年上海证交所有关327事件的情况报告中说:"于去年8月开始,对参与国债期货交易的会员公司分别核定了最高持仓限额,核予万国的为40万口(包括公司自营和客户委托)。"而在万国证券公司《关于我司交易总部327国债期货交易及2.23违规行为的专项调查》中却自述:"由于上海证交所对会员单位的持仓量有限制,核定我司最高为70万口,包括自营和客户代理"。所以这样的限仓数额,在市场监管的实际操作中,规则的掌握应该是存在一定弹性的。

50%；(5)严格执行清算交收制度,在规定时间内,买入方须将足额认购资金划至本所,逾期者将按"清算信誉不良单位"给以处罚。卖方须及时将足额实物券交至本所,逾期者将按卖空国债论处;(6)鉴于通知发出已是 20 日,故对超过本通如规定的持仓限额的部分,最迟须于 9 月 26 日降至限额以内,否则,本所将强行平仓[1],并从 9 月 26日开始,执行"提高交收月份期货合约保证金"的规定。

9 月 20 日,本应是多空双方相互减仓,然而市场交投清淡,仅成交 2.9 万口,价位继续走低。

9 月 21 日至 23 日,在交易所要求交投双方平仓与不开新仓的要求下,多方主动谨慎平仓,但空方变本加厉,抛盘仍是风起云涌,导致价位节节下挫。据交易所统计,9 月 21 日至 23 日,新开仓合约中,其中新多仓为 3.4 万口,新空仓 4.9 万口,空头略"胜"一筹。

9 月 26 日上午,上海证交所召开超限额合约限制平仓会议。该会议并未如市场人士估计,由双方商定平仓价、以协议平仓为主。用一句大白话来形容,这个会更像是一次由江湖老大出面、把相关各方邀请到一个桌面上讲和的"吃讲茶"。

会上,交易所多次强调这不是协议平仓,而是强制平仓[2],平仓价以 20 日至 23 日的结算价加权平均计算,计算结果为 114.01 元。对

1　平仓交易：就是凡买入(卖出)某一品种某交收月份的合约后又卖出(买入)同品种同交收月份的合约,即视为平仓。平仓时按"先开先平"的原则,即凡是持仓的合约,一旦发生平仓交易,依持仓合约的开仓时间顺序进行平仓,并以此计算平仓后的买卖盈亏。

2　强制平仓：上海证交所的相关业务规则中这样表述："本所对下述情况予以强制平仓：超限额持仓者;违规开设新仓者;交易和交收保证金(券)追收失败者。在实施强制平仓前,本所将发出'强制平仓通知书',会员公司最迟须在收到通知书的次日内自行完成平仓,对逾期者,由本所按市价执行强制平仓。当多空双方须强制平仓合约数量较大,按市价强制平仓受阻时,本所将按强制平仓执行时该合约前 5 个营业日的市场加权平均价予以强制执行。"

未能按规定交足交收保证金者也予以强制平仓。

　　按这个价格强制平仓,明显偏向空头利益,引发多头的不满。据当时的市场评论分析,造成此次市场争议的根本原因是 9 月 19 日空方在 114.10 元亮出 50 万口之多的空单。多空双方在 114.10 元上的 30 万口新开仓,使持仓量骤然放大到 73 万口之多,辽国发这种"破釜沉舟"的行为是导致多空双方僵持、强行平仓的根本所在。而且即使在上海证交所 9 月 21 日公布不得继续开新仓的通知后,空头仍积极开仓,所以自 19 日后价格一路下滑。所以有多头主力多年后仍愤愤不平地说:这哪是"多逼空"? 根本就是"空逼多"嘛! 明明是空方的不合理做空,还要多方退让以减少空方亏损的程度,哪有这个道理?

　　据当事人回忆,在私下里,交易所对多方的中经开和万国证券摊明了,你们多头都是国有和国有持股的大公司,强制平仓对你们来讲不过是少赚一点,就是亏一点也不至于引发市场系统性风险,最多下一次再找机会;而空方表面上是几家中小证券公司,但交易所也明白其背后另有兴风作浪的人,如果一味逼空,最终引发的市场系统性风险,将使得大家都没法继续玩下去了。这层意思,实际上已经包含在上海证交所 9 月 16 日宣布当日 114.00 元以下成交的单量均属无效的纠偏行为中。

　　在取得各方谅解后,交易所在会上宣布,根据上海证交所持仓限额规定,其中多方超限量数为 28 万口,空方超限量为 47 万口,多空双方由交易所随机选择,对于无法找到对手的平仓盘,上海证交所在市场上以市价平仓。

　　就这样,到 30 日最后一个交易日,尚余 9.95 万口参加最后实物交收。之后又有 2 万多口到期合约以协议交收方式处理,故真正进行实物交收的是 7 万多口合约。

在交收之后,水落石出,交易所看到参与交收的主力多头系中经开、上海财政证券与万国证券等几家,多方大多属自营;空头主力系珠海证券上海业务部、辽宁财政证券公司、安徽建行信托投资公司、辽宁信托投资公司、辽宁东方、建行安徽、中行重庆等几家,空方系客户委托,最后查实都与辽国发有关。

因此,当时就有市场评论不无忧虑地指出:交易所在这次 314 仓位减磅过程中所采取的应对措施,虽旨在维护市场的健康稳定发展,然而交易所以 20 日至 23 日价格加权平均作强行平仓价似有失公允,这种有失公平的处理方法,纵容了空方扰乱市场,将为市场下一步的正常发展埋下隐患。[1]

对于上海证交所来说,真是有苦说不出,这种矛盾是上海国债期货市场第一次遇到的全新情况。由于证券交易所是自律管理组织,其章程、规则约束的范围限于会员公司和上市公司,无法对券商的委托客户进行管理处罚,最终只能要求几家接受客户委托的空方券商加强对客户管理,并严格履行交收义务。

用白话来描述,314 事件最终以交易所用类似“摆讲茶”的方式得到了解决,除了对多方交代了实情,要求退让一步少赚一点;对空方,交易所只能对几家接受客户委托的空方券商训诫一番。而最终的输赢结果是多方都有盈利,而辽国发为此尽管少输了许多,但据当时估计仍旧亏损约 1.8 亿。

对于 314 事件中暴露的问题,上海证交所及时向财政部国债司

---

1 《沪市 314 强制平仓的前前后后》,《中国证券报》1994 年 9 月 30 日第 3 版。

作了详细报告,并在国债司的指导下,改进了国债期货市场的制度设计,加强了监管力度。先后于9月20日、11月4日、11日10日发出《关于加强国债期货交易风险管理的通知》、《关于调整国债期货品种设置和交收方法的通知》、《关于加强国债期货风险管理的通知》,这些文件的核心内容都是强化风险控制机制。具体地讲一是反垄断、反操纵,无论是会员、机构还是个人,均要求设立持仓数量限制和大户报告制度;二是强化保证金控制机制,尤其是对交收月份品种进行保证金追加和压仓措施,防止"多"逼"空";三是在财政部国债司的建议下实行混合交收制度,从根本上解决现货市场狭小给期货带来的结构性弊端。

314事件的争议以交易所出面强制平仓而告结束。上海证交所事后所采取的这些措施是比较严厉的,而且全国那么多开展国债期货的交易场所,唯独上海证交所在这样做。这反映出上海证交所在314问题发生后,及时总结经验教训,认真改进市场监管工作,在国债期货风险管理方面作出了努力。

可惜的是,证交所加强监管的完善程度仍旧没有赶上市场变化的速度。与此同时,上海证交所当时并未意识到,实际上在314合约的交收时辽国发作为空方(收资金交券)并无足够的092券付给多方(收券交资金),于是辽国发便使用武汉有价证券托管中心和全国证券交易自动报价系统(即STAQ)开具的代保管单进行交收。由于部分代保管单是虚假的空单,所以在314合约交收中,辽国发形成的透支债务实际竟然有4.46亿元。为弥补亏损,辽国发从1995年2月起,以各种名义通过28家券商38个席位进行国债回购融资业务,除部分存入国债实物券作融资抵押外,还使用大量的武汉证券交易中心江西分库、沈阳分库开出的代保管单以及天津证券交易中心的

1995 年 3 年期国债认购单作抵押，套取资金。

这就给上海证交所和上海证券中央登记公司埋下了带来多年坏账噩梦的祸根，也使得 314 事件更像是为 327 事件及其之后一系列国债期货市场风险事件的爆发所做的一次绝佳的彩排。

搅局者辽国发

辽宁国发（集团）股份有限公司（简称"辽国发"），是一家没有经营金融业务资质的企业。它在 1993 年底的营业收入只有 4000 万元，利润才 426 万元，于 1994 年三四月开始介入上海证券市场。据市场人士反映，辽国发的主事者是三兄弟：高岭、高原、高山，在上海市场出面最多的是董事长高岭，高山基本上在北京市场活动，而高原则非常低调。

1994 年上半年，由于国务院主管经济的副总理朱镕基实施严厉的宏观调控，上海股市低迷，股指从 1993 年 2 月 16 日的最高点1558.95 点一路下跌到 1994 年 7 月 30 日的 333.92 点。

乱世出枭雄，就在这一片萧条的市道里，名不见经传的辽国发亮相了。

1994 年 6 月 8 日下午收市以后，辽国发向上海证交所送去一份公告，称该公司已持有爱使股份有限公司[1]股票 112.32 万股，占爱使公司总股本的 2%。

本来，这还没有达到《股票发行与交易管理暂行条例》规定的必

---

1 上海爱使股份有限公司是上海市首批股份制试点企业和股票上市公司之一，其股票全部为流通股，是上海证券市场上著名的"老八股"。

须发布公告的标准,但辽国发在公告中又说,辽宁东方证券公司、国泰证券沈阳分公司、南方证券沈阳分公司和中国人民建设银行沈阳市信托投资公司各持有爱使股票 44.928 万股,每家公司分别拥有爱使 0.8% 的股权,而这 4 个机构已达成协议,一致同意将所持有的爱使股票的表决权全权授予辽国发。这样,辽国发就拥有了爱使公司 5.2% 的股权,所以发出了这份公告。

上海证交所只能将这份公告向社会公布,并依例安排爱使股票在第二天停牌。

随着这份公告的发布,辽国发董事长高岭在 9 日到爱使公司与其领导层进行了接触,但高调出场的辽国发却碰了一个软钉子,爱使公司认为辽国发所说的 5 家公司的关联关系能否成立还存在着不少疑义。

其后,辽国发和其他一些机构依旧联手购入爱使股票。在 6 月 14 日、6 月 23 日、7 月 29 日又 3 次发布公告,称其股票已增持至爱使总股本的 11.2%,参与这一行动的机构也从起先的 5 家增加到了 8 家。

但无论辽国发怎样努力,爱使公司对辽国发的请求采取了拖延、推诿、敷衍的态度,实际上拒绝与辽国发合作。

这就像小说里描写的,暴发户提着大包现金闯进贵族俱乐部,大刺刺坐下唤跑堂,没想到却在穿着燕尾服的跑堂面前碰了钉子,谁都没把他当回事,就这样把他晾在大堂中央了!

谁都想等着看这笑话如何收场……

但令所有人都没想到的是,就在辽国发第 4 次公告发布的第二天,1994 年 7 月 30 日各大传媒均刊登新华社通稿《证监会与国务院有关部门就稳定和发展股市作出决策》,面对股指的急剧下跌和市场的持续低迷,证监会突然发布三大救市政策:今年内暂停新股发行和上市;严格控制上市公司配股规模;采取措施扩大入市资金范围,即允许券商融资,成立中外合资基金。

1994年8月1日,上证指数以大涨18%跳空高开。买盘蜂拥入场。这一天,沪深指数大幅飙升三成。接下来的一周,沪深指数弹升幅度分别为104%和68%,人气骤升,沪深两市分别创下339.41亿元和122.09亿元的周成交金额新纪录。此后,上证指数从7月29日收盘的333.92点,涨至9月13日盘中最高的1052.94点,累计涨幅315.33%。

这就是著名的中央政府出手第一次救市,沪深指数的这个跳空缺口就被市场称为"刘鸿儒缺口"。

刘鸿儒救了辽国发?

就在这一片热腾腾的行情里,辽国发收购爱使的戏码悄然收场。但明眼人都想象得出,辽国发借此捞到了第一桶金。

也许当时市场里许多人都瞧不起辽国发这个从东北来的土包子,但经过这一回合,辽国发在市场上确立了他的行为招数:用透支、融资手段,作为客户躲在合作的券商身后,快速、凶狠地下手,无所不用其极的重手段,完全没有底线的行为方式,固执地一条道走到黑……

就这样,在第一次并不完美的亮相之后,从1994年8月份开始,辽国发的经营活动逐步从股票市场转入国债期货市场。

辽国发的经营特点是采取公开或隐蔽身份,通过众多的券商,大量、分散地从事上海国债期货与回购业务。由于它作为投资客户身份出现，并假借他人身份在不同券商处大量下单，加上一些券商对其风险控制不严，使其在国债期货交易中得以大量开仓，所以在数次国债期货风险事件背后，最终查出来都有它的身影。

辽国发曾实施过一个所谓的"百金工程"，目的要在全国范围内控制收购一百家金融机构或营业网点。辽国发与国泰沈阳于1994年11月商定的驻STAQ系统[1]交易席位就是"百金工程"之一。之所以如此做，乃辽国发无法以自身名义从事金融业务，遂与作为金融机构的国泰沈阳结合，以达其目的。为此双方签订了一份STAQ席位协议，协议商定以国泰沈阳名义在STAQ系统申请席位所需一切费用由辽国发承担，但席位交由辽国发使用和管理，盈利则按5∶5比例分成。协议签订后，国泰沈阳即将申请交易席位所需的文件材料交给辽国发去办理，在办理完席位后的四个多月里（1994年11月至1995年2月24日），国泰沈阳完全将席位交由辽国发操作。期间辽国发在该席位上共从事总金额达2.23亿元的28笔融资业务，在此期间国泰沈阳未提出过异议。直到1995年2月23日辽国发在国债期货市场上严重违规并产生巨额亏损后，国泰沈阳才警觉STAQ系统的席位问题，并于1995年2月24日匆匆派员接替了辽国发方面的交易员，8月份，国泰在着手清理该席位业务时，才发现辽国发在使用席位时曾融入过2亿多元资金，遂向辽国发追讨资金，在资金追讨不成后，向法院起诉辽国发。这是引发此后一系列遍及全国的辽国发金融诈骗案中的第一个案件。

1　全国证券交易自动报价系统，简称STAQ，由联办创办。

在 1994 年 8 月到 1995 年 6 月,不到一年的时间里,与辽国发有业务往来的券商逐步增加。在业务高峰时,辽国发居然可以通过 130 多家证券经纪机构进行买卖。事后发现,其中有几家系为辽国发控制或直接承包经营。

辽国发的市场操纵的明显特征为量大、手法狠、涉及面广。而其一味在国债期期货市场上做空的做法,使其所持大量空头仓位形成巨大浮动亏损。

在 1995 年 2 月 23 日 327 国债期货事件之前,辽国发在上海市场中的总体经营情况是有亏有赚,较大的一次亏损出现在 1994 年 9 月交收的国债期货 314 品种上,据当时估计亏损约 1.8 亿。

此后至 1995 年 7 月,辽国发通过其代理证券商进行的证券交易活动,如 327、319 以及国债回购交易中,因为做空而形成了几次重大交收违约,对上海证交所形成负债数十亿元。当察觉其活动具有金融诈骗性质,上海证券交易所 1995 年 7 月份决定全面禁止会员接受其证券交易委托业务。8 月,上海证券交易所向上海公安机关报案。

20 年来,在所有的市场观察者和当事人记忆中,都认为万国证券和管金生才是 327 事件的主角。但平心而论,不管是 327 之前、还是之后,整个国债期货市场风险事件这台大戏所演出的几年时间内,若隐若现但绝对占据舞台中央的真正主角,其实一直是辽国发。如果从行为的一贯性、危害时间的长度、波及范围的广度和造成后果的烈度来看,在整个以 327 事件为标志的国债期货市场风险事件中,万国证券更像是一个热闹莽撞的龙套,其实真正阴狠歹毒的主角应该是辽国发……

做局入局

强人不寻常的举动，只能让下属静等他的回归。

万国证券的春节海南会议

1995年春节，海南岛。

在当时，金融证券界的高管相约到海南过春节，还刚刚开始时兴起来。那一年春节，尉文渊就和已担任人民银行总行副行长兼外汇管理局局长的朱小华相约，两家一起到海南过春节。那一天他们两家和其他几个朋友一起，在海边居然和管金生一家不期而遇，大家还客客气气地打了个招呼才各走各的。

管金生会来海南，是因为万国证券在这一年春节，把所有的中高层管理人员连带他们的家属，都一起集中到海南来过年，由公司出面犒劳大家在1994年工作中的辛苦。

1994年，万国证券在经营规模和综合实力上已处于中国证券行业的领先地位。然而，随着中国证券市场的加速扩容和行业竞争的进一步激化，这一年也成为万国证券发展的关键一年。历经五年艰苦卓绝的快速发展，下一步如何走？进或退、快或慢？管金生和公司管理层面对的是：如何一方面能抓住外部市场机遇，另一方面又能够有效解决过去几年因粗放式发展和过度放权带来的各种问题和挑战，再创辉煌，使万国证券真正成为具有国际化竞争优势的中国证券公司。

为此，围绕规划和制定万国证券未来六年（1995—2000）发展战略，催生了万国证券企业史上较为著名的事件，即"1994 万国管理年"和"战略规划研究与五大机制（决策机制、经营机制、风险控制机制、约束机制、激励机制）改革"。

而在这一年，万国证券更为引人注目的是成立了公司党委。

1994 年，还在上海市政府外经贸委任职的陈敏，被万国证券推荐为即将成立的公司党委书记候选人。经当时万国证券的上级党组织浦东发展银行党委和市外经贸党委的考核审查，陈敏最终被任命为万国证券的党委书记，1994 年 4 月正式上任。327 事件以后，在一次全市干部大会上，一位市委、市政府领导在讲话中说：管金生作为一个非党人士，居然自己找了个党委书记。

陈敏上任后不久，1994 年 7 月 17 日万国证券公司成立 6 周年前一日，管金生将自己当天的日记发给公司各位中层经理，题目是"超越自我"。他在日记中提出："较多的人看到上海万国证券所经历的 6 年辉煌，较少的人看到 6 年来市场所发生的巨大变化，更少的人在思考万国应当如何超越自我。"他强调说："我们的自我改造和自我超越就必须是根本性的而不是表面的，是深刻的而不是肤浅的，是革命性的而不是修修补补的。"于是，作为党委书记的陈敏就奉命开始牵头进行战略规划制定和五大机制改革的准备工作，直到 11 月基本完成了战略规划和"五大机制"的初稿。

1994 年这一年，万国证券内部举措不断出台：整理和确定管理思路，组织力量制定缺失的制度和流程，对营业网点的经营管理进行检查、清查关闭小金库，部分部门职责和设置的调整等等……对发现的违规违纪问题进行处理，不少万国人至今还记得彻查营业部小金库对全公司带来的巨大震动，同时也给中层带来很多压力。

所以，在年底初步完成战略规划和"五大机制"的设计之后，为在新一年里开始逐项落实"五大机制"的管理再造计划，管金生决定在海南集中全体中高层干部，一方面，让大家带着家属一起来过年，对各位中高层干部是一个犒劳和慰问；另一方面，管金生也想借此机会再一次统一思想，为新一年的工作打点基础。

1月30日，中国农历年的除夕，在海南的一个度假村里，万国证券的所有中高层干部及其家属聚在一起吃年夜饭。这时候大家的情绪都很高，对新一年要做的很多事情，大家都充满信心，有着美好的憧憬。所以当时的气氛非常好，所有的人都兴致高昂，唯独一个人有点与众不同。

他就是刚刚担任万国证券交易总部负责人的何忠卿。何忠卿是财政部财政科学研究所研究生毕业，从谱系上说他也算是财政部系统出来的人。当时他还未结婚，单身一个人来海南参加万国证券中高层聚会的新年活动。他原来担任万国证券国债部（交易二部）的总经理，负责整个万国证券公司国债现货和期货的自营业务。由于他的财政部背景，所以国债期货业务是他全权负责。

细心的党委书记陈敏，发现何忠卿和别人的情绪都不一样，在大家轻松愉快、兴高采烈时，唯独他不出声音。在海南几天，大家都坐一部大巴士进出，他总是一个人闷闷不乐、心思重重地坐在后面。

这有点反常！

因为从1994年7月开始，万国证券公司授权原国债部重整国债期货自营交易，原国债部业务由此分为两类：一是国债现货，二是国债期货，分别由部门经理助理吴德力、廖春晖负责。为更好地开展国债业务，考虑到现货与期货的紧密联系，国债部成立了国债期货投资小组，两位助理担任副组长，组长由国债部总经理何忠卿担任。1994年何忠卿在国债期货交易上的操作、尤其是314一役盈利不少。1995年1月份管金生按照五大机制中专业化分工、专业化管理原则，把国债部改组成交易总部，把股票和国债的自营都包括进去，由何忠卿来负责，担任交易总部的总经理。按照万国证券这样大公司的盘子，如果执掌整个公司的股票和国债自营业务，那手里可供支配的资金和资源将是数以亿计的。按理这时的何忠卿应该踌躇满志、跃跃欲试、春风得意才是啊！

负责整个公司人事行政系统的总监兼党委书记陈敏想到，前一年在1994年5月12日，管金生曾任命何忠卿担任过公司总裁助理；而在1995年1月14日任命他担任交易总部总经理的同时却没有再聘任他为总裁助理，难道何忠卿是因为这才如此郁郁寡欢？

在海南期间，各兄弟部门的负责人见到何忠卿离群独处、闷闷不乐，为调节气氛大家都放下平时一本正经的架子，纷纷上前来哄何忠卿高兴。除夕的晚上，吃好年夜饭之后，大家一起去打乒乓，所有人都不约而同地输给他，让他赢。但就是这样，何忠卿脸上还是不见轻松的笑容。

新年初一，一清早所有的人都去了东山岭。传说宋朝宰相李纲被贬海南，上岛后，不辞劳苦登上东山岭，准备皈依佛门，正要削发之际，被方丈一眼看出其"尘缘未了"，不肯为之剃度。李纲无奈，只好在寺中带发修行。果然，就在修行的第三天，朝廷发来公文，命李纲回朝复职。这就是后世讹传的"东山再起"典故的由来[1]，万国证券的主事者为在新的一年里再创辉煌，特地拉大家在新年初一到这个地方，无非是想讨一个好口彩。

在证券界里的人往往都讲究讨个好口彩和求神拜佛，既然到了东山岭，就少不得到著名的潮音寺上香祈福。在庙里见有人排队抽签，为哄何忠卿高兴，于是大家都怂恿他去抽一把试试手气。结果，

---

1 成语"东山再起"中的东山一般指东晋谢安辞官归隐的会稽东山，后来他出山做了大官。

并不十分情愿的何忠卿上前,摇着抽签桶,半天掉出一根竹签,管事和尚拿起一看,口中高诵一声"阿弥陀佛",对何忠卿说:"施主,恭喜您抽得的是一支上上签。"并说:"这是年初一早上,这个庙里唯一一个上上签。"至此,何忠卿脸上才似乎露出一丝笑意。

陈敏多年后回忆,抽签这件事,可能是促使何忠卿回来下决心继续在327上下重手的重要原因。

这事在万国证券另一位同事的回忆中似乎有所印证。成立交易总部后,管金生安排原交易部的经理助理刘峥嵘为交易总部副总经理,协助何忠卿管理股票交易的自营部分。可就在刘峥嵘紧锣密鼓地搭建股票自营业务部分的人员架构时,一个周六,何忠卿突然打电话给她,说有紧急事情让她来公司。当刘峥嵘赶到公司,才得知公司组建的国债期货投资小组临时把她招进组。何忠卿告诉她,公司即将打一场国债期货的硬仗,需要在北京商品交易所开仓、分仓,而她是当下最合适人选。

东山再起——这难道是海南之行给何忠卿留下的、比求得一个上上签更为强烈的心理暗示和自我期许?

327登场

1995年春节休假结束,2月6日周一是节后上班第一天。

这天,尉文渊到交易所只待了半天,下午就出发访问美国和澳大利亚。在离开之前,尉文渊并没有山雨欲来的感觉。据他多年后的回忆:"因为那个时候我常常不在。一是事业有成,在外到处跑;再加上成功的事情做多了,也有一点觉得乏味了。所以让两个副总经理管家,我就更多地处理外面的事情。要知道在交易所我是个灵魂,我一不在,许多事情就一直停在那里。恰恰那段时间我出去比较多,对市场的变化我的观察也不够细致。所以那段时间我们对保值贴补利率、通胀、宏观形势的变化，观察得不够细致，北京所发生的事我们也脱节。"

这天，在万国证券，同样没有见到管金生，只有他秘书知道他的行踪——他去了香港，公司的官方说法是出差。管金生曾说过一句很经典的话："我在前面走呀走，回过头来看看，怎么后边没有一个人跟上来？"强人寻常的脚步，下属尚且常常跟不上趟；那强人不寻常的举动，就只能让下属静等他的回归。

这天，财政部国债司召开会议。除了研究 1995 年新债发行问题之外，同时研究了 1995 年到期的各类国债还本付息方案。国债司认为，对于 1995 年 6 月底到期的 1992 年 3 年期国债贴息与否的问题，国债司要有一个初步意见，和 1995 年到期的各类国债还本付息方案一起报部里决定。时任财政部国债司司长的高坚多年后就此接受笔者访谈时说：那时候我们就觉得这个事挺大，必须尽快决策。

于是，以国债司内债处为主，准备了一份"1995 年到期各类国债兑付方案"的材料，在 2 月 15 日由国债司出面向分管副部长汇报。在汇报中，除了新债发行计划之外，在汇报当年到期国债还本付息方案时，针对 1992 年国债贴息，国债司认为"补了，对 1995 年的国债发行有利"。

高坚表示，这还只是个初步意见，并不等于最后的决策。因为按照 1992 年国务院发布的《中华人民共和国国库券条例》，每年国库券的发行数额、利率、偿还期限等，须经国务院确定后由财政部予以公告。所以这件事的决策过程是要先跟部里汇报，然后由部里向国务院汇报。同时因为这个事情很重大，还应该跟人民银行、证监会等相关部门商量,并且最后一定要向国务院汇报。

谁也没有料到,一场围绕着 327 国债期货合约的风暴,此时正由万国证券交易总部悄悄地在平静如镜的市场水面下酝酿。

327 对应的 1992 年发行、1995 年 6 月到期兑付的 3 年期国库券,发行总量是 210 亿元人民币。上海、北京、深圳、广州、武汉等全国各主要国债期货市场都开设了针对同一标的的合约品种。在上海市场,1994 年 9 月 30 日该品种的持仓量只有 5 万口。之后,陆续有投资人介入,逐步成为市场的主力品种。

1995 年春节结束恢复开市后,该品种的交易总体呈量增价平之势,2 月 6 日的持仓量为 154.77 万口,价格在 148.10 元。这一价位是市场对已经揭示的各种价格构成要素的综合反映——1992 年 3 年期国库券到 1995 年 6 月底兑付时,发行章程规定的本息之和为 128.50 元,外加保值贴补 20 元左右(当时市场普遍预期 6 月份的保贴率约为 10%,贴 2 年时间)。唯一存在争议和不确定的就是是否会有贴息、贴息率将会是多少?

事实上在万国证券,这一风暴的源头可以追溯至元旦之后。1995 年 1 月万国证券重组建立交易总部后,从 1 月 18 日起,就开始逐步在 327 上建空仓。而在之前的 1994 年底,万国证券的国债期货自营基本上是做多。

当时万国证券交易总部的何忠卿同副手吴德力、廖春晖研究后认为:"政府把抑制通胀列为 1995 年工作重点之一,并加大了抑制通胀的力度,到 1995 年 1 月底,通胀已得到初步控制,同时 3 月份还将有新券上市。而当时因受保值贴补率不断上升的刺激,327 合约在

1995 年 1 月 12 日价格最高曾达 148.45 元。万国证券交易总部按基本面分析,327 合约当时的价格已属偏高。"[1] 基于这种认识,作出了开设空仓的决定。

在此之后,有关万国证券做空的原因,市场上多年来一直不断重复传播着这样一个理由:

1994 年,国家宏观调控明确提出三年内大幅降低通货膨胀率的措施,到 1994 年底、1995 年初的时段,通胀率已经被控有所下调。而在 1991—1994 中国通胀率一直居高不下的这三年里,保值贴补率一直在 7%—8% 的水平上。万国证券预测,327 国债的保值贴补率不可能上调,即使不下降,也应维持在 8% 的水平。按照这一计算,当市价在 147—148 元波动的时候,万国证券果断做空,并主动联合辽国发成为了市场空头主力。[2]

但是,如果有心查找一下当时的公开资料就可以发现,这个做空理由实际上是很难站住脚的。简单罗列一下 1994 年 7 月—1996 年 1 月的保值贴补率数据[3]就可清楚地看到,从 1994 年 12 月(在 1994 年 11 月 9 日公布)开始到 1995 年 3 月,和通胀率直接相关的保值贴补率是从 8.79%—11.87% 呈直线上升的。据此可见,在 1 月份万国证券开始下决心并布局做空的同时,1 月 10 日公布的 2 月份保值贴补数据就破天荒地首次破位,出现两位数,达到了 10.38%;而且在 1994 年 10 月份以后,已公布的近几个月保值贴补率,每个月都以 1—2 个百分点上涨。这表明宏观层面的通货膨胀并没有如官方信

1 引自万国证券《关于我司交易总部 327 国债期货交易及 2.23 违规行为的专项调查》。
2 综合历年来各类媒体相关报道以及市场分析资料。
3 详见附录 2。

誓旦旦的那样被控制住,整个宏观经济形势也没有在哪个月出现好转的迹象。

由于上海证交所对会员单位的持仓量有限制,对万国证券核定最高为 40 万口(一说为 50 万口或 70 万口),包括自营和客户代理。于是,万国证券交易总部就给自己找了一个借仓的冠冕堂皇的理由:由于万国证券客户众多,如果按照优先满足客户需要的原则,自营部分持仓很难保证。同时也因为当时市场的交易动态信息基本上是公开的,在本公司席位上一开仓,外界便马上知道了万国证券的操作动向。非但如此,他们还自认为在上海证交所对外借仓位没有明令禁止、市场上借仓现象普遍存在的大环境中,可以同样从众违规借仓。因此万国证券交易总部先后在外广泛借用了广发、兴业、海发、京华、安徽、财政、华夏、深发等券商期货仓位大量开设空仓。[1]

同时,万国证券交易总部在与辽国发的接触中,认为双方在操作策略上基本一致。考虑到辽国发与各地券商关系较好,借用席位及仓位方便,在操作上较为隐蔽,于是双方确定了共同合仓、资金各半、盈亏各半、共同清算的合作方式,并决定从 1 月 23 日(周一)起分北京和上海两块同时运作。

据被何忠卿派到北京协调与辽国发合作在北京开仓、分仓事务的刘峥嵘回忆:"到了北京以后,在北京营业部同事的配合下,以及通过几个朋友的关系,在北商所找了几个代理的公司把万国的国债期货账户在 3 天内全部开出来。开仓以后,上海总部立刻汇来了 3 个亿的资金,几乎在一周内将所有保证金打到了各分仓经纪公司的账

---

1 引自万国证券公司《关于我司交易总部 327 国债期货交易及 2.23 违规行为的专项调查》。

上。按照当时上海何总（何忠卿）的指示，我们很快地就把所有的空仓建立起来了。"

截至 1 月 20 日，万国证券交易总部在 327 合约上共开空仓 25 万口。

1995 年 1 月日历与事件表

周日	周一	周二	周三	周四	周五	周六
1 ● 元旦	2	3	4	5	6	7
8	9	10 ▲公布 2 月保值贴补率10.38%	11	12	13	14
15	16	17	18	19 ▲万国发动做空行情	20 ▲万国空仓 25 万口	21
22	23 ▲万国和辽国发共同行动日	24	25	26	27 ▲万国空仓 40 万口	28
29	30 ● 除夕	31 ● 年初一				

从目前所掌握的资料分析，万国证券交易总部在 1995 年 1 月份的这些开仓行为，尽管更大可能性是部门自主决策的结果，但无法排除万国证券的最高决策者管金生知晓并同意交易总部对市场形势的判断并采取行动的可能性。可以推测的是，管金生尽管很可能并不十分清楚操作细节和风险，但他肯定知道交易总部要在国债期货上和中经开决一死战；同时管金生相信所出师门同属于财政系统的何忠卿能够摸准财政部的脉搏，坚信何忠卿的判断，即财政部不仅不会

贴息,保值贴补率还会下降,才采纳了做空的策略建议。

当然,从万国证券内部管理体系的缺陷来分析,长年以来,万国证券的部门自主经营权力极大,很长时期内各个营业部都有融资权,部门自己一个图章,都可以出去借钱了,自己融资自己使用。由于意识到这是公司管理中最具风险的事情,所以在万国证券 1994 年"五大机制"的改革中,风险控制机制和约束机制的改革是重要内容。但是,说易行难,尽管意识到了国债部擅自融资的问题,但清理的动作迟迟没有开始。春节前部门体制调整先动,而风险控制机制、融资集中管理的动作可能是计划在 1995 年春节以后才开始启动的。

就这样,在管金生对交易总部有授权而无约束的这段时间内,从 1 月 23 日至 1 月 27 日(春节放假前的最后一个交易日),由于多空僵持,万国证券在 327 的总持空仓量从 25 万口增加到 40 万口,其中:交易总部和上海外借仓位为 16 万口,北京和上海与辽国发合仓部分为 24 万口。

做局者先入局。

整个 1 月份,万国证券交易总部特别是何忠卿的决策——自主融资并和辽国发合作大量开设 327 空仓的行为,也许就是何忠卿春节期间在海南心事重重的缘由之一;而"东山再起"的心理暗示和上上签的神明显示,也许可以成为理解他春节后所有行为的另一条线索。

2 月 10 日公布的 3 月份保值贴补率,延续了 2 月份的走势,继续创出新高,达到了空前的 11.87%,这显然对空方不利。万国证券交易总部与辽国发共同研究行情,商讨对策。当时在万国证券交易总部有两种意见,一种是让多头在 148.20 左右获利平仓,另一种是认为下月保值贴补率会回落,应该顶住。结果第二种意见占上风,于是万国证券交易总部按此操作。时逢多头拉抬价格,为抑制价格暴涨,万国证券327的总持空仓量在2月16日达到了87万口,其中:交易总部和上海外借仓位为21万口,北京和上海与辽国发合仓部分为66万口。

在这种情况下,就是在交易总部内部也出现了对这种投资决策方式的疑虑以及对交易亏损前景的担忧。2月10日前后,交易总部的廖春晖悄悄到公司总部找万国证券办公室主任李振法,向他报告了交易总部在1月份建仓和春节后迅速加仓的情况。由于当时已出现相当程度的浮亏,廖春晖觉得327的其他参与方都是在公司层面研究决策的,而万国证券这么大的仓量和操作决策却至今停留在交易总部少数几个人的范围内,这不得不让人产生担心和忧虑。他表示,当时找不到管总,不知情况该向谁反映;而且作为何忠卿手下,他也无法当面对顶头上司的决策公开表示反对意见和抵制执行;只是在执行何忠卿的操作决策过程中他越来越感觉这其中存在问题,所以希望把这个信息带到公司层面。李振法在得到廖春晖的情况报告后,赶紧向公司党委书记陈敏作了汇报。

那一年标志传统春节心理假期真正结束的元宵节是2月14日,正逢西方的情人节。管金生春节后就直接去了香港一直没有回来。在得知交易总部在327上开空仓量过大的情况后,几位万国证券高管仓促之间临时找人来了解327合约到底是怎么回事,当时专门被指派来收集327合约基本情况的经纪总部副总经理张磊向领导汇报,说风险很大,这样下去是不行的。这时候在万国证券内部就开始紧张了,老板不在,打电话既怕打扰老板又怕泄露投资动向,万般无奈的最后决定是:只能等老板回来再决策。

就这样,决策真空一直延续到2月16日管金生从香港回来。而在这期间,万国证券的空仓,从春节前收盘的40万口,急剧上升翻了一倍多,达到了 87 万口;并已经和市场搅局者辽国发形成了无法拆解的一损具损的利益共同体关系……

粗陋的跨市场布局

327 的主战场并非仅在上海证交所,据万国证券交易总部的刘峥嵘说:在北商所的持仓空单中,万国证券和辽国发的空单占到了90%。实际上,在国债期货试点的两三年里,上交所和北商所的国债期货交易量占了市场的绝大多数份额。流言所谓的 327 大赢家魏东,其实是在离开中经开后,用涌金公司的身份主要在北京做国债期货的业务。

在本书初版面市后,笔者花了几个月时间,终于找出了上交所和北商所基于 92 年 3 年期国债 6 月份交收的国债期货合约(上交所的代码为 327、北商所的代码为 401506)在 1995 年 1—2 月逐日的交易数据[1],据此还原在那两个惊心动魄的交易月中每天发生了什么。

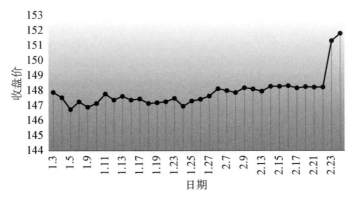

图 3　上交所 327 合约 1—2 月收盘价变化(单位:元)

1　详见附录 4.

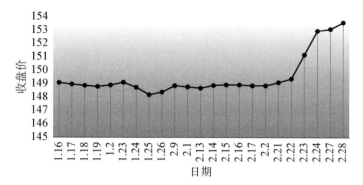

图 4　北商所 401506 合约 1—2 月收盘价变化（单位：元）

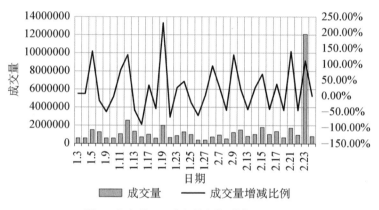

图 5　上交所 327 成交量变化（单位：口、%）

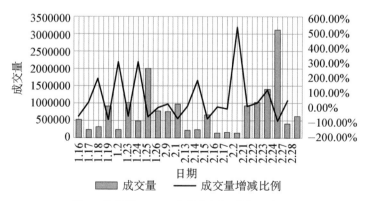

图 6　北商所 401506 成交量变化（单位：手、%）

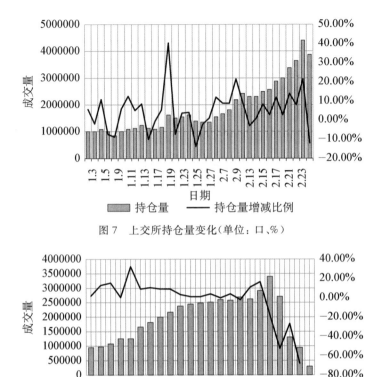

图7　上交所持仓量变化(单位：口、%)

图8　北商所401506持仓量变化(单位：手、%)

　　从以上图中不难看出，1月19日，上交所成交量增加了232.85％、持仓量增加40.08%；北商所成交量增加了193.30%、持仓量增加15.23%。这一天是万国证券的市场发动日。

　　1月19日后，上交所成交量和持仓量有增有减，呈现正负幅度将近100点的震荡；而北商所成交量呈一波一波巨量上升状态，持仓量几乎没有调整，一直呈现数十个百分点的上升状态。1月23日是万国和辽国发合作行动日，一直到春节前收市，上交所的持仓量只有北商所的62.84%，合约价格也比北商所低0.95元。可以看出，北商所是这一时期的主战场。

春节后，由于上交所比北商所早三天开市，多空争夺开始在上交所展开。经过 2 月 6、7、8 日三天的交易，到 2 月 9 日，上交所 327 合约的成交量爆发，比前一日上升了 130%，不但持仓量迅速赶上北商所，合约价格也开始和北商所拉近。而北商所的成交量爆发点是 2 月 15 日，当天成交量比前一日上升了 191.17%。在持仓量的总额上，两市不相上下。但合约价格上，上交所呈小幅震荡波动，北商所则一路向上，而且合约价格始终高于上交所 0.6—0.7 元左右。多空决战的态势基本确立，万国证券和辽国发在两个市场分别布局完毕，隐约有了跨市场布局的雏形。

2 月 21 日，市场受传闻影响而出现的剧烈波动，并没有明显呈现在合约价格上，但当天上交所成交量比前一天突然放大了 143.74%，北商所的成交量更是放大了 546.47%。当天收盘时，上交所的持仓量增加了 14.20%，北商所增加了 10.98%。

2 月 22 日，上交所和北商所的交易呈现截然不同的走势：上交所的成交量减少 43.20%、持仓量仅增 7.92%，北商所的成交量却增加了 10.81%，持仓量更增加了 16.58%。

从 2 月 16 日到 22 日，该合约在上交所的价格一直在 148.20 元上下小幅波动，在北商所却从 148.86 元涨到 149.38 元。基于北商所合约价格一路上行并始终高于上交所 327 价格，可以判断，多逼空和多头行情逐渐确立是在北商所实现的。当年，加息的传闻在北商所引起的市场波动要远大于上交所。

持仓量总额上，两市自 2 月 16 日开始持平，到 2 月 22 日上交所反超北商所 6.65 个百分点。

2 月 23 日，北商所的合约价格从前一天的 149.38 元上涨到 151.18 元，涨了 1.80 元（1.2%）；上交所的合约价格则从 148.21 元上涨到 151.30 元,涨了 3.09 元(2.08%)。假如按照 40 倍的保证金杠杆率,在北商所交易的投资者这一天的浮盈为 48%,而在上交所交易的投资者这一天的浮盈则高达 83.2%。这充分说明,当天市场波动的冲击力,对上交所来说要比北商所大得多。

而在传闻的市场消化上面,北商所比上交所更为充分。

北商所的交易量增长比例,23 日是 36.87%,在 24 日却创出了 121.61% 的记录;但持仓量在 23 日减少 20.17%,24 日减少 52.35%,27 日减少 26.99%,28 日减少 68.13%。连日大幅减仓后,到 28 日持仓量只剩下 30.2 万手合约,自然而然地基本平息了多空争议。反过来看上交所,在 23 日却正好相反,交易量增长 113.29%、持仓量增长 21.59%。这说明多空双方在 23 日当天,在上交所市场是正面杠上、互不相让而鱼死网破;而在北商所却各自消化了市场消息、各取输赢结果而妥协离场。

以上两个战场数据变化充分说明,327 合约最终成为一个事件,并不完全是市场传闻、多空争议引发的市场波动,而是最后 8 分钟孤注一掷的违规操作。

以华丽的跨市场布局开场,可惜自始至终没有跨市场套利对冲的策略规划,甚至看不到期货最基本的套期保值的影子,一路在横蛮粗糙的战术思想支配下,最终以极其低劣的掀翻牌桌收场,走到鱼死网破的结局——这表明中国的资本市场还远没有摆脱原始的蒙昧阶段……

中经开为什么做多?

在 327 合约上,万国证券联合辽国发做空,对手则是中经开。这也许是一种宿命，从 1992 年 12 月 28 日国债期货在上海证交所开始试点第一天的第一单起，这两家就杠上了，此后在 313、327 合约上，两家不断地站在多空的对立面……

中经开在国债期货市场上以做多著称，无论是 313、314、315、316、327 还是 319 合约，在市场的几次多空大战中，中经开多数时候都在做多。当然，也不能说中经开每一笔都是做多，国债期货市场说穿了更像是一个对赌的牌局，在这其中利益是第一位的，前一分钟可以做多、后一分钟就可能做空。而中经开在国债期货市场绝大多数时间都在做多，这既出于它财政部背景的政策需求考虑，也是基于对市场现实和趋势的分析以及对期货基本操作思维方式的理解。

对于中经开这么做的缘由，据负责整个上海市场国债期货业务的中经开上海证券业务部副总经理钟宁说，这其实是一个公开的秘密，在 1994 年他就曾写过一篇小文章在《中国证券报》上发表过，详细表达了中经开做多的出发点和操作方式，按钟宁的说法这可以算得上是一篇"多头宣言"。

在这篇题为《怎样在国债二级市场上运作》[1]的文章中，详尽描述了中经开作为财政部的下属机构所面临的政策性任务。

文章首先描述了财政部在国债发行上所做的探索：

深化财政金融体制改革，弥补财政赤字，从以往向银行透支转变为主要通过债券市场大规模融资。为实现 1000 亿之巨的国库券发行任务，在发行方式上，财政部进行了多方面探索：94 年半年期和一年期的非实物券国债，主要通过证交所发行；二、三年期采取承销包销方式，并对以旧换新采取了优惠措施。

1　原载《中国证券报》1994 年 6 月 18 日第 3 版。

文章也分析了所存在的问题：

在发行市场上，相当数量94年半年期和一年期国债积压在承销机构手中，压力甚大；旧券换新券增加利息1个百分点，似乎新券是折价发行，从而增大了发行成本；二年期新券只上柜交易，虽可以防止该券种上市交易后跌破面值，但却减小了流通性，这将增大政府在一级市场的筹资难度，增大发行成本。

在流通市场上，国债市场长期低迷，收益率偏高。以致于市场对国债实行保值补贴的重大利好消息反应冷淡。

在交易监督和法治上，薄弱环节很多，少数机构有卖空现券现象。

文章尖锐地指出：上述情况如不尽快改变，将导致国债发行持续存在困难，并使市场出现"国债发行可能滑向行政摊派的老路上去"的担忧。

中经开对市场做了深入分析后认为，搞活国债市场难度很大，但关键是启动二级市场，以此带动一级市场。同时他们也认为，搞活国债二级市场具有许多有利条件：

一是交易品种不断增加，包括现货、期货、回购以及期权交易；
二是国债投资价值逐渐被人们所认识，有潜力可挖；
三是专业银行调整资产金融结构，将增加国债需求；
四是公开市场业务将活跃国债市场；
五是管理部门已发现，要防止国债发行上市后跌破面值，只有搞活二级市场，才能使财政发行与体制改革顺利进行。
于是，我们决定在上海国债市场上做多头，全力搞活二级市场。

由此可见,启动国债二级市场、搞活一级市场,帮助政府完成国债发行任务,是中经开做多的出发点。

在接受笔者访谈时,钟宁以 313 合约(92 年五年期国债 6 月份交收)为例,对中经开的操作策略作了说明:

1994 年 3 月 18 日,媒体公告了财政部有关 1994 年国债发行的消息:"从 4 月 1 日起向社会公开发行 1994 年二年期和三年期国库券。二年期国库券年利率 13%,三年期国库券年利率 13.96%,分别比同期银行存款利率高出 1.3 个百分点和 1.72 个百分点。"中经开的研究分析表明,94(3)新债面值 100 元、收益 13.96%,而同样尚有 3 年持有期的 92(5)现券当时的市场价格是 101.50 元、收益 17%(10.5 × 5/3 - 1.5/3),要高于 94(3)新债 3 个百分点。仅从这一点就可以想见,市场投资者必定选择 92(5)而不看好 94(3),这种状况必定会造成市场对 94(3)新债的投资热情不高,而如要减少新债发行困难,92(5)现券就存在价格上涨以降低收益率的市场需求。

当时,武汉交易中心拆借回购收益率高达 20%,万国证券等空方大量抛空 313 合约、打压收益率 17% 左右的 92(5)现券,准备转移资金到武汉交易中心做拆借回购,以追求更高的收益率。由于 92(5)现券价格和期货 313 走势是互为影响的,因此 313 合约走势一路走低。

我们分析,如果采取收购现货方式,这需要很大的资金量,效果未必很好;如果选择期货,则不仅资金量小,而且可给人们以很好的预期,发现价格,带活现券。因此我们决定从期货入手。

基于以上两方面的基本分析,中经开于是在国债期货市场上与万国证券等空方在 313 合约上展开了一场多空搏杀。经过这次市场对决,中经开全面达到了启动国债二级市场、搞活一级市场,帮助政府完成当年国债发行任务的目的;同时也在期货市场上赢得了激活国债期货市场的第一仗。

313 合约之争，其实是中经开第一次和万国证券在国债期货上的大规模多空之争。此后的 314，由于辽国发一味的"不合理做空"，造成了全市场围剿辽国发，万国证券和中经开站到了同一条战壕。在 314 之后直到 1995 年 1 月份建仓做空之前，万国证券的自营还是做多的。而这一段多头行情，据钟宁的回忆，中经开是做空的，反而辽国发和万国证券一样都是做多的。

在国债期货中，交易所核定给中经开的开仓限额，和给万国证券是一样的 40 万口，是否有借仓和暗仓？目前没有资料可供证实，如果说有，在当时大家彼此心知肚明。不同的是，万国证券无论是自己的仓位还是外借的仓位，都是用来自营的；而中经开则有很大一部分是提供给客户的，甚至有未经证实的说法：2 月 23 日当天中经开上证的自营已经空仓了。如果那样，那天在上海证交所的中经开上证的仓位基本上是给了客户和中经开其他的营业部。这样才好理解，为什么会一直流传这样的说法：涌金系的魏东、新湖系的黄伟等后来市场上的大佬就是在中经开做 327 多头才掘到了第一桶金。因为在当年，他们都是中经开的大客户。而中央调查组对所有国债期货市场参与方的交易及财务数据都做过兜底翻的彻查，结论为什么没有对中经开说一句话，其中的原因也许就在此。

而万国证券之所以在 327 合约上越陷越深，据上海证交所事后的分析，诸多原因中的一个很关键的因素就是，该公司由于过去取得了突出成绩，滋生了一种老大自居的傲气，难以忍受失手于他人。在 327 的交易中，为挽回过去失利的"面子"，死"盯着"多头主力中经开，正是这种畸形的竞争心态使公司越陷越深。

赌者罔道

这是惊天大变动前不平静的一夜，……每个人的内心里都躁动不安，"今夜无人入眠"。

万国寻求脱困的过程

2月16日,周四。刚从香港回沪的管金生第一天来公司上班。

上班后,管金生就得到报告,说是交易总部在国债期货上的仓量开得有点大,并且在多空的形势判断上存在一些问题。但是,也许整个春节长假离开公司时间太长、上班第一天积累的事务太多,因此管金生一开始并没有亲自过问此事,只是委托总裁助理、基金管理总部总经理滕伟带人先去交易总部了解327合约的自营情况。

下午5:00,滕伟带着基金管理总部副总经理焦峰等来到交易总部。按理,基金总部和交易总部是平级的部门,只是由于滕伟有一个总裁助理的名分,再加上滕伟是奉管金生之命而来,所以交易总部的总经理何忠卿只能以下级向上级汇报的身份,带着总经理助理廖春晖和吴德力,来向滕伟说明情况。也许是出于面子,也许是为了留有余地,何忠卿没有亲自出面介绍,而是由副手廖春晖将春节前后交易总部在北京和上海在327合约上开仓的情况作了介绍。

听完情况介绍,滕伟表示现在这样的仓位太重,应减仓以争取主动,即使不减仓也不能再开新仓。

大约在6:30左右,管金生从瑞金一路的公司总部来到位于静安寺百乐门的交易总部,参加了大家的讨论。在听取了大家意见后,管金生在会议上作出了两项决定:①成立一个顾问团,帮助交易总部做进一步的决策,由管金生当团长,何忠卿、滕伟为成员;②任命廖春晖为前线总指挥,制定操作方案。操作策略:不再开新仓,逐步平仓出局。

这是万国证券在 327 上第一次改变国债期货交易决策管理体制,结果是交易总部的总经理何忠卿从交易决策中出局。自此,危机决策、策略方向与具体操盘开始脱节……

从何忠卿的心理分析,对此变故并非没有不快。故次日凌晨 2:00 左右,当他接到一个电话向他汇报明天可能会怎么操作时,何忠卿不无牢骚地回答:"现机制已变,小廖是前线总指挥,由他做方案,如何操作,我无权决定。"

但是,在万国证券,任何人的生死予夺最终只取决于一个人,就是管金生的好恶,其他任何人无从置喙。管金生的秘书曾说过:在万国证券,即使管金生的决策有什么失当之处,也没有人敢向他当面提出谏议。何忠卿也明白这一点,所以在当晚会议结束后的 10:30,当得知"必须全权使用与辽国发合仓的操作室",何忠卿还是立即与辽国发联系,并带人一起前去南京西路波特曼大酒店与辽国发的董事长高岭见面,高岭一口应允万国证券第二天全权使用合仓操作室。

不过,任何决策都会对现有利益格局产生再分配,无论是权力、资源支配、附带的潜在收益……而且万国证券和其他任何机构一样,没有不透风的墙。当晚在管金生主持下有关减仓的决策,迅速通过各种渠道传播,并很快又通过多个渠道反馈,余波荡漾,引发了阵阵涟漪。

在 16 日的深夜,刚被任命为"前线总指挥"的廖春晖,就在住处不同寻常地接待了两个不速之客,说他们已制定了一套操作方案,并已得到管金生的同意,要廖春晖 17 日按此操作,出了事是上面的。

廖春晖有点不放心,在将信将疑中,来客为证实自己所言非虚就打电话给管金生,但老板手机关机,传呼机一直无回电。

此事尽管只有一面之词、事后也无法从当事人处得到证实,但是,万国证券众多员工因此多年来一直相信,在327事件中有一个对万国证券的阴谋存在;相信在万国证券内部有吃里扒外的内贼在作祟。

2月17日周五,开盘前何忠卿、廖春晖等一起去与辽国发在上海的合仓操作室。开盘后,由廖春晖坐镇指挥打压,但一天操作的结果是,当天增开空仓42万口。增加的仓位主要是交易总部席位和交易总部上海外借席位,总持空仓量达到将近130万口。

当晚,管金生召集何忠卿、滕伟、廖春晖、焦峰等开会,会上,滕伟对当天增开的42万口空仓表示不能理解,认为在这种情况下继续开空仓是错误的、危险的,并提议下周一应不顾一切出逃,哪怕价格再上冲、亏损再大也要出逃。会议没有得出什么结论。

会议结束后,滕伟在回家的路上又被电话通知去公司开会,出席会议的有管金生、朱敏杰(总裁助理)、龚冬海(原交易二部经理、时任经纪总部总经理)、滕伟、张磊(经纪总部副总经理)、秦曦(综合研究部经理)等。会议临时决定组织"国债期货顾问团",由龚冬海主持,滕伟与张磊辅助。龚冬海提议18日召开一个碰头会,管金生当即表示同意。会议决定18日周六到龚冬海家开会讨论有关事宜。可对于龚冬海提出的是否授权顾问团全权处理327事宜,管金生却予以否定。

这一天的操作行为是让人很难理解的。按照期货操作的基本套路,要减仓的话,只需针对自己所开仓单反向操作,即自我平仓就行了;或者对所持仓位认输、和对手方按市价(或协议价)平仓出局;如果要锁定成本价格、对冲风险,也只需反手在相反方向上建新仓;况且在国债期货上还有一个对冲风险的操作方法，就是所谓的套期保值，即在现货市场上反向操作，开空仓就同时买现券、开多仓就同时卖现券……很难理解这一天万国证券为了减仓和平仓出局，却反而增开空仓的操作手法。研究现有资料，对此的很多解释是为减仓要打压价格，而打压价格只能增开空仓……任何一个稍有证券期货基本概念的人都明白，这个逻辑遵循的其实是股票市场操作的思路，即单边市场的操作策略；而国债期货市场是一个双边波动，不仅朝哪一个方向波动都可能赚钱或亏钱，同时朝哪一个方向波动都可能增加或对冲风险。不知当时万国证券的决策者和操盘者为什么会不明白这个道理，非要和市场趋势对着干？

为此，就万国证券最后几天的操作思路和手法，笔者专门访谈了当年万国证券参与国债期货交易的员工、诸多当年参与过国债期货一线操盘的朋友以及现在参与国债期货和商品期货的操盘手。[1]

综合笔者访谈的所有一线操盘手的观点，都认为万国证券当时的操作思路完全撇开了基本面的分析（即保值贴补率提供的下一个月市场走势的预警），也基本放弃了期货市场双向波动提供的对冲和风险控制机制。用的是当时市场上流行的那种简单、粗暴、原始、野蛮、实力压倒一切、非理性对赌的思维方式和操作手法，即不管什么理性分析、趋势预测和正确对错，我只用资金实力说话。如果做空，我只要能够把多方全都打爆仓，他必须要平仓，我就赢了；反过来如果做多也是这样，我的资金实力胜过空仓，我把空仓全部逼爆，他也

---

[1] 极有代表性的观点详见附录 13，说明在万国证券内部和基层不乏具有敏锐市场意识和远见卓识的员工，只可惜在当时，这些见到达不了公司最高决策层，无论是决策层本身的刚愎自用还是中间层的阿谀奉承，都隔绝了这些意见在万国证券处置 327 危机过程中的表达，遑论采纳。相关的内部反思也可见附录 10，在其中就有万国证券基层员工感叹：庄博士"在研究所最早研究的是国债模型"，而且早就准确预言了国债 327 品种的走向，结果万国还是倒在了 327 品种上。

完蛋。据万国证券参与国债期货交易的员工回忆："当时就传闻有人对管总讲,这个期货其实没有什么对错,就是资金实力,我们要是大单子下去把多方打爆仓,他当天强制平仓,我们就赢了。我估计管总就是受了这个蛊惑,结果就完了。"

接受访谈的一线交易员都认为,这种做法如果用在远期交割的合约品种上(比如还有 2 年多交割的 1992 年 5 年期国债期货合约),做短线突击应该是可以理解的。但是对于交割在即的 327 合约(期货合约和现券都在 1995 年 6 月底交割兑付)来说,这种做法表明万国证券对这个品种的认识太不清醒、太不理智了。

诸多接受访谈的当年交易员这样分析:在当时多头行情已经确立的情况下,市场上多头无论用什么样的价格挂出的买入多单都无从成交,因为市场上没人卖出、根本买不到。你要有理智,谁会去放那个空单? 154 元以上你或许可以放空单,以便自己实现部分平仓的目的,但这么做在当时的情况下风险已经很大。万国证券居然敢在 148 元附近的低价放空,这等于是送钱给对方啊! 对这送上门来的好处,多头肯定就疯抢,出来就会被人家吃掉,有多少多头就会吃多少,你这是送肉到人家嘴里,完全是自投罗网。

众多接受访谈的操盘手这样分析多头的操作思维:在多头行情已经非常明显的形势下,哪怕空头有本事暂时把价格打低,多头主力只要筹措足够资金,比如说 100 万资金,我只用 30 万开仓,我还有 70 万就作为补充保证金扛跌;更何况资金永远比现券供应充足、容易筹措。我只要扛到六月份交割,你有本事交得出现券吗? 且不说你的保证金是否会成问题,因为你放的空单已经远远超过了 1992 年 3 年期现券的总量了,到交割兑付的时候空头到哪儿去买现券? 你的空单最终在交割兑付时还是要平的,你买现券的动作最终还会自己把价位买上去。所以说,万国证券当时的做法最终可能性最大的就是死路一条。

同时,这一天的决策过程也让人感觉非常奇怪。深入分析这一天的两个会议,可以清楚地看到管金生对这一天的操作结果是既矛盾又窝火的。第一个会,是管金生回到上海以后,手下第二次把一个他不得不接受的现状和结果摊在他面前。尽管滕伟表示了对这一天操作结果的不满,但管金生似乎没有想清楚该怎么处理而没有做任何结论。可回过头也许是他在会后听到了某人给他做了分析、也许是他自己突然明白,这个结果无法接受。于是他就扩大范围,找了公司里曾研究过国债期货和327情况的另外一批人召开了第二次会议。在会上,管金生第二次改变了国债期货决策管理体制,成立了第二个顾问团,即"国债期货顾问团",上升到整个公司层面,有多部门的人员参与决策,并彻底摒弃了交易总部的成员。原来在交易二部被何忠卿替换掉的龚冬海重掌大权,只是在龚冬海"提出可否授权顾问团全权处理327事宜"时,管金生断然地给予了否定,这说明管金生对重新启用龚冬海还是有所保留的。

2月18日周六,下午2点,按照前一晚的约定,"国债期货顾问团"成员来到龚冬海家。会上,何忠卿无法再如16日那般躲在一边,只能面对"国债期货顾问团",像是做交代一般,亲自将交易总部327合约的自营情况作了汇报,并谈了做空的理由。

顾问团当即表示,虽然基本面形势尚难预料,但交易总部仓位太重已是事实,保值贴补率、贴息因素的不确定性太大,仓位如此之重显然面临很大风险,所以必须寻求减仓以控制风险。

会议最后拟定了解决327问题的基本方案:①请证交所责成双方协议平仓;②将与辽国发合仓操作的我方合约转让给辽国发;③由

辽国发出面试探与中经开协议平仓的可能性；④在 327 走势平稳的情况下寻求减仓机会；⑤加强研究、舆论、联络工作，开辟第二战场，为第一战场的操作争取一个较好的氛围；⑥随机应变，制定多套背景因素下的操作策略，处变不惊、方寸不乱，从容应对，作最坏打算，做最好努力。

这次会议延续了前两天的基本决策基点，减仓降低风险。同时也进一步提出了一个看似有辱万国证券从不认输性格的策略，即请交易所出面协调，并和中经开接触，试探认输协议平仓的可能性。应该说，这是一个清醒、理智、妥协、止损的策略性建议，如果这么做，会略有伤脸面，但能够保全万国证券，避免更大风险。

2 月 19 日周日，下午 1:00，"国债期货顾问团"举行第二次讨论会，出席人员扩大到操盘人员，管金生出席会议并至结束。

会上龚冬海将 18 日的会议精神作了汇报。但在这次会上，管金生转变了前两天的态度，认为目前只有主和派的声音，没有主战派的市场，应该允许不同的意见。为此，他出乎大家意料地提请另外一个"局外人"列席会议。几个月后在面对中央调查组的调查中，其他与会者均反映该"局外人"表达了坚持做空的观点。

但该"局外人"事后反映，她到会后首先向大家表明是以局外人的身份发表观点，仅供参考。主要是：①价格向上打平仓；②上面压住价格下面平仓；③将价格往下打压平仓。她自认为第二点比较可行。会议对此展开了激烈的争论。

当时在会上，管金生表示，中央以控制通胀为第一目标，最近又将召开"两会"[1]，这两个因素对通胀形势的影响不可忽视，应有信心

1　中国人民代表大会和中国人民政治协商会议每年的例会，被简称为"两会"。

等待在短期内治理通胀的成效冒现，并认为18日拟定的方案不是最佳方案。

尽管如此，会议总体上还是强调要控制风险，不再新开空仓。并再一次明确廖春晖为总指挥，坐镇辽国发指挥中心；吴德力负责百乐门交易总部；刘峥嵘负责在北京的分仓，并让基金部已经在北京的王书琴和陈健两人协助。

就这样，万国证券尽管多次开会决策要减仓，也讨论到和对手方妥协的建议，并有过请交易所像314那样出面做"老娘舅"来平息事端的念头，但在彷徨踟蹰、不断打左灯向右转的反复犹疑、心存侥幸的过程中，在新一周交易日，仍旧沿着做空的道路空挡溜坡、一路滑行过去……

2月20日至2月22日期间，万国证券虽作了减仓的努力，但此时空方已陷入多方的重重包围之中，空方稍有减仓动作即遭多方上拉价位的打击。虽然在低价位作了部分平仓，但要顶住多方压力，反使空仓总持仓量进一步增加，总持空仓量已达144万口。

据反映，20日晚，顾问团要求将自己开的40万口空仓在24日前全部平仓。但有人认为：多方在下档封盘，如不计价位减仓，等于帮多方的忙；且贴息只是传闻，不一定是真；在目前多空分歧严重、持仓巨大的情况下也不一定会公布。所以直至22日，整个万国证券的减仓计划毫无进展。

其实，从2月20日起，在北商所就传出已决定贴息的消息。万国证券由何忠卿派到北京负责和辽国发在北京联手分仓做空的刘峥嵘，眼见北商所的多单成倍增加，而万国证券的空单被动地每天都在增加,保证金的消耗越来越多。她和在北京的另两个交易员王书琴和陈健特别着急,因为三个人从不同渠道得到的信息都是一致做多。

于是她们不断地将消息转达给上海总部,说北京这边已经很难维持,但当时已经无法联系到何忠卿,上海总部没有人敢承担这份责任。在北京的三个女孩孤立无援,没有人能告诉她们接下来能做些什么。当时北京的各个分仓点纷纷打来电话,让万国证券追加保证金,最后她们已经不敢再接电话了。

2月21日晚,刘峥嵘她们了解到北京华能、中经开、中国人保信托,还有很多央企机构都在追加投资,将在国债期货的近期远期所有品种上继续加多仓。在北商所的持仓空单中,万国证券和辽国发的空单占到了90%。上海这边还传来消息,会提供3亿资金来补保证金亏空。于是刘峥嵘即刻电话联系上海,急于将北京这边的紧急情况告知上海总部,并告知若再追加3亿保证金仍然会血本无归,希望能阻止继续追加投资。是因为决策体系的连续改变,还是因为何忠卿的彻底消失,抑或是因为刘峥嵘的这个电话,现在已不得而知,反正原来说好的准备追加三个亿的保证金,结果没有再汇到北京。

当时,她们想到一个能救万国证券在北京空仓的唯一办法,就是在第二天空翻多。当时北商所的国债期货交易规则设置了涨跌停板,如果自己空翻多,把价格打成涨停板,其他的多仓就开不进来了。于是,她们也将这个方案传递到上海总部,但还是没人敢担起这个责任,做这个决策。

2月22日上午,消息灵通人士传言:在北京、上海频频开空仓的某主力机构,在北商所发生严重头寸问题,已开始强行平仓计划,从而引发402506涨幅达到涨停板。据传此次平仓行动将分阶段进行,先平092系列,再平192系列,究其原因也是因为明日将公布的新券发行方案对空头实在不利,总共 1 千多亿的盘子上半年发行,能流通的极其有限,空方想利用新券实行交割的幻想完全破灭,再加之高企的保值贴补率使得空方陷入绝境。[1]

当天,万国证券在北京的每个分仓点,因为透支的保证金都已达到数千万,连夜数不清的追要保证金的电话,让万国证券留在北京营业部的这三个女孩无法入睡。

当时,她们真真实实地感到身心濒临崩溃,唯一能找到、可以商量的人就是辽国发派到现场的经理高山。据王书琴回忆:记得出事前某一天,在公司北京营业部见到辽国发三兄弟之一高山,聊到当时的行情,我傻乎乎大放厥词,对着他说了一通做空有多么多么错,应该认亏平仓反手加倍做多,154 以下绝对可以买进……高山还盛邀我和陈健,说任何时候只要我俩愿意加入,辽国发大门都是敞开的。接着,刘峥嵘就在无意中隐约听到高山在与辽国发总部联系,说辽国发在北京与万国证券合作的仓位亏损已经无法改变,希望辽国发总部在远期做多仓。刘峥嵘同样将此信息传递给了上海总部,依旧没有任何反馈。

2 月 22 日下午,何忠卿在这个节骨眼上,以"考虑到北京情况紧急,刘峥嵘一人难以应付"为理由,临时决定连夜去北京[2],并打电话要吴德力送些钱给他,两人约好在机场会面。吴德力在电话中要何

---

1 《中国证券报》2019 年 2 月 23 日。

2 这个时间点有两种不同说法,这里是万国证券《关于我司交易总部 327 国债期货交易及2.23 违规行为的专项调查》中的说法;在上海证交所的相关情况报告和尉文渊接受笔者访谈的回忆中,管金生在中午 12:30—1:15 约见尉文渊时就说起"国债业务主管人员去北京商品交易所解决那里的同类品种合约问题"。按后一说法,何忠卿最晚应该在 23日午前离开公司。

忠卿向龚冬海报告一下行踪,有点不高兴的何忠卿说:"大哥大已经没电了,请你转告吧"。于是吴德力取了钱匆匆赶往机场,路上用大哥大跟龚冬海讲了何忠卿去北京的事情,龚冬海在电话中告诉吴德力,晚上7:00在公司开会。

当晚出席会议的有管金生、朱敏杰、龚冬海、滕伟、张磊、廖春晖、吴德力等,会议决定:①2月23日上海、北京同时平仓,哪怕有比较大的亏损也要平;②成立决策小组,具体负责操作决策,由张磊任组长,组成人员有吴德力、廖春晖;③由朱敏杰负责筹措资金一个亿,应付追加保证金问题。

其实在327事件爆发之前,真正留给管金生处理国债期货交易风险危机的时间只有7天,其中可供改变市场不利处境的交易日仅有5个。但在这短短的时间里,管金生三次改变了万国证券的国债期货决策管理体制,否掉了两个顾问团;最终成立的新决策小组,却任命了一个从来没有实盘操作过国债期货交易的人来"具体负责操作决策"。

当晚何忠卿得知中经开无意协议平仓的意向后,曾打电话给廖春晖,廖告诉他上海的事你不用管了,并告诉他体制又变了,由张磊当总指挥,明确北京的指令由刘峥嵘下达。但是,在北京的刘峥嵘和其他两位交易员,都没有印象最后两天里在万国证券北京营业部见到过何忠卿。

也许管金生始终没有弄明白,从16日开始摊开在他面前的这个烂摊子,他自己在不断努力想扭转不利局面,可为什么会在几乎天天开会要减仓的决策中,空仓量反而从16日的87万口上升到22日的

144万口？他无从追究究竟是下属执行决策不力，还是自己的指挥已经不灵？或是自己已经陷入多逼空的被围歼境地？他没有去想在7天里三次改变决策管理体制、多次改变形势判断方向，以及他打左灯向右拐的决策行为会给下属操作带来什么影响。尽管基本理性告诉他，明天（23日）"哪怕有比较大的亏损也要平"，并"筹措资金一个亿，应付追加保证金问题"，但是，不服输的性格仍可能在任何时候影响他在下一步的应对方向……

就这样，人算不如天算，当天晚上万国证券所有的部署都没预料到，同一利益阵营的辽国发，为了止损，会在第二天一开盘就下三滥地打出那个灭顶的变盘，把心气高傲的万国证券晾在当场……

尉文渊上班第一天

2月6日节后上班第一天，尉文渊到交易所半天，下午就出发访问美国和澳大利亚。按照邀请方的安排，他将到2月28日才飞回上海。

尽管尉文渊在出发时没有什么异样感觉，可是人在外、心牵挂着交易所，似乎有一些说不清道不明的预感在尉文渊的潜意识里转悠。"交易所的人打电话给我让我快点回来，说好多事情要等着我处理。"他思忖，不算上春节放假，身为上海证券交易所的"一把手"，已经离开工作岗位大半个月了……最终，犹豫再三的他临时决定改签机票提前回国。

"到墨尔本机场临时换机票，由香港中转换成当天19:30东方航空飞上海的飞机。"由于航班延误，等飞机降落上海虹桥机场时，已经是21日凌晨了。

1995 年 2 月日历及事件表

周日	周一	周二	周三	周四	周五	周六
	30 ● 除夕	31 ● 春节	1	2	3	4
5	6 ▲上证所节后开市,管金生去香港,尉文渊出国访问 ▲万国证券 327 持仓量为 154.77 万口,价格在 148.10 元 ▲财政部国债司开会。研究新债发行问题和 1995 年到期的各类国债还本付息方案	7	8	9	10 ▲公布 3 月份保值贴补率 11.87% ▲廖春晖找办公室主任李振法,李向陈敏汇报	11
12	13	14 ● 元宵节 情人节	15 ▲国债司出面向分管副部长汇报。除了新债发行计划,在汇报当年到期国债还本付息方案时,针对 1992 年国债贴息,国债司认为"补了,对 1995 年的国债发行有利"	16 ▲ 管金生回沪 ▲ 开始处理 327 空仓危机,空仓量达到 87 万口	17 ▲万国证券增开空仓 42 万口 ▲连续两次会议,再次改变决策系统 ▲金人庆约时任人民银行副行长戴相龙、中国证监会副主席李剑阁,加上高坚和国债司一位处长,在燕京饭店商量新债发行和老债兑付方案。当时各个部门都同意财政部的初步意见	18 ▲ 万国证券国债期货顾问团做出妥协决策

周日	周一	周二	周三	周四	周五	周六
19 ▲万国证券国债期货顾问团再次会议推翻昨日决议	20 ▲北京流出贴息传言	21 ▲尉文渊出访提前回沪第一天上班 ▲财政部长刘仲黎、副部长金人庆、人民银行副行长戴相龙、中国证监会副主席李剑阁等在国务院办公会上向国务院分管经济的副总理朱镕基汇报新债发行和老债兑付方案	22 ▲万国空仓量达到144万口,晚上第三次改变决策系统 ▲当晚新华社播发了有关1995年国债发行的"财政部1995年第一、第二号公告"	23 ▲下午327事件爆发	24 ▲上证所国债期货上午停市,下午开市万国证券部分营业部出现挤兑 ▲半夜24点,新华社以电讯形式发出了财政部"有关1995年到期各类国债还本付息方案"的第三号公告。公告包含了对1995年6月底到期的1992年3年期国债进行加息和保值贴补的消息	25
26	27 ▲上证所国债期货停市协议平仓	28 ▲上证所国债期货停市协议平仓				

21日下午,尉文渊来到交易所上班。当时,分管副总经理刘波到北京,在上海证交所北京联络处负责人陆一陪同下,参加财政部有关国债发行工作会议。当天收市,上海国债期货市场创出成交628万口的新记录。尉文渊感觉市场异常,便在22日上午召集市场(监管)总监、国债期货部经理等研究市场情况,并据此讨论初步拟出了几条有针对性的监管改进措施。

22 日中午，海通证券的汤仁荣来到交易所，对尉文渊说："小尉，现在国债期货多空打得很厉害，弄得不好这个市场要出事。"尉文渊说："小汤，你怎么知道要出事情？"汤仁荣说："我在市场里面待着，而你离开将近一个月了。"

汤仁荣说这些是有根据的，他自己这一段时间混在市场里的操作就已经让他筋疲力尽了。

海通证券没有参与 327 的操作，汤仁荣做的是 316（1992 年 5 年期国债 3 月份交收的合约），海通证券是在 1994 年 11 月份开的 316 空仓，到 12 月份的时候持有 316 空仓大约 40 万口。

据汤仁荣叙述："春节放假结束，我在 2 月 10 日左右去了北京一次，跟财政部国债司的高坚、国债协会的几个朋友见了面，一圈情况摸下来感觉做空的因素都不对。当时通货膨胀还是不断地上涨，最关键的是，本来对 1992 年国债并没有说贴息，而现在的意思是在研究，变成不确定了。"

从北京回来后，汤仁荣就要求海通证券党组开会研究决策如何处理海通证券所持空仓。据汤仁荣回忆："当时市场价位和我们在春节前面开仓的价位已经很接近了，基本上相差一两角钱。于是决定平仓。"当时在党组会上，汤仁荣按照期货操作的惯常思路建议，既然你已经看多了，平空仓就应该开多仓；哪怕你想对冲风险、锁定价格也应该开多仓。可是党组会上没有同意他的想法，只允许他平空仓，一下子清光。

汤仁荣打听到在 316 持多仓的主力是辽国发，正当汤仁荣准备找辽国发时，没想到辽国发的高岭主动找上门来了。

原来，尽管在 316 上开的是多仓，但辽国发还是准备做空的。只是高岭四处出击仓位不够，于是来找汤仁荣商量借仓位。汤仁荣对高岭说,我的仓位也用完了。高岭说,那这样,我拿316和你平,平完后腾出仓位,我们一起开空327。

汤仁荣一听,心里一喜一忧。喜的是,我正要平仓316,辽国发倒自己送上门来了,这也省得我和他讲价钱;忧的是,听高岭的意思,开327空仓成了平316的条件,万一自己不答应他开327空仓,有可能316的平仓也做不成。

于是就汤下面的汤仁荣和高岭签订了协议,说好大家平掉316后各拿5000万元开327空仓。

当时辽国发还有20万口316合约,另外高岭查了查,辽国发在江苏财政还有8万多口316合约,加起来28万,再加上带出来的跟风盘,海通证券在21日就把37万口316合约平掉了。

21日中午11点半平仓完成,汤仁荣长出了一口气,总算把自己的任务完成了。但是,还没等他把气喘平,另一桩心思又提到了他的嗓子眼。午饭还没有吃完,高岭的电话就追来了。

高岭说:"汤总,316平掉了,你的仓位应该腾出来了,你看什么时候开空仓啊?"

在汤仁荣的心里,并没有开327空仓的意思,当时答应高岭也是出于先解决316平仓的问题再说。既然316已经平掉了,就更没有必要去开327空仓了。于是汤仁荣在电话里打起了太极拳:"高总啊,刚刚平仓还没有结算,钱还要过一天才能到账呢!"

高岭看来很急,爽快地对汤仁荣说:"钱没有问题,我马上打5000万本票过来。"

下午3点,高岭拿着本票过来,看着海通证券的财务把本票解进账。高岭再一次对汤仁荣说:"汤总,现在好开仓了吧?"

汤仁荣被逼到墙角上,只能对高岭摊底牌:"高总,现在不好开了,看这个形势是朝多里走的。我们商量平仓是在19、20日的时候,这两三天形势变了，不好开了。"

高岭这时才知道被汤仁荣玩了一把，但他也不以为忤，退而求其次对汤仁荣说："那我作为你的客户可以开吗？"

汤仁荣这时心想，我已经平仓腾出仓位，本身客户有一定比例仓位的；他作为我的客户，也不存在借我的仓；况且他5000万钱已经打过来了，就让他当作我的客户。于是就一口答应："你作为客户当然可以的，我没有理由拒绝你开。"

于是，高岭就在海通证券一下子用5000万保证金全部开了327空仓。

解决了316平仓的问题，使得海通证券得以在327事件中全身而退，事情得到圆满解决，汤仁荣也就放下了一大半心思。不过那几天和辽国发的周旋，确实搞得汤仁荣筋疲力尽，也使得他了解到了市场上多空对垒的实际战况。听说尉文渊出访提前赶回来了，于是，他就在第二天，也就是22日中午来到交易所找尉文渊。

汤仁荣没敢讲出自己这两天和辽国发过手的详情，只是根据辽国发大规模开仓做空327的情况，提醒尉文渊注意，多空对峙的焦点集中在327上，并且把春节前后围绕贴息、保值贴补的争议向尉文渊做了说明。

尽管尉文渊对贴息、保值贴补这些细节听得云里雾里，但汤仁荣提供的多空对峙焦点情况，引起了他的警觉。"我一查，春节前后327持仓相差两倍，节前只有近138万口，节后21日达到了337万口，这说明多空打得很激烈。"尉文渊想，幸亏我有预感，提前赶回来了。而且昨天和今天已经拟定了"关于加强国债期货交易监管工作的几条措施"，看来预案的准备还算及时。

汤仁荣着急地建议尉文渊，尽快组织会员开会，让大家不要这样搞;而且要查一下普遍存在的借仓和暗仓,控制一下会员的仓位。

既然汤仁荣作为交易所的会员理事反映情况、提出建议,尉文渊告诉他,交易所上午已经根据昨天巨额成交的市况,草拟了几条进一步加强市场监管的规定。

他对汤仁荣说:这几条规定出台,游戏规则就有所变动,按惯例规定出台前要听取一下会员单位的意见。既然你提议,交易所就安排在明天(23 日)上午 10:30 召集 30 家会员单位,开会讨论一下交易所关于国债期货交易风险控制的新制度。尉文渊的计划是在讨论取得共识后,在 23 日收市后发布、24 日见报。

可汤仁荣还是建议尉文渊,你最好快一点,明天早上就让《上海证券报》把你想要采取的措施全部登出来。

多年后,汤仁荣回忆说:"23 日上午,我一到公司就打开刚送到的证券报,发现怎么没有登出上海证交所'关于加强国债期货交易监管工作的几条措施'呢? 如果 23 日早上报纸登出来,对于尉文渊来讲,他要承担的责任至少要减轻许多。"

1995 年 2 月 22 日晚,财政部发表 1995 年第一、第二号公告,从 3 月 1 日起发行 1995 年 3 年期凭证式国债,年利率为 14%,并实行保值贴补。即将发行的新券高达 14% 的利率,给市场贴息争议以无限的想象,也直接引发了对 1992 年 3 年期国债将大幅度贴息的市场预期。

随着这个消息在新闻联播正式公布,22 日当晚,从北京迅速传播开一个市场流言,说是国务院已同意对 1992 年 3 年期国库券实行为时两年、每年 2.74% 的贴息,同时还有保值贴补,据此推算 327 合约价格至少比 22 日收盘价格上涨 5.48 元。

在市场上已经疯传了两天的贴息传闻被新国债发行的消息中高启的年利率所证实，同时贴息的具体数值在私下的流言中有鼻子有眼地"属实了"[1]。

贴息政策的目的是促进 1995 年新国债的发行，对一级市场的工作是有利的，但对于二级市场、特别是国债期货市场的影响却非同小可。对还有 4 个月就要到期的老品种追加收益，完全改变了市场收益预期。如果空头原来卖出合约的价格为 148 元左右，贴息后必须以 153 元以上的价格买进国债现货方可完成交收；而假如按照 2.5% 保证金计算，上涨 5.48 元一下子就把合约价格 148 元的保证金 3.70 元打爆了。按 22 日的持仓量计算，仅上海一地在 327 合约交易中就要因贴息发生至少 40 亿元左右的利益再分配，市场格局骤然失衡。

这是惊天大变动前不平静的一夜。看似平静的夜色底下，许多人的内心都充斥着金钱、美女、野心、算计、梦想……"今夜无人入眠"……

辽国发变盘

2 月 23 日，北京、武汉等地市场 9:30 一开市，和 327 相同合约的价格就比前一日大幅飙升了 2 元左右。

早上，刘峥嵘在去万国证券北京营业部的路上，遇到了出殡的灵车。一种宿命的预感，让她感觉几近崩溃。

抵达营业部后，她和王书琴、陈健三个人一起，将万国证券在北

1　此传言的内容和 25 日晨财政部公告的贴息率完全一致。而 1995 年 7 月 1 日正式兑付时，加上人民银行公布的保值贴补率后，92(3)国债后两年的利息为 13.01%，由此计算得出的每百元的还本付息值为 160.00 元。

京所有与各分仓代理点连接的电话线全部拔掉,并通过万国证券北京营业部和北商所联网的自营席位,把所有仓位空翻多打成了涨停板,北商所和 327 相同的合约第一时间全部被封死在涨停板上,最大限度地将万国证券在北商所的空仓锁定了亏损。

做完这一切,她们几个就坐着等待上海证交所开市,等待她们已经预料得到的灭顶行情的开始……

上海市场开市时间最晚,10:15 开市后,即以 149.50 元价格开盘,比前日收盘 148.21 元价高出 1.29 元。

2 月 23 日,尉文渊早上 8:45 上班,在 9 点多接待了外滩集团公司的周总经理,因为那时上海证券交易所正设想要买下外滩 12 号的市政府大楼(即原汇丰银行大厦、现浦发银行大厦)。

在尉文渊和周总洽谈的过程中,10:15 一开盘,市场(监察)副总监王强就匆匆跑上二楼尉文渊办公室,说:"尉总,场内出问题了。"尉文渊说:"什么问题?"王强说:"有人卖出 200 万口。"尉文渊一听,感到不可思议,提高了嗓门说:"怎么可能? 我们最大的持仓总量是 40 万口。"他让王强他们去把详细情况查清楚,马上来汇报。

一会儿,王强上来报告情况:10:15 一开盘,无锡国泰期货公司 M16 席位交易员接受客户在 148.50 元价位上开 327 合约空仓 200 万口的电话指令,于是他分笔申报,以 148.50 元的价格抛出 327 空头合约 200 万口,一分钟内全部成交,成交的对方有几十家证券公司。

无锡国泰是一家专业期货经纪公司。交易所核予其的持仓量为 15 万口。2 月 22 日,该公司持有 327 合约 9 万口。

王强告诉尉文渊:已经向无锡国泰驻场交易员核查了情况,该交易员称这笔抛单系辽国发以海南博闻公司的名义下达的指令,企图压低价格，以达到减亏或盈利的目的。

由于这笔交易已严重超出交易所核予其持仓限量，尉文渊让上海证交所国债期货部立即致电无锡市该公司总经理询问，对方称不了解这笔交易的情况。交易所要求他立即赶至上海，并同时寻找辽国发集团董事长高岭。

找到高岭后了解到，这笔交易是所谓的"移仓"行为。高岭称：由于无锡国泰已答应将95%的股份转给辽国发，而辽国发在22日以前以个人或机构的名义在数十家证券公司开设了327空仓，得知贴息已成定局，难逃巨额亏损，怕拖累证券公司的面太广，因此将分散的空仓集中于无锡国泰的名下，实在不行，准备以这家公司破产的方式躲避债务。

当晚清算时显示，无锡国泰期货公司（M16席位）因大量透支开设空仓，形成的实际亏损为12.30亿元，并持空仓1628308口。1995年2月24日由于期货价格继续上涨使其亏损进一步增加，24日当天的浮动亏损为3.97亿元，从登记公司账面反映，M16席位的透支额达到16.27亿元。

高岭的做法，实际上已经点燃了上海证交所当天327事件的导火索；而他的说法，实际上已经表露了辽国发面对巨额亏损，将会采取何种无底线的、接近于无赖的做法，把损失责任推卸给市场和交易所。而这种极不负责任的断臂自保做法，在此后几年里，给整个证券市场带来了巨大的债务纠葛和数不清的后遗症。

但在当时，尉文渊并没有完全理解辽国发此举将会给市场带来什么，尽管性质和做法非常恶劣，但只是认定这是一起"移仓"行为，并未对当时市场价格产生严重的扭曲性影响。为此交易所决定，一是强制其当日全部完成平仓,二是等问题解决后,解除无锡国泰从事国债期货交易的资格。事后尉文渊解释说,这也是交易所权限内最重的处罚。

10:30,上海证交所按预定计划,召集30家会员单位会议,讨论交易所关于国债期货交易风险控制的新规定。基于近几天发生的情况——成交量急剧放大和当天开盘的异常举动,与会者最后都同意上海证交所提出的《关于加强国债期货交易监管工作的紧急通知》就国债期货交易监管作出的六项规定。1.从2月24日起,对国债期货交易实行涨跌停板制度;2.严格加强最高持仓合约限额的管理工作;3.切实建立客户持仓限额的规定;4.严禁会员公司之间相互借用仓位;5.对持仓限额使用结构实行控制;6.严格国债期货资金使用管理。

在这个会议上,上海证交所总经理尉文渊也向大家通报了上午开盘时无锡国泰的违规行为,明确表达了准备将无锡国泰"清除出场"的决定。

与此同时,在万国证券,2月23日上午跳空开盘后,从电脑上看到似有多头获利盘抛出,冲高后多头出现第一次回吐,327合约已成交200余万口。但327合约在150元受支撑后重新展开上行态势,这个从未有过的状况一下子打乱了万国证券原来的平仓计划;同时价格跳空上涨幅度如此大,空方保证金一下子全被打穿,巨额的浮动亏损已超出万国证券的承受能力。

前一天刚刚受命的决策小组操作总指挥张磊方寸大乱、没了主张,情急慌忙与管金生取得联系,告知上述紧急情况。

当时管金生正在瑞金一路的公司总部召开公司监察稽查工作会

议,上午10点半,得知开盘后的情况,管金生立即离开正在召开的公司监察稽查工作会议,召集万国证券公司各部门负责人举行紧急会议。

多年后,当年万国证券基金管理总部总经理滕伟在接受笔者访谈时,描述当时在公司大会议室,管金生提出要去交易所交涉,所有参会者一片恐慌性的沉默,谁都不说话。滕伟主动提议:去交易所应该提出要求,取消开盘后不久这200万口合约交易,并要求交易所停止国债期货交易。

滕伟对笔者解释:"当年交易所的自由裁量权很大,交易规则的执行也不像现在这样严格,提出取消200万口交易也是有先例可循的[1]。再加上万国证券公司当时以投资银行业务为龙头,管总那时的主要精力都放在一级市场、尤其是在投资银行业务上,对二级市场关注并不多。管总可能认为自己对交易规则的细节不太熟悉、怕自己说不清楚,也没把握提出停牌能不能被交易所接受,所以决定叫我陪他去。"

多年后,管金生对笔者回忆当时情况,说自己在会上表示:"鉴于327合约在开盘交易中出现意想不到的异常情况,如果不及时补救的话,会发生中国金融史上一个重大的事件。我准备到上海证交所去,提出下午将国债期货停牌的请求,你们部门经理以上公选一个你们认为最公正的人,作为历史见证陪我一起去。"结果,大家一致推举了基金管理总部的滕伟。

不管哪种说法更接近历史真实,结果是滕伟陪同管金生一起前往上海证交所进行交涉。

---

1 如1994年9月16日,上海证交所在收市后宣布314合约当日114.00元以下成交的单量均属无效。

管金生的"紧急约见"

23日上午11点左右,还在参加会员紧急会议的尉文渊接到管金生的电话,说是要求"紧急约见"。当时尉文渊觉得有点奇怪,什么事弄得这么正式?像外交照会似的,先来个电话约见。多年后尉文渊和笔者谈起这事时,是这么说的:

其实我平时跟管金生接触不多,我跟他工作关系挺好,对他一直挺支持的,在人民银行的时候就支持过他。业内对他一直有争议,有些人对他很反感,干什么都卡他。我对他就没有卡过什么,他们干什么都支持,只要是发展业务我全都支持,万国证券公司的黄浦营业部都是我批的。但是管金生在那个时候已经搞大了,很牛。

中午12时半左右,管金生和滕伟来到交易所,与尉文渊及交易所市场(监察)副总监王强会面。十几年后尉文渊还记得:"就坐在我办公室旁的会议室里面边吃工作餐边谈。"

在上海证交所,管金生对尉文渊讲了,由于贴息的传闻,万国证券在327交易中遇到了较大的困难,并向尉文渊提出了第一个要求:鉴于327合约在今天上午的交易中出现意想不到的异常情况,为了稳定市场,按照国际证券交易中的异常处理惯例,请求上海证交所下午把国债期货的交易停下来。

尉文渊表示:停市是一个影响非常大的举动,我有什么理由停?我为什么要突然宣布国债期货交易暂停?是什么原因?因为传言要贴息?贴息的消息国家并未宣布,交易所不能以市场传闻为依据宣布停市!我今天停了,明天如果贴息消息还没有出来,我们的交易还开不开？而且周边市场国债期货交易都在进行，上海单独停止交易难以解释。

对于尉文渊的拒绝，管金生尽管心里不痛快，但还是强忍住他倔强的自尊心，向尉文渊提出第二个要求："交易所能不能发个通知？说到现在为止上海证交所没有接到财政部贴息的文件。"

对管金生提出这样的强人所难的要求，尉文渊开始有点窝火：什么叫做没有接到贴息通知，有还是没有这个贴息通知？谁也没有告诉我会不会有贴息。我怎么可以对外宣布说我在几点几分还没有接到贴息通知？如果交易所这样表态，相信你的，频频做空；不相信你的，频频做多。最后，尽管我都不知道有还是没有，但交易所就会因此趟入多空争执的浑水。

尉文渊对管金生说："没有接到文件是什么意思呢？到底是有还是没有？交易所没有权力发出这种模棱两可的通知。让交易所帮你对外宣布这种信息是不可能的！交易所要对整个市场负责任。"

和对待辽国发躲在无锡国泰背后的反常市场操作举动一样，尉文渊仍旧只是把管金生的来访当做市场里经常发生的交易策略争议而反映到交易所层面的正常现象，他在这一天第二次错失了对市场动向可能引发灾难性后果的充分估计。

多年后他回忆道：在当时并没有感觉到管金生和万国证券可能会有什么事情，管金生也没有跟我提想增加开仓限额的事。

所以尉文渊反问管金生：万国证券公司到底有多少 327 仓位？有无既不停市，又可解决万国证券问题的办法？

管金生表示，万国证券的 327 仓位因国债业务主管人员去北京商品交易所解决那里的同类品种合约问题，说不清具体数据。但他还是向尉文渊报了一个已经大大低估的数字。并说估计当天的交易保证金头寸补不足,这次亏损很严重。

尉文渊听了马上表示,你已经超仓了。不行,马上给我平掉。交易所有严格的保证金追收制度,保证金不足肯定要强制平仓。

多年后,尉文渊曾在面对记者提问时这样解释:"管金生要求我给他放宽保证金等帮助,我当然不会答应,只同意在国债回购方面给予考虑。我不是故意为难管金生,我对其他券商也是如此。只有公正才有权威。你也知道,我们当年能和各个券商巨头友好相处,让他们能够支持交易所的工作,就靠这点。"[1]

出于这样的考虑,尉文渊最后对管金生说:"亏损已是定局,只能以后再找机会。你应该尽快缩减仓位,或者赶快筹措资金以应付追加巨额保证金。"

管金生当即答应了尉文渊的要求,并在下午 1 时 15 分左右离开交易所。离开交易所后,管金生与滕伟一起前往建设银行去筹措资金。

多年以来,不仅是管金生和万国证券,市场上也对当年尉文渊面对生性高傲的管金生上门求救而不施援手颇有微词。可是如果仔细琢磨尉文渊当时的话以及此后的行为,应该讲这样的指责并不十分全面。

尉文渊回应中"有无既不停市,又可解决万国问题的办法?"已经表达了交易所对会员的诚意,给万国证券和管金生保留了面子。而"以后再找机会",实际上颇有深意,这让人不禁联想起半年前处理314 的做法。说白了,就是大家让一步,要么少赚一点、要么认输一下,在不由自主的争议面前大家后退一步,不要坚持意气用事。留得

---

1 张志雄:《探望狱中管金生》,《价值》杂志 2002 年第 11 期。

这个游戏,大家可以继续玩,那就可以"以后再找机会";如果争一时输赢和面子,使得大家都过不去了,最终结果将是大家都没得玩,那就什么机会都没有了。这其实就是在 314 事件中交易所用带有一些江湖义气的市场协调方式,使得大家都后退一步,解决争议的真正意义之所在。

实际上中国证券市场就像是一个牌局。坐上这个牌桌时,大家应该都很清楚这个潜规则:在尚待不断规范的市场,所有参与者都在利用规则的漏洞实现自己利益的最大化。大家都应该明白这个现实,也应该接受这个既定前提。如果出于脸面挂不住或好胜偏执的个性,在输钱时不认账,掀翻牌桌大闹牌局,那结果就是——谁也没得玩!

对于尉文渊来说,上海证交所就是一个会员制的市场一线自律监管机构,会员公司实际上是上海证交所的主人,交易所总经理不过是会员推举出来为维持整个市场和所有会员最高利益服务的。这个最高利益就是维持市场在公正公平公开基础上的持续运转,而不是凭某一方的意气把它给毁了。

也许,尉文渊想,自己说的那几句话和这些道理,经历过 314 平仓、也赚了钱的管金生是应该懂的。所以管金生当即答应了尉文渊的要求,去筹措保证金了。

但尉文渊绝对不知道,在内心深处,管金生是真的懂了,还是没有……

耿亮、姚刚造访上海证交所

23 日午后,刚刚送走"求见"的管金生,尉文渊接到一个电话,来电的是证监会期货部主任耿亮。

在电话里耿亮对尉文渊说,想马上过来拜访一下。尉文渊说,可以呀,没有问题。

耿亮来拜访尉文渊的目的,就是通报国务院已经明确国债期货市场归证监会监管,同时就准备以证监会和财政部名义共同发布的《国债期货交易管理暂行办法》最后听取上海证交所的意见。当时上海证交所占整个国债期货市场交易量的80%以上,证监会也知道上海证交所有一点特殊,所以预先来跟尉文渊沟通。

尉文渊说,我们原来就是等着这个文件发布,没有问题,我们全力支持。

其实,耿亮所说的这个文件,在1994年就一直由财政部国债司牵头,和上海证交所进行过很多次协商,在尉文渊看来,这个办法几乎等于是上海证交所和财政部一起起草的。尉文渊在多年后回顾这段历史,不无反思地对笔者说:

我们一直希望通过财政部出面搞一个《国债期货管理办法》,一个统一的全国标准。因为从1994年下半年开始,继上海证券交易所后,深圳证券交易所、武汉、天津证券交易中心也开始开办国债期货交易,除此之外,北京商品交易所等10家期货交易所也陆续开设了国债期货交易,致使全国在短时期内突然有14个交易场所相继推出了国债期货交易。各交易场所之间只顾竞争,一味追求市场规模和交易量,放松了风险监控,保证金管理、持仓限额等监控措施形同虚设。

由于在国债期货市场占有80%的份额,对于1994年下半年新出现的诸多问题,上海证交所一直想要采取措施,却因为许多问题都牵涉到全国多家市场的统一监管问题,所以迟迟无法下手。尤其是在起草《办法》的过程中,对于市场发展中间出现的一些需要我们严格管制的问题,就是因为各地的竞争又迫使我们产生了犹豫。因为我们想在《办法》通过后,通过财政部的手来对市场存在的问题进行管制。所以在那段时间里,我们就只能等待中央统一精神,省得再变。就是由于这内外多种原因,造成1994年底到1995年初上海证交所在国债期货监管的调整上不是很及时。

一直以来,财政部国债司是国债和国债期货实际上的最高监管机构。没有料到的是,1993年11月国务院明确将期货市场的监管权交给了国务院证券委及其执行机构证监会,尽管当时这只是为了整顿充满乱象的商品期货市场而作出的组织机构安排,但因此带来一个模糊不清的问题——国债期货市场究竟该由哪个部门来监管?

在这里有必要描述一下证监会的职能演变。

从1990年上海证交所成立起,有将近两年时间,整个证券市场并不存在全国性的证券监管机构。直到1992年10月,深圳爆发新股发行引发的"810事件"[1],才匆匆建立了国务院证券委和证监会。当时明确国务院证券委是国家对证券市场进行统一宏观管理的主管机构,而证监会只是国务院证券委下属的监管执行机构。

在中国,一个新的政府部门设立,就必然要从原来已经划定的权力范围,挤出属于自己的地盘。当时,国务院证券委更像是一个部际联席会议,依附于证券委的证监会更是名不正言不顺。连已经明确的股票市场,两家证券交易所都不完全买它的账,证监会几次想要出手,却一直无法直接插手沪深两地证交所的人事与业务领导,因为上海和深圳地方政府也未必把尚未完全取得说一不二权力的证监会放

---

1 1992年8月10日,深圳发售1992年新股认购抽签表,引发百万人争购,并在此过程中出现舞弊现象而导致社会冲突,由此造成震惊全国的"810事件"。

在眼里。因此直到 1998 年 4 月，国务院将国务院证券委与证监会合并组成国务院直属正部级事业单位之前，仅作为国务院证券委执行机构的证监会，在权力扩张上受到很大限制，无法和其他传统强力部门如人民银行和财政部抗衡。

在 1992 年 10 月成立后，证监会的注意力全在应对 810 事件后的股票发行制度改革，沉浸在 1993 年额度制引发的上市公司新股发行高潮和初次尝试审批权的快感中；同时，面对市场因新股大量发行而造成的下跌，也让证监会自顾不暇。因此，时任证监会主席刘鸿儒多年后回忆道："我在任期间，忙于股票市场，没有力量研究债券市场"[1]。

直到 1993 年 11 月，国务院明确期货市场由证监会监管，这是证监会成立后第一次把部门权力范围扩大到股票市场之外。尽管如此，对于朱镕基一手创建的上海证交所与传统职能部门财政部共同开设和发展的国债期货市场，直到 1994 年 6 月，证监会还只能是很客气地表示"国债期货交易对我国国库券的发行和流通有一定的积极作用，可以进行试点。经证监会商财政部批准后，将选择少数交易所进行国债期货交易试点。"[2]而那时候上海证交所的国债期货市场已经渐成气候，此后全国各地渐次开办国债期货的十几个市场，其实谁都没有去征求证监会的批准。

在这种中央监管权力既明确又不明确的过渡阶段，新的部门要插手，原有的部门并不十分愿意放弃部门所属的权力范围。如果一切仍旧按部就班，可能证监会就只能一直"商财政部"，等待国务院的明确。

但恰恰因为财政部开始搞《国债期货交易管理暂行办法》并上报国务院，部门权力划分的扯皮就开始了：国债期货市场到底归属财政部主管还是证监会主管？两个部门都有自己的理由。而这个问题

---

[1] 刘鸿儒：《突破——中国资本市场发展之路》，中国金融出版社 2008 年 12 月版，第 573 页。
[2] 同上书，第 625 页。

不解决,《办法》就出不来,结果,变成了证监会和财政部两家在打官司,需要国务院、甚至国务院分管副总理出面定夺。这一拖就是大半年,从1994年5、6月一直等到1995年2月。

在和耿亮与姚刚的见面中,尉文渊向两位证监会领导汇报了上海国债期货市场的概况、作用,同时也向他们提出了关于进一步加强市场管理的建议。特别是对于1994年下半年以来市场发展过快的问题,尉文渊说:

目前,全国期货市场发展很快,从某种程度上看,不利于期货市场的试点和管理。据不完全统计,全国除上海证券交易所、深圳证券交易所外,还有近十家商品交易也开办国债期货。这与国务院有关商品交易所不能开办金融期货的精神有悖。从上海的市场发展要求出发,我们将坚决贯彻国务院有关文件精神,禁止商品交易所开办金融期货。国债期货市场过多,不仅容易形成市场混乱,而且不利于国债期货市场的试点。90年代初在全国开办股票交易的试点仅两个交易所,而国债期货一哄而上,极易助长盲目发展之势。商品交易所开办国债期货的另一问题还表现在增加了市场潜在风险,容忍了过度投机。由于商品交易所并无国债现货业务,更无国债库存。一旦面临大量交割,市场风险便可能充分暴露。因此,期货市场的发展不应该脱离现货市场。问题还在于许多交易所在期货合约最后交收结算时采用现金支付的方式,而不采用国债实物券支付。从现阶段来看,这种交割结算制度极大地容忍了市场过度投机。因为国债期货的作用在套期保值和价格发现,一旦采用现金交收,则与国债现货完全割断了联系,即纯粹赌价格的涨落了。对此,应采取措施及时制止。

分析上述问题,建议国家主管部门应加强对国债期货市场的管理。第一,加强市场调研,并在此基础上提出市场发展的政策。第二,严格限制各商品交易所开办国债期货。第三,强调国债现货市场与国债期货的配合,取消现金交收制度。第四,加强风险管理,对持仓余额、保证金监控、保证金比率等措施提出指导性意见。

其实,多年以后回过头来看上海证交所当时汇报的这些情况,特别是"贯彻国务院有关文件精神,禁止商品交易所开办金融期货"的分析,以及"严格限制各商品交易所开办国债期货"的建议,针对的其实就是在国债期货上和上海证交所存在激烈竞争关系的北京商品交易所等商品期货交易所。尉文渊希望通过已经取得国债期货监管权的证监会,在修改《国债期货交易管理暂行办法》时与今后的日常监管中,为上海证交所在市场竞争中争取有利地位。

那天下午,尉文渊和证监会两位领导一直谈了将近两个小时,直到下午 4:10,结束会谈后尉文渊对耿亮说:"既然国务院已经决定国债期货由证监会监管,要不我带你们下去看看,实地感受一下现场气氛?"

于是他就领着两位证监会领导来到第一交易大厅,没想到的是居然就在此时,万国证券天量的违规空单就涌进了上海证交所的交易系统……

这是要让刚刚接手国债期货监管权的证监会见识一下什么叫市场的癫狂?还是想考验一下刚刚拿到国债期货监管权的证监会领导的现场应急领导能力?

万国证券的最后决策

23 日中午 12:00 后,在管金生前往上海证交所、离开后又前往建行筹措保证金的这段时间里,万国证券部分中高层管理人员先后从瑞金一路的公司总部来到静安寺百乐门大酒店交易总部。

这里原是万国证券的公司总部所在地。初创时期,万国证券曾窝在静安寺万航渡路口的狭窄门面里,好几年后才搬到了百乐门大酒店的6—8楼,并在这里迎来了自己在证券市场上的一个又一个辉煌。在万国人的心里,百乐门大酒店是一个福地,所以当时万国证券的交易总部,仍留在百乐门大酒店里。

下午1:00开盘后,眼见得上午借手无锡国泰打压无效,辽国发在盘中又突然倒戈,改做多头,将其50万口空单迅速平仓,反手买入50万口做多。100万口的多空互易,一下子竟将327合约在1分钟内推高了将近2元,10分钟后达到当天最高价151.98元,比前一日的收盘价上涨了3.77元。

此时,327合约每上涨1元,万国证券就要赔进几个亿。有市场人士当时估计,按照万国的持仓量和现行价位,一旦到期交割,它将要亏损十几亿元。而万国证券公司1994年的净利润只有5.5亿元。

面对如此严酷的现实,当时在万国证券交易总部现场的中高层人员认为,只有想办法自救,自救的办法只有在低价位开设空仓,以阻止价格上升。

在这种近乎盲目自杀的决策下,下午2:00以后,万国证券又在327品种上开出40多万口空仓。但在接近沸腾的多头行情中,这种出击没有任何效果,多方在承接万国证券抛出的空仓后仍继续上拉价位。

下午3:00刚过,管金生、滕伟直接回到了百乐门大酒店的交易总部与大家会合。在向大家汇报了中午去交易所"求见"的经过和结果,以及下午去筹措保证金的过程后,管金生听取了在场人员介绍有关下午开盘后市场行情的变化和所采取的措施。

最后他对大家说:看来现在交易所不准备采取停市的行动,如果这样下去的话，就不只是我们一个公司，而是整个空方全部破产，这个责任就更大。现在大家商量该怎么办？怎么挽救公司、怎么度过危机？大家想办法，你们讨论，拿出一个统一意见来，我来决策、责任我来负。

接下来管金生就到另一个房间，不再参加大家的讨论，只等着手下给他一个讨论结果。

眼看离下午 4:30 收盘时间越来越近，如不能制止价格上涨，接踵而来的必将是公司破产，万国证券上上下下都无法想象并接受这一残酷事实。在讨论中有人提出了如同辽国发在 314 合约上的操作手法，建议用较大抛盘挂在一定价位上，令多头望而生畏，从而使自己全身而退……但到最后还是一致赞同有人提出的向下打压的建议，以违规对抗违规！

对于后果，与会者和管金生在这时都已经很清楚，要么等待结算、公司破产，要么砸盘、钻交易规则的漏洞，只要成交，就尚存一线生机——打穿所有多头的保证金、把所有多仓打爆，作为空头主力的万国证券就赢了。至于违规、对倒、透支（保证金不够）……都是交易所的问题，让交易所去擦屁股。至少这么做，让交易成立了、存在了！

群情激愤中大家都认为只能如此。

最终交到管金生手里的就是这样一个简单而又鲁莽的结论："绝地反击！"

尽管知道这并非最佳方案，甚至知道这可能让自己面临刑责，管金生最终还是做出了万国证券铤而走险的决策——"打！"

离收盘不到 10 分钟，在交易总部自营操作室，决策小组组长看着交易总部的成员下手操作。自 16 点 22 分 13 秒开始,在不到 8 分钟的时间内,通过万国证券公司在上海证交所场内代号分别为 C55 和 P89 的两个自营席位连续打入 23 笔(每笔 90 万口)空单,共 2070 万口,同时用万国证券公司下属黄浦营业部的 C73 自营席位做多接盘向下锁定价位。

由于是在闭市前几分钟的突然袭击,电脑自动配对成交的速度又高达每秒 1800 笔,上海证交所根本来不及采取任何制止措施,结果在最后 7 分 47 秒内,万国证券砸出的 2070 万口 327 合约空单共成交了 1044 万口,其中对倒做多的 C73 席位接盘 315 万口,成交锁定了价格,从而把 327 合约价位从 151.30 元瞬间打到 147.50 元。

据统计,当日上海证交所国债期货共成交 1824 万口、8500 亿元,其中 327 合约共成交 1205 万口(含最后 8 分钟),86.6% 的交易属于万国证券抛空的 327 合约。

电脑显示屏上 327 行情直线跳崖式的走势和巨额的成交量,不仅惊呆了在场内的尉文渊,也惊跑了正在证交所交易大厅视察的证监会期货部两个主任,更是让整个市场都震惊了……

看着整整一天的行情都朝着对万国证券不利的方向在发展,万国证券派驻北京的刘峥嵘和陈健心有不甘,到下午快要收市的时候,随便找了一个营业部去看行情。她们突然发现整个营业部的人都愕然了,眼前的屏幕显现出绿泱泱的一片,让她们看得从头到脚冰凉冰凉的。刘峥嵘立刻电话连线上海总部,已经无人接听电话了。随后她又联系了辽国发的高山,他回复说这个不是他们的行动。

直到晚上,她们俩才得知,这是管总指挥进行的操作……

23 日下午,海通证券,汤仁荣午饭后回到公司。这时整个 327 的多头行情已经很明显了,汤仁荣手下自营部门的两个经理来找他,说:"汤总,辽国发那里联系不上,打电话不接,打 BP 机[1]不回,怎么办?"

汤仁荣明白,他们指的是辽国发用 5000 万元借他们海通证券的仓位所开的 327 空仓。汤仁荣一看表,2 点过一点点。

于是汤仁荣说:"这样,你再发拷机给他,然后说 10 分钟回电,不回电就强制平仓。"

于是汤仁荣把那个像大砖头一样的大哥大放在面前,就看着手表。

一会儿经理说:"汤总,10 分钟到了,要不要平?"

"平。"

一个电话下去,平仓。结果辽国发的 5000 万元输得只剩下 600 万元。

平掉以后,汤仁荣说:"你们快点找一个录音机,电话录音。他肯定要打电话来的。"

刚刚把录音机准备好,高岭的电话就打进来了。

汤仁荣在电话里对他说:"怎么打你电话也不回?呼机你收到吗?我们把你的 327 空仓平掉了,这时候还在涨。"

高岭在电话里心不在焉地说:"平了就平了吧。"

于是汤仁荣关照手下:"把这个录音带保管好。"

他不由得长出一口气——我公司里面的国债期货这时候已经全部平干净了。

1　即寻呼机,是无线寻呼系统中的用户接收机,也叫呼机、拷(CALL)机。

处理完他自己的事情后，汤仁荣总觉得应该把上海市场的情况告诉一下谁，于是，他打了几个电话给北京。

最后，汤仁荣在 4:20 给尉文渊打了个电话，没有找到他，但他在电话里告诉上海证交所总经理秘书："你赶紧找到尉总，告诉他快点把主机关掉、停止交易。别问为什么！"

放下电话还是心里不落定的汤仁荣，转身来到自己公司的操作室，刚好看到万国证券上千万口空单打下来。多年后汤仁荣对笔者讲起那一刻，一口上海话仍旧是那样活灵活现："如果要形容那个气氛，当时我在操作室里厢，感觉空气就像凝固了一样，就是迭种感觉。全部屏煞忒，大家看得咸呆忒了。"

4:30 一收盘，汤仁荣在 4:45 又到了交易所，找到尉文渊后对他建议道：一个你清算数据不要发出去；第二个你公安局报一下案；第三个明天是否停牌？看着尉文渊不停地打电话，汤仁荣转身告别就离开。在走廊上，他看到匆匆进来的管金生，两人打了一个照面，相互点了点头，各自走人……

离开交易所，汤仁荣找了几个自己公司的场内交易员一起到乍浦路吃晚饭，他心想：我已经躲过一劫了……

但他庆幸得太早，后来汤仁荣才得知，在 316 的平仓过程中，手下竟然忘了一个仓位没有报上来，这个被遗漏的仓位中的 316 空单，使得海通证券最后在 327 事件中亏损了将近 2 个亿。因为这个失误，交通银行向上海市检察院提出了对他的查处要求，差一点以渎职罪论处。1996 年 8 月，汤仁荣也因此黯然离开了海通证券……

收拾残局

冥冥中有一种根本不可理喻的外在力量,让你对它产生一种恐惧、一种惧怕感。突然觉得自己控制不住,无能为力。

算与不算的争论

2月23日,下午4:30,当尉文渊得知,巨量抛单是从万国证券的三个席位分多次抛出、对倒的,他马上打电话给万国证券的总裁管金生。

"管总不在。"管金生的秘书回答。

"叫他马上给我电话。"尉文渊一听秘书的回答立刻火冒三丈。

电话通了。

"你在哪儿?"

"在外面。"

"今天场内发生的事你知不知道? 怎么回事?"

"我知道。公司几个年轻人,很义愤,说多方利用内幕消息……"管金生在电话那头说。

"你马上过来!"

在等待管金生过来说明情况时,尉文渊考虑再三,打了一个电话给证监会分管副主席李剑阁,在电话中尉文渊汇报了收盘前出现的情况,听了情况汇报后,李剑阁让上海证交所自己处理当天的突发事件。

多年后尉文渊对笔者解释他打这个电话的出发点:"我只是觉得好像事比较大,要向上级主管部门报告一下。我打这个电话也算是一个姿态。因为我这个人平时主意比较大，再加上英雄主义情结，老子做事老子当。当时干的时候你自作主张，谁都干预不了你，现在你出问题就推给别人？我想还是自己挑起来，只有我自己处理，没有理由推给别人、也推不出去。"

到这个时候，尉文渊还是没有意识到，管金生的这个举动将掀翻整个国债期货市场的牌桌，它砸碎的将是很多人的饭碗，而这将近8分钟将是一个改变历史和很多人命运的大事。

多年后他告诉笔者："一开始我也没有把它当作一件惊天动地的大事，发生情况就查、就处理呗，就好像只是交易所平常天天发生的一件日常事务。后来不知怎么就变成中国证券市场历史上的一个什么大事件了。我也挺纳闷的，不就是一个公司违规嘛，还能是一个什么事？"

这是他在这一天里第三次错过了对市场动向可能引发灾难性后果的充分估计。这种错估，最终造就了他此后在上海证交所职业生涯的结局。

下午5:00左右，管金生匆匆来到交易所，在走廊里见到海通证券的汤仁荣从尉文渊办公室出来，管金生没有心情和他寒暄，点了个头就算打过招呼了。

走进尉文渊办公室，两个都是个性极强的人心情又都不怎么好，见面必然是"真正的争吵"。

从尉文渊的角度来说，中午和管金生见面已经谈好了，管金生也当面答应了去筹措保证金，应对万国证券在表面上并不算多的超仓。他没想到的是在下午他正接待证监会期货部正副主任的场面上，管金生居然会出尔反尔，从背后给整个市场来这么一手⋯⋯

而从管金生的角度来说,中午求见时提出几个要求都没有被答应,尽管当时在万般无奈中强忍下高傲的心性,稍稍理智地接受了尉文渊"亏损已是定局,只能以后再找机会"的建议,但从内心来说,这口气不是管金生所能咽下的。在手下群情激奋、义愤填膺的热血激发下,不服输的管金生认定,万国的被动局面绝不是万国自己原因造成的,交易所此举有亏于即将面临巨额亏损的万国证券⋯⋯

在这种火星撞地球的碰撞中,管金生和尉文渊就最后8分钟交易"算"与"不算"发生了激烈的争论。

尉文渊认为,违规交易的结果是有问题的,而管金生坚持要算这笔交易。

事后,尉文渊曾与记者谈到那天和管金生的两次见面:

"那天上午见面你们没有争吵?"

"没有,我们谈话内容限于业务范围内,真正的争吵是晚上才发生的。"

"尉总,管金生那天晚上头脑清醒吗?"

"不清醒,他在那之前一年就没清醒过。"

从尉文渊的语气中,仍可以感受到那天晚上他和管金生争执的激烈程度。

"那天晚上管金生究竟不清醒到何种程度呢?"

"我至今还记得他对我说:改革开放已经十几年了,人们会对我怎么样? 明显他对中国国情判断有误。"[1]

18年后,管金生面对笔者的提问,第一次开口谈及当时的情形:

1　张志雄:《探望狱中管金生》,《价值》杂志 2002 年第 11 期。

我就没有想到尉文渊敢冒天下之大不韪,去取消那几笔交易。因为你要取消,早上开盘5分钟的交易行情异常波动你就应该取消,甚至全天都应该取消,我是这么认为的。……这个事情,首先有人违规,大家都有超额开仓。既然我求你停市,你不管;你不管的话,那么我跟他讲,我这个叫"以武装的革命对付武装的反革命"。我当时就是这个说法,是从毛泽东那里学来的。因为你不管、你不作为,你不作为引出来我后面的动作。

那么为什么尉文渊要取消最后8分钟的交易结果?这难道真的像将近20年来,管金生和万国证券的上上下下耿耿于怀的那样,是交易所存心和万国证券过不去吗?

北商所董事长乔刚后来曾做过分析:期货交易不是现货交易,而是杠杆交易。然而,上海证交所在现货交易系统上来交易期货,瞬间下出巨量单子,没有足够的保证金,单子却成交了。而在北商所的期货交易系统中,由于设置了三级核查的风险控制系统:你下单子之后,我们的计算机系统马上进入三级核查,自动识别,保证金不够,你的指令无效;即使保证金够了,还要经过第二级核查,浮动盈亏必须小于25%,否则必须补一部分资金;资金补足了,还有第三道核查,对每个会员席位持仓量占总持仓量的比重有限制。你要想分几百个单子下单,也许有效;要想一个单子下这么大,超过持仓量的限制,超过的部分也是无效指令。所以尽管北商所也是交易风波骤起,但还就是没出大问题。[1]

---

1 《见证重大改革决策——改革亲历者口述历史》,中国经济体制改革研究会编,社会科学文献出版社 2018 年 12 月版,第 377 页。

上海证交所的国债期货交易规则中保证金控制和持仓限额是两大主要机制，但是，和北商所"逐笔盯市"有所不同的是，上海证交所的保证金只是"逐日盯市"，所以无法实时控制每笔交易的保证金是否足够；此外，为规避交易所的限制，市场无论做多或做空，到处外借席位开仓已成风气；还有，上海证交所的国债期货交易没有像北商所那样设立涨跌停板制度。这都是万国证券最后8分钟交易能够出现并存在于上海证交所的交易系统中的客观原因，这也是尉文渊和上海证交所在事后受到"监管不严"诟病和指责的软肋。

多年后，尉文渊说起这一点，言语中仍旧是充满遗憾："交易所是有心回天，无力杀敌。技术系统跟不上去，没有技术手段控制，你光搞规则是没有用的。说白了……你那些个规则只能防君子，防不了小人。"

尽管如此，保证金控制和持仓限额这两条规则，仍是明文公布并得到市场各方认可的、维持上海国债期货市场运转的基本法则。反观万国证券最后8分钟分23笔打入的2070万口空单，如果真要算的话，它们既没有足够保证金、也远远超出了持仓额度的限制；而这些空单中有1044万口成交，其中还存在明显的联手对倒行为，更是有人为严重扭曲当日结算价格的故意。

对于这一点，其实管金生十分清楚，而且在事发当时自己都直言不讳地坦然承认。当年在事发后不久，管金生托人转交北京最高层的一份申诉材料中，一开头就这么写道："2月23日，上海证交所国债期货327合约在交易过程中发生了严重的违规操作事件，经查，竟是声名卓著的万国证券公司之所为！一时间，众舆大哗，万国成为众矢之的。无疑万国违反交易规则的责任无可逃避。但是……"这就是说，事发当时，万国证券和管金生完全清楚自己是"**严重的违规操**

作",因此"**违反交易规则的责任无可逃避**"。[1]

对于这一点,万国证券公司在当年也认识得非常清楚。事后对违规行为的自查和处理过程中,万国证券公司经董事会讨论决定,根据《中华人民共和国行政监察条例》、《企业职工奖励条例》和《禁止证券欺诈行为暂行办法》的有关规定,于1995年四五月间作出了开除原总裁管金生公职,对原交易总部涉及327事件的直接责任者何忠卿、吴德力作了除名处分,对廖春晖作了开除留司察看的处分。

在万国证券公司的相关文件中,对最后8分钟的行为做出了这样的定性和责任认定:

---

1 详见上海著名作家俞天白所著的《海派金融》一书(文汇出版社2009年8月版第251—252页)和连载于《沪港经济》杂志的《大上海金融界风云人物》之十九《327品种,万国的滑铁卢》(2011年第5期)。据俞天白在文中的记述,此事的经过是这样的:"(在327事件发生)一个多星期以后的凌晨2点,突然一阵电话铃声,打破了我的酣梦。是我的一位朋友,后来也成了管金生的密友打来的!他说,管总自己写了一份材料,希望你以长期关注上海金融的作家的身份,向中央领导反映一下。他说,管总已经把整个事件的过程写出来了。你只要附一封信转一下就可以了,我说,我和中央领导没有联系呀。他说信件有人转的。我爽然说,好吧。后来得知,要我转递的这份题为《风起于青萍之末——'327合约'风波透视》的7000余字的材料,是管金生的秘书起草,经他本人修改、压缩的,详细地写出了'327国债事件'始末。"多年后俞天白在接受笔者询问时这样说:327事件发生后不久,一天半夜管金生来我求助,给了我这份材料,要我以反映上海金融改革的作家名义附信转给朱镕基。一式两份,一份寄北京,一份留我处作底,我至今保存着。2008年写《海派金融》一书时,我全文抄录,打算帮管金生讨个公道。谁知这本书要送市里审查,写管金生这部分删改甚多,此文也全删了。后来在《沪港经济》杂志的《大上海金融界风云人物》专栏中转载了书中部分内容。对于这份材料的主要内容,俞天白在文中这样表述:无非是揭露被他称为"北京的公司"如何利用特殊权力,利用内部信息,与一些媒体及市场"名嘴"串通,在"327品种"(92年国债)贴息率上,操纵市场,获取暴利,使万国证券公司成了最大的受害者的种种事实。接着俞天白就此评论:事实是否完全真实,我无权评论,但全文倾注了他一贯与命运抗争的发"耿"的人格特征。他之所以始终像孤儿那般,除了当时条块分割的金融封闭体系中的专业银行,就是"与经济利益相联系"的"行政权力",是这一切,造成了"法制不健全、管理不严格、动作不规范的积弊",从而严重地"破坏市场经济基本准则"。文中透露,他之所以敢冒着引发中国金融风暴的惊天危险疯狂对抗,就是想用自己的血肉之躯,将这些弊端大白于天下。——据笔者的考证,20多年来围绕327事件流传甚广的阴谋论推演、针对管金生与万国证券砸盘行为的合理化洗白,以及长期以来有关万国证券命运的悲情演绎,这份材料应该是最初的发端。

在明知严重违反交易规则的情况下,为扭转公司巨额亏损,作出了大量抛空单打压价格的错误决策。自 16 点 22 分 12 秒开始,在不到 8 分钟的时间内,通过该公司 C55 和 P89 两个席位连续 23 笔(每笔 90 万口)抛空单 2070 万口,成交 1044.92 万口;同时公司下属黄浦营业部 C73 席位接盘作多,虚买虚卖 315.89 万口。将 327 品种价格从 151.3 元强行打压到 147.5 元。上述严重扭曲价格、操纵市场行为,造成了市场的极大混乱,在国内外造成很坏影响。上述行为严重违反《禁止证券欺诈行为暂行办法》第七条和第八条第 3 款第 5 款的规定。[1]

管金生同志身为万国证券公司总裁,明知打压价格是严重操纵市场的违规行为,但为了摆脱巨额亏损,作出了打压价格的错误决策,负有直接领导责任。公司管理混乱,没有固定的办公会议制度,对部门的业务授权不明确,部门之间职责不清,缺乏相互制约。对公司原交易总部总经理何忠卿等人违规联手操作,擅自超限持仓未及时发现,造成公司十几亿元巨额损失。对此负有重要领导责任。

所以,从交易所的角度来看,第一时间认定违规这一点迄今应无任何争议,违规交易造成的利益格局改变是不能认可的,否则变成了鼓励违规。

---

1 《禁止证券欺诈行为暂行办法》经由国务院证券管理委员会 1993 年 8 月 15 日颁布、国务院 1993 年 9 月 2 日批准实施。其中第七条规定:禁止任何单位或者个人以获取利益或者减少损失为目的,利用其资金、信息等优势或者滥用职权操纵市场,影响证券市场价格,制造证券市场假象,诱导或者致使投资者在不了解事实真相的情况下作出证券投资决定,扰乱证券市场程序。第八条规定:前条所称操纵市场行为包括:(一)通过合谋或者集中资金操纵证券市场价格;(二)以散布谣言等手段影响证券发行、交易;(三)为制造证券的虚假价格,与他人串通,进行不转移证券所有权的虚买虚卖;(四)出售或者要约出售其并不持有的证券,扰乱证券市场秩序;(五)以抬高或者压低证券交易价格为目的,连续交易某种证券;(六)利用职务便利,人为地压低或者抬高证券价格;(七)其他操纵市场的行为。

英国《金融时报》曾这样形容 2 月 23 日所发生的一切："这是中国大陆证券史上最黑暗的一天"。

晚上 10 点钟，经过反复讨论、争吵、分析……"取消最后 7 分 47 秒的交易"的《上海证券交易所公告》已经写好交到尉文渊手里。

尉文渊看着这一页纸的公告，陷入了沉思……

尉文渊要求手下暂时别将公告发出，他一个人呆在第一交易大厅里默默地坐了一个小时。多年后，尉文渊曾对笔者说起他在证券交易所工作时，有过的两次完全颠覆他倔强性格的内心挣扎：

在筹建的五个月里，应对着千头万绪、纷繁复杂的工作，承受了巨大的压力。当时给我的感觉，一开始还雄心勃勃，就想快点把它搞好。搞搞搞，后来感觉太难了，时间来不及了，慢慢就有一点听天由命。这种感觉不能跟别人说，当时我只能听天由命。

有一次开会，正在商量工作，我坐那儿突然就流眼泪，当着大家的面就哭了。当时就觉得很绝望，一直到开业的时候，很多工作都落实不了，觉得自己很渺小、很无能。这是我第一次有这种感觉。

第二次是 327 事件发生时，那一次不是哭。那天晚上我一个人坐着，突然觉得很渺小，觉得完全失控，没有能力驾驭。冥冥中，有一种根本不可理喻的外在力量，让你对它产生一种恐惧、一种惧怕感。突然觉得自己控制不住、无能为力。

万国证券公司的蓄意违规，使得上海证交所面临一个进退两难的境地：如承认这部分成交，则大多数做"多"的投资者由盈转亏，将引发社会问题；如不承认，则会影响在这部分成交中受益的客户利益（因为除了万国黄浦 C73 席位对倒接盘的 315 万口外，还有将近 730

万口跟风成交盘）。

"平衡来、平衡去，两害相权取其轻。"尉文渊最后在当晚11点，对外发出了决定取消2月23日16时22分13秒之后所有交易的公告。

各会员公司：

今日国债期货"327"品种在下午16：22分出现异常交易情况。经查，系某会员公司为影响当日结算价格而严重蓄意违规。根据本所交易规则及国债交易的相关规定，本所决定：

一、今日下午16：22分13秒以后"327"品种的所有成交无效，该部分成交不纳入计算当日结算价、成交量和持仓量的范围之内。

二、今日"327"的收盘价为违规交易前的最后一笔成交价151.30元。

三、对违规的会员公司，本所将在进一步查清有关情况后，会同有关管理部门进行严肃处理。

四、今日国债期货交易的清算，按调整后的数据办理。

五、明日国债期货交易本所有采取相应措施。

上海证券交易所

1995年2月23日

经过这样调整，当日国债成交额为5400亿元，当日327合约的收盘价为违规前最后成交的一笔交易价格151.30元，结算价为150.58元，当日收市后327的持仓量为442万口。

为进一步摸清情况，研究处理办法，稳定市场情绪，上海证交所宣布24日上午国债期货交易暂停半天，并视周边市场情况，如有必要，全天停止交易。2月27日开始组织协议平仓。

而当天,连续经历冰火两重天——从天上到地狱后又回到人间——的市场参与者不在少数。有许多人,在最后 8 分钟之前,已经赚得盆满钵满。当时就有这样一个不是笑话的笑话:某北方机构客户代表上午打电话回北京,要求总部再想办法筹资,趁行情如火如荼再做 1000 万进去,但过了一小时后,该客户电话再次打回北京总部,告诉那边说:你那 1000 万不用筹了,我这边刚才已经赚出来了! 可在万国证券的巨额空单打进去之后,所有多仓都被打爆,从赚钱变为亏损。从收市到晚上交易所宣布取消最后 8 分钟交易这五六个小时里,有多少做多的人被万国证券从天上打入地狱? 那天晚上在饭桌上借酒消愁的都是先赢后输的多头,没有坚强的神经,中途自杀冤死的可能不会是少数。直到晚上交易所宣布最后 8 分钟交易取消,这些跌落地狱的多头,才重新从地狱回到人间。而有许多人在得知这个消息、得知自己又赢钱了时还深溺在沉醉之中,胡乱挥舞着手对告诉他好消息的人吼着:别他妈乱说,瞎安慰我……

所以在通过公告宣布违规成交无效、明确将对违规者严肃处理,先稳住大部分投资者之后,上海证交所同时对因为宣布违规成交无效而收益受到影响的二十几家券商,连夜召集会议说明情况。向大家明确,如客户投资者有意见,可以向交易所反映,由交易所协调处理。同时,对撤销成交而损及的未违规客户的利益,进行详细登记,留待日后协商解决。

但是,尉文渊和上海证交所当天需要考虑的最大问题,是不能由此引发社会不稳,出现类似 810 事件的社会危机,影响市场改革的进程。仅就眼前而言,对于尉文渊和上海证交所来说,则是如何避免引发的市场系统性风险,保证这个市场的存在。

说一句大白话就是，和 314 事件同样，尉文渊在这天晚上需要考虑的是如何维护市场游戏的存在和继续，免得大家都没处继续玩。

和万国证券在下午收市前的决策讨论中，非理智地破罐子破摔，自认受了天大的委屈而执着地一心要掀翻牌桌的情绪化心态相比，上海证交所的思考方向是完全不同的。

救市场！ 救万国？

尽管上海证交所已经认定万国证券最后 8 分钟的行为是"严重蓄意违规行为"，尽管尉文渊在收市后召见管金生时已经下决心取消最后 8 分钟交易，但是上海证交所对后续可能出现市场系统性风险的担心不无道理：

交易数据表明，至 23 日收市，持有 327 合约的各类投资者仅为 2700 多人，涉及的人数虽不多，但 327 的持仓量却高达 1486 万口（含万国证券违规成交的部分）。据上海证交所在事发当时的粗略估算，万国证券持有的 327 空仓含违规成交的部分有近 1000 万口[1]，按当日结算价 150.58 元计算，万国证券仅当日亏损就达数十亿元；如果传闻中的贴息属实的话，327 的价格完全有可能比 23 日再上涨 2 元以上，那么空方的亏损总额将高达上百亿元。由于空仓绝大部分为

---

1 按照万国证券事后上报国务院联合调查组的《关于我司交易总部 327 国债期货交易及 2.23 违规行为的专项调查》中所述："截止 2 月 23 日，327 合约总持空仓 193 万口，其中：交易总部席位及上海外借席位持仓量 128 万口，与辽国发合仓部分北京持仓量 29 万口，上海 35 万口。"这个 193 万口应该是剔除了违规成交部分的持仓量。但这个总数和后面的 128、29、35 之和之间，存在 1 万口的计算误差。而最后 8 分钟违规成交的空仓 1044 万口，如果对冲掉万国对倒做多的成交仓位 315 万口，最后 8 分钟违规空仓总量是 729 万口。两者相加为 922 万口。

万国证券所有，公司因此将濒临破产的绝境[1]。这将使整个市场面临严峻的局面。

从上海证交所角度，非常明白万国证券公司作为一家证券经营机构，在万国证券登记从事各类证券买卖的大、中、小散户有 40 余万人，公司倒闭，将使这些投资人存放的 30 多亿元证券交易保证金损失殆尽，其性质和银行倒闭一样。消息传出，极有可能引发分布在全国各地的数十万投资人的挤兑风潮，甚至波及其他做空的证券公司，出现"多米诺骨牌"现象。同时如果万国证券失去支付能力，巨额拖欠将使证券市场的清算系统无法运转，冲击整个证券市场。显然，问题已超出一般意义上的公司经营亏损，可能因此影响社会稳定。

这件事的现状和后果其实在当晚，不仅惊动了上海市政府的相关部门，还直接惊动了上海市委市政府的领导，甚至惊动了中央。

上海证交所副总经理刘波，当天下午从北京回上海。当晚就赶到市政府，向领导讲解国债期货交易、加息的市场意义、国债期货市场的由来和存在的问题、当天所发生的情况和万国证券的行为将给市场带来什么样的后果……接下来又马上赶到北京向相关领导汇报，并寄希望中央能顾及市场的影响，改变或部分改变贴息的决策。

所以，在当晚接下来的时间，上海证交所连夜召集万国证券公司领导和当事人会议，上海市政府也连续召集会议了解情况、寻找对策，准备应付接下来几天可能出现的挤兑情况。

---

1 根据上海证交所 1995 年 4 月份掌握的数据分析，万国证券公司在 327 品种上的损失，初步估计总额为 8 亿元左右。其中上海市场约 5 亿元，因在北京商品交易所也持有巨额仓量，损失约 3 亿元。而据万国证券公司二届四次董事会上总裁报告 1995 年工作时所提供的数据，万国证券在国债期货 327 合约交易中发生的总亏损最后确定为 14.24 亿元，而公司 1994 年的净利润只有 5.5 亿元、1994 年末公司净资产为 18.78 亿元。

在 327 事件发生后的第二天，2 月 24 日周五，上午国债期货市场停市，下午恢复交易。下午还没有收市时，万国证券在上海市的各个营业网点就陆陆续续出现了排队提取客户保证金的现象，有的营业部甚至出现了一定程度的挤兑。这震动了上海市委市府的主要领导，因为这是上海改革开放以来、甚至是上世纪 50 年代以后没有出现过的情况。

据滕伟多年后接受笔者访谈时回忆，2 月 24 日晚上，他陪同管金生随上海市证管办领导去市政府，尽管那天白天刚刚在市人代会上当选的常务副市长当面没有一句责难，但是在一起听取情况汇报和研究对策时，对形势和后果还是表现出了足够的关心。当时滕伟仗着自己年轻，斗胆代管金生向市领导表示："这个事确实万国证券有过错，但如果市政府不出面协调解决的话，万国证券倒闭，可能会引发证券市场连锁的挤兑风险。"听了这话，市领导半开玩笑地对滕伟说："小伙子，这么说市政府还非得救你们不可喽？"

开玩笑归开玩笑，结果却是由市政府出面协调，在接下来的几天内，由上海证交所和一些金融机构，以国债回购和银行融资的形式，融给万国证券 15 亿元资金，加强其柜台的现金支付和周转能力，稳定万国证券客户的心态；万国证券也准备了 10 亿元左右资金和 8 亿元国库券。

据时任工商银行上海市分行行长、申银证券董事长的沈若雷在接受笔者访谈时回忆：

在 2 月 25 日周六的晚上，市政府紧急召集了一个专门的会议，研究如何应对万国证券因"327 事件"而出现的挤兑问题。

那天的会议是市长徐匡迪亲自召集的，参加会议的有市委分管政法的副书记王力平、分管副市长华建敏、市计委主任韩正、市证管办主任杨祥海、人民银行上海市分行副行长林毓琍、市计委的副主任程静萍等。这次会议请了两位商业银行的行长，一位是工商银行上海市分行行长沈若雷，一位是浦发银行行长裴静之。

在会上，徐匡迪市长首先讲话，他的第一句话是：多行不义必自毙，管金生闯了这么大的祸，咎由自取。但是我们应把万国证券和管金生区别开来。管金生将由他自己来负责自己的行为；但万国证券是上海市一家大证券公司，它的背后有几十万股民，我们要对股民负责。昨天下午在万国证券部分营业部已经出现了挤兑的现象，对这个问题我们要引起高度重视。如果解决得不好，不是万国证券一家的事，风险会波及整个上海的证券界，挤兑也可能蔓延到其他金融机构、包括银行。所以我们来研究怎么解决已经出现的挤兑事件，怎么解决万国证券引发的 327 国债期货善后问题。

当时在会上就根据这个精神做了认真的讨论和研究。讨论中大家都认为，要解决挤兑的问题，就得有银行站出来支持万国证券，让提款的股民能够提出款来。一旦提不出款，会造成重大的后果——会影响到上海市改革开放的成果，也会影响到上海乃至全国社会的稳定。

沈若雷对笔者说：在这时，我就感到我们这两位商业银行的参会代表，肯定是解决这个问题要承担主要责任的两个对象。在会上浦发银行表示，工商银行是证券业的资金清算行，而他们不是。

在这种没有退路的情况下，我就做了一个简短的发言：浦发银行说的对，工商银行是整个证券资金的清算行，各个证券公司的资金都存在工商银行，每天在工商银行进行流转，现在它们的支付环节出现了问题，工商银行上海市分行义不容辞，应该帮助万国证券度过这个难关。但是工商银行要出手支持，要具备三个条件。

第一，人民银行作为中央银行要理解和同意工商银行上海市分行来解决这个问题；第二，市政府也要有一定的支持；第三，要出手支持那就意味着要放贷款给万国证券公司，但是银行的贷款是要有抵押的，银行不可能发放没有抵押的贷款。只有在有了抵押品的情况下，工商银行才能够发放这个 10 亿的贷款。如果这三个前提都解决了，我保证礼拜一上午把这 10 个亿送到万国各个门市部柜台上去。只要有股民来提款，都可以提走，这样就会避免进一步的挤兑。

因为在当时会议讨论中大家都认为，要解决万国证券的问题，需要将近 10 个亿。沈若雷就表示：10 个亿工商银行可以拿出来，贷款给万国证券来解决挤兑问题。但是，万国证券必须要把他最好的资产——房产、有价值的股票抵押给工商银行，这是贷款的基本原则，这个原则还是要坚持的。

在会上，市领导和人民银行代表对工商银行提出的三个前提条件最后都表示同意。由于万国证券当时没有人来参加会议，于是就责成证管办主任杨祥海向万国证券转告这些意见。

第二天，2 月 26 日周日，工商银行上海市分行的计划处长刘向东前往万国证券公司，办理具体的贷款手续。一整天，工商银行和万国证券的财务人员查看了万国证券所有的账款、库存现金，查看了所有自营的债券、股票，并查核了所有的资产（包括大楼和在外地的有些房产等等），最后总共拿出 20 个亿的抵押品，几乎把万国证券绝大部分的优质资产都拿出来了。

直到星期天晚上，他们才把这些账全部查清处理好，起草完贷款合同，当最后将所有的贷款手续文件交到管金生手里时，管金生转身把自己关在办公室里面，坐在办公桌前，一个人默默地想了有两三个小时，难以签下这个字。据刘向东事后跟沈若雷说，当时管金生的心情是很沉重的，那支笔提起又放下，那个字签下去的分量他掂得出。

由于需要在第二天周一开市前安排好资金头寸,刘向东就一直在办公室外默默地等着……

最后,刘向东不得不提醒管金生:过了午夜再不签字,工商银行就没法保证在第二天(周一)开市前把头寸拨付到万国证券各营业部。一直犹豫到半夜12点,管金生最终还是在贷款合同上签下了自己的名字。就在这一瞬间,万国证券的办公大楼整个灯火突然全部熄灭了……

事后才知道,这是坐落在瑞金一路新锦江大酒店边上的万国证券办公大楼整个电源总开关爆掉了。

也许冥冥中有感应,作为当时市场上最著名的证券公司,遇到这么大的灭顶之灾;作为创建这个公司的总经理,一生不服气的管金生不得不把整个公司的优质资产都抵押出去,不愉快的气场可以想象。在签下字的一刹那,整个大楼的电灯一下就全灭了,可能是纯属巧合,但这背后的种种实在是说不清道不明的……

第二天星期一,工商银行一清早就先把10亿元贷款中的一半——5亿元现金按照网点大小不同在开市之前分送到了万国所有的营业部。

有万国证券的老同事曾向笔者描绘过那天早上的一个奇特景象:开市之前,在上海市中心人民广场边著名的万国证券黄浦区营业部,拉开卷帘门,股民们进入交易大厅时发现,在柜台里的空地上堆着一长溜、将近一公尺高、一捆捆整整齐齐的人民币。

这一天来提取保证金的股民发现非常顺利,你要提10万、100万都没问题,这样就没有再出现排队提款,没有排队也就不存在挤兑了。

就这样,经过上海市政府的协调和上海证交所采取的周密安排,工商银行只用了 5 亿元的现金头寸,就使得针对万国证券公司已经发生的挤兑现象,在接下来的几天并没有出现爆发性的蔓延,避免了可能对整个证券市场运转系统、甚而至于对社会稳定产生致命冲击的状况发生。[1]

2 月 23 日这一天,尉文渊一分钟都没有停歇;而紧接着的几天里,上海证交所和上海市政府只做了一件事:救市场,却因此而顺带做了另一件事:救万国……

2 月 23 日的晚上,在尉文渊脑海里,在上海证交所几小时的讨论中,在市政府连夜连续听取各方面情况汇报、研究对策的过程中,充斥着对万国证券的违规行为可能带来的市场后果冷静清醒的分析和考虑,表现出一个市场组织者对市场负责的担当;当然其中也包含了出手挽救万国证券的理智。

2013 年春节,笔者在访谈管金生时问他:管总,你当时有没有设想过存在另外一种可能性:如果当时你理智地承认失败、接受失败,哪怕这有些屈辱的结果使得万国证券因巨额亏损而可能面临破产,但如果没有最后这摆明了是违规的、只是逞一时痛快的绝地反击,国债期货市场是否有可能就得以保存下来了,万国证券这个平台是否

---

1 对此事,时任申银证券公司总裁阚治东有过这样一段回忆:上海市政府为挽救万国证券公司,请工商银行(上海市分行)沈若雷行长给予万国证券公司临时贷款 6 亿元。沈行长当时兼着申银证券公司的董事长,他知道万国证券始终把申银证券视为主要竞争对手,因而把握不准这笔款项该不该贷。他打电话征求我的意见,我认为该贷,因为万国证券信用危机的影响面不仅仅是万国证券,而是整个证券行业,一旦万国证券出现挤兑风潮,申银证券必然会受到影响。(阚治东:《荣辱二十年:我的股市人生》,中信出版社 2010 年 1 月版,第 141 页。)但是,据时任工商银行上海市分行行长、申银证券公司董事长沈若雷接受笔者访谈时表示:"不存在申银证券董事长为救万国征求总裁的意见的情况,没有这个事。这个时候不是申银证券来救万国,只有上海最大的商业银行——工商银行上海市分行来救万国证券的问题。"

也有可能就此保存下来？市政府和交易所考虑到万国证券当时在市场上举足轻重的地位和影响、以及你的理智和忍让而可能在事后出手相救？

管金生当时不假思索地回答：没有想过，这个不符合我的个性，我根本不会这样想问题的。

半夜发布的加息公告

2月24日上午，上海证交所暂停了国债期货交易，而现货市场交易照常进行，下午3:30以后，国债期货交易专场恢复交易。

尽管在23日晚上向财政部国债司报告当天的情况时，国债司领导的意思是希望上海证交所明天继续开市交易，但是，考虑到周边市场与327同类的合约价格在23日收盘已接近或超过154元，如仍按原有方法继续交易，在周边市场牵引之下，327合约价格将会继续大幅上涨，局面势必进一步恶化。为此，上海证交所宣布从24日开始不准开设新仓（包括买入和卖出）、压缩持仓数量、对价格波动实行涨跌停等措施，以期缓和矛盾，稳住市场。

2月24日一早，各大证券报刊都刊登了上海证交所发出的《关于加强国债期货交易监管工作的紧急通知》，就国债期货交易的监管作出了六项规定。

各会员公司：

针对近期国债期货交易中暴露的问题，为切实加强国债期货市场管理，保证其健康发展，本所经征询证监会有关部门的意见后，现就加强国债期货市场监管工作通知如下：

一、从 1995 年 1 月 24 日起，对国债期货交易实行价格涨（跌）停制度，根据目前市场情况，涨跌停板的幅度暂定为以前日收盘价为基础，涨（跌）幅度最高不超过 ±0.50 元。本所将视市场情况，适时调整涨（跌）停幅度。

二、严格加强最高持仓合约限额的管理工作，任何机构和个人均不得以任何借口突破本所核定的持仓限额，对违反者，除执行强制平仓外，对超仓合约处以每口 5 元的罚款。

三、切实建立客户持仓限额的规定，会员公司核定给机构投资者的仓位最高不得超过 5 万口，个人不得超过 1 万口，并须将核定情况向本所国债部申报备案。任何机构和个人客户均不得向多个会员公司交叉申请取得仓位。

四、严格禁止会员公司之间相互借用仓位，对出借仓位者，一经发现，本所将扣减直至取消其全部持仓限额。对现已互相借用仓位的单位，限于两周内纠正。

五、对持仓合约的使用结构实行控制。对本所核定给会员公司的最高持仓合约，自营使用所占的部分，最高不得超过合约总数的 30%；单一期货品种所占的部分，也不得超过总数的 30%（包括客户所使用的部分）。现已超过上述比例的，限于 3 月 27 日前调整到位，否则到期由本所强行调整。

六、严格国债期货资金使用管理，参照本所禁止股票交易"透支"的有关规定，严禁会员公司对客户以"融资"、少收保证金、垫支保证金等形式"透支"进行国债期货交易，本所监察部将对此进行调查，违规者按本所"透支"处理规定进行处罚。

上海证券交易所

1995 年 2 月 24 日

这针对性极强的六条措施表明，上海证交所已经意识到前期市场中存在的问题。一直以来，对上海证交所在国债期货市场上风险监控制度的诟病,其实也就集中在这几个问题上:没有实行涨跌停板制度,没有单笔报单最高限额,也没有大户报告制度,持仓限额形同虚设,保证金没能做到逐笔盯市,没有严格执行每日无负债结算制度等……但很可惜的是,这份《紧急通知》的公布晚了一天!

同一天,北京商品交易所、广东联合期货交易所联合发出公告,决定自 1995 年 3 月 13 日起,将国债期货的保证金提高到 3%;将国债期货的涨跌停板限制到 2%,同时要求会员公司严格执行现有的大户报告制度、持仓限额、逐日盯市制度和涨跌停板限制等风险管理措施。27 日又把涨跌停板幅度从 2 元减至 0.50 元。

当天深圳证交所也宣布:"为规范国债市场,加强风险控制,深交所决定,自 2 月 24 日起,深圳国债期货市场实行涨跌停板制,涨跌幅度均为 1.00 元。"26 日又宣布将保证金从 0.6% 上调至 3%,并将根据市场情况调高到 10%。

2 月 25 日(周六)凌晨 0 点,新华社以电讯形式发出了财政部有关 1995 年到期各类国债还本付息方案的第三号公告。就是在这个公告中,包含了对 1995 年 6 月底到期的 1992 年 3 年期国债进行贴息和保值贴补的消息。这个在 327 事件发生前没有及时公告的"公告"在各大媒体见报已经是 2 月 25 日早上了,深圳的《证券时报》甚至直到 27 日才刊登了这个消息。

中华人民共和国财政部公告(第三号)

按照国债发行的有关条例的规定,现将 1995 年到期的各类国债券的还本付息事宜公告如下:

1. 根据《中华人民共和国 1985 年国库券条例》和《关于发行

1990 年转换债的通知》(国发〔1990〕48 号),1985 年向单位发行的国库券于今年 7 月 1 日到期。计息期 10 年,计息本金不变,利息分段计付:1985 年至 1990 年年利率 5%,1990 年至 1995 年年利率 8%。

2. 根据《关于发行国家重点建设债券的规定》(银发〔1987〕91号)和《关于发行 1990 年转换债的通知》(国发〔1990〕48 号),1987 年向单位发行的国家重点建设债券于今年 7 月 1 日到期。计息期 8年,计息本金不变,利息分段计付:1987 年至 1990 年年利率 6%,1990 年至 1995 年年利率 8%。

3. 根据《关于发行 1988 年财政债券的通知》(银发〔1988〕110号)和《关于延期偿还 1990 年到期财政债券的通知》(财国债字〔1990〕94 号),1988 年向银行等金融机构发行的两年期财政债券,于今年 7 月 15 日到期。计息期 7 年,计息本金不变,年利率 8%。

4. 根据财政部、中国人民银行《关于发行 1990 年财政债券的通知》,1990 年向银行等金融机构发行的财政债券于今年 8 月 15 日到期。计息期 5 年,年利率 10%。

5. 根据《中华人民共和国 1990 年特种国债条例》,1990 年向单位发行的特种国债从今年 6 月 10 日起陆续到期,持满 5 年(按日计算)予以偿还,年利率 15%。

6. 根据 1993 年财政部《关于调整国库券发行条件的公告》的规定:1992 年向社会发行的三年期国库券在今年 7 月 1 日到期还本付息时,利息分两段计算:1992 年 7 月 1 日至 1993 年 6 月 30 日,按年利率 9.5% 计付,不实行保值贴补;1993 年 7 月 1 日至 1995 年 6 月 30日,按年利率 12.24% 加人民银行公布的今年 7 月份保值贴补率计息。另外,1981 年至 1984 年向单位发行的国库券,从今年 3 月 1 日起可继续到原经办银行办理兑付;其它已到期还本付息但尚未办理兑付的国债券,今年仍可继续办理兑付。

特此公告。

中华人民共和国财政部

1995 年 2 月 24 日

其中第六条有关 1992 年三年期国债利息分段计算,后两年"按年利率 12.24% 加人民银行公布的今年 7 月份保值贴补率计息"。这引发了市场滔天巨浪的短短一句话,明确了两年加息 5.48%,居然和 22 日晚上市场传言完全一致!

如果再仔细对照历史资料就可以发现,1993 年 7 月 10 日与财政部《关于调整国库券发行条件的公告》同日公布的中国人民银行决定,将三年期存款利率由 10.80% 提高到 12.24%;而 1995 年 2 月 24 日财政部公告的 1992 年 3 年期国债贴息至 12.24%,和两年前人民银行调整后的三年期存款利率完全一样。

平心而论,这两个利率调整的数值完全一致,也许可以解释为巧合;但从历史发展轨迹看,则更像是一种必然的"阳谋"。

据当年担任财政部国债司司长的高坚回忆,从上世纪 80 年代重新发行国债开始,国债的息票率就高于储蓄存款利率。在 80 年代末之后,国债的息票率比同期银行存款的利率要高出 1—2 个百分点,这其实是当时政府明确公告的"一种政策决策"。[1] 通俗来说就是,国债利率要高于等于同期限储蓄存款利率。所以,政府通过贴息将 1992 年 3 年期国债利率提高到 12.24%,体现的只是政府早就公开承诺的"国债利率要高于等于同期限储蓄存款利率"的既定政策。

如果仔细研究分析这些公开的政府政策信息和决策走向,应该不难得出正确的投资决策结论。其实在 1994—1995 年,很多当年国债期货市场的参与者,甚至在万国证券内部都有不少人,在分析这些基本面信息后得出了正确的市场判断和分析结论。[2] 可惜的是,和对待保值贴补率的公开信息一样,这些基于基本面的研究分析结论,都

---

1 高坚:《中国债券资本市场》,经济科学出版社 2009 年版,第 105 页。
2 万国证券公司研究发展中心其实在 1995 年 1 月就完成了"保值贴补率预测模型"课题,建立了对保值贴补率的统计预测模型,并准确预测了保值贴补率的走向。

没有成为做空主力的决策者做出理性决策的首要参考基点。就像前面章节所描述的那样，这些市场主力决策者在实际操作中，更倾向于依靠资金实力来参与市场的非理性对赌。

假如更仔细深入分析，其实就可以发现，在1993年7月那次调息中，1993年的3年期和5年期国债在贴息后就分别比同期限储蓄存款利率高出1.72和2个百分点；而这次在原来9.5%的利率上贴息2.74%、上调到12.24%，结果也仅仅使得该国债利率和储蓄存款利率相等而已。

这表明政府相关部门在决定这个贴息的补救措施时，也许对市场的承受能力已有所顾虑。但即便如此，这拖延已久且事后补救的贴息决策，仍旧给准备不足的市场带来了巨大的突然冲击。

多年以后，当尉文渊谈到这事曾说过："对于贴息，这个政策我到今天还是不理解。三年前公布的年利率，现在愣给你提高几个百分点，到今天谁会干这个事情？到今天也不理解为什么会这么做。回头想想，这算什么事呀！美联储调息的时候都是0.25个百分点调，咱们这一下加息5.48元，又是对还有3个月就要到期的老品种追加收益，完全改变了原有的市场收益预期，仅上海市场就要发生40亿元以上的利益再分配，势必造成二级市场剧烈波动。"

尽管多年来有关加息的决策在坊间有各种阴谋论的描写，但在现实中，2月23日万国证券砸盘、327事件爆发的当时，市场并不确切知道有没有贴息，这还只是一个传闻。有没有贴息并不改变万国证券当时做空已经巨亏的结果。如果没有事后公布的贴息决策，万国证券做空本身已经违背了期货交易最基本的几个原则。无论有没有贴息，万国证券当时都已经到了崩盘的边缘，亏损已超过它的预期。因此万国巨额亏损的造成以及最后砸盘行为的产生，和财政部的加息决策之间并不存在坊间流传多年的必然逻辑关联。

李剑阁在接受笔者访谈时回忆起一个情节：有一次我到上海讲课，由于我是申银万国证券的董事长，就有好几个老万国的人愤愤然地问我，说327事件当年是不是财政部泄露贴息的消息造成的？于是我这样对他们讲，你们根本不能够怪任何人，只能怪管金生在对市场趋势的判断中犯了一个相当低级的错误，你赌输了以后就怪其他人甚至怪到财政部头上是不妥当的。

作为当年国务院多部委组成的327事件调查小组副组长，多年以后李剑阁还是明确表示：这其中并没有什么阴谋论存在。你硬要去和别人赌"明天太阳会不会升起来"，那你不输，谁输呢？

因此，万国证券陷入被动局面的根本原因，在于决策者误判了市场趋势，坚持错误的市场判断，既没有控制仓位，也没有及时止损，一味想用对赌的手段，借助自己资金实力逼爆多方，结果陷入了被围剿的境地，让自己陷于不可自拔的地步。

贴息只是在多头市场和万国自己陷入绝境后加力推了一把，有没有贴息这个决策，都不会改变万国当时的市场境遇。

类似327事件那样因为各种原因判断和操作失误造成被逼仓的现象，至今仍经常在期货市场上演。在2015年的股灾过程中也屡见不鲜。如果现在有人因为判断失误和风险控制失败而被逼仓，也同样寻找类似的理由来为自己开脱，甚至将自己掀翻牌桌的明显违规违法行为解释为"单纯的技术处理办法"，从而诿过他人、推卸自己的责任，很可能会贻笑大方。

从另外一个角度分析，假如当时不是多头市场，而是空头市场。万国对市场趋势的判断是正确的，是顺势而为，而贴息的政策影响彻底改变了市场的趋势,使得市场趋势从空头逆转为多头。这时贴息这个小概率事件才成为所谓的黑天鹅事件,就像 2007 年 5 月 29 日政府刚刚宣布不可能调整印花税,话音未落就半夜宣布 5 月 30 日调高印花税率,造成了原来股市的上升行情突然出现 5 天暴跌。

关于当年贴息决策的详细过程,时任财政部国债司司长高坚在多年后对笔者谈起时表示,其实当时财政部的考虑非常简单,更多在意的只是 1995 年新一期国债的发行是否能顺利进行,而忽略了市场对加息的反应。

2 月 15 日,国债司在向分管副部长汇报 1995 年到期国债还本付息方案时,针对 1992 年国债贴息,就认为"补了,对 1995 年的国债发行有利"。

由于此事需要财政部和相关部门通报协调,然后才能报国务院决定。所以隔了一天,在 2 月 17 日,金人庆约了戴相龙、李剑阁,加上高坚和国债司一位处长,为了避开市场,一起在燕京饭店找了个单间吃饭,商量这件事。当时各个部门都同意了财政部的初步意见,会上商定在 2 月 21 日向国务院分管经济的副总理朱镕基汇报。

21 日的汇报和研究决策,最主要的内容是 1995 年国债新债发行的问题。参加的有财政部长刘仲黎、副部长金人庆、人民银行副行长戴相龙、中国证监会副主席李剑阁等。当然,在会上也附带汇报了包含对 1992 年国债贴息建议的当年到期国债还本付息方案。

据高坚的回忆,向国务院的汇报他没有参加。在 22 日中午,他和他的导师许毅在新大都饭店吃饭,谈一些学术方面的问题,当时还有几个学生一起参加,由于谈兴很高所以一顿饭吃的晚了点。结果他中途接到金人庆的电话,说你赶紧回来。高坚赶紧回到财政部,金人庆告诉他,昨天向国务院汇报的方案朱镕基都同意了。

高坚对笔者解释,其实当时财政部最关心的并不是加息的事情,那只是整个汇报中的一个附带的内容,国债司关心的最主要是1995年新国债发行的方案。金人庆让高坚赶紧回来是需要马上拟定1995年新一期国债发行公告。他们一起在金人庆办公室把有关1995年国债发行的"财政部1995年第一、第二号公告"起草完毕,赶紧拿出去发了。

当天晚上,新华社就播发了两则公告",中央电视台和广播电台在晚间新闻联播也播发了这条新闻,而各大证券报刊则是在第二天(即2月23日)刊发了这条引发市场无限想象的消息。

据高坚回忆,起草完两则公告,大概在22日下午4点左右。他一回到自己的办公室就接到一个电话,问他市场上已有传言,说国务院已决定对1992年3年期国债进行贴息,具体方案都已经定了,你知道这事吗?因为当时与到期兑付方案相关的第三号公告并没有提请公布,所以高坚回答说:我真的不知道。

23日一早,正在北京出差的上海证交所副总经理刘波在上交所驻京联络处负责人陆一的陪同下来到高坚办公室。说起贴息的事情,此时已经知道贴息决定的高坚还就此事可能给国债期货市场会带来什么样的波动,与刘波讨论了各种可能出现的问题,也谈了多种应对的可能。但最终都觉得无力改变国务院的决策,尽管看到上午开盘后国债期货市场出现大幅波动,但无法预计市场最终会发生什么。于是刘波在中午前从高坚办公室直接去机场赶回上海,而等他回到交易所,市场已经收盘,那惊天动地的砸盘行为已经发生……

在23日当晚向相关领导汇报时,交易所在报告的最后还曾心存幻想地提出过这样的建议:"对1992年3年期国债的贴息问题,建议请国家有关部门慎重研究,充分考虑市场各方面的情况。"甚至还提出是否可能采用减少一年贴息，或者延缓补贴等补救措施来缓解市场尖锐的矛盾。

两天后看到政府公布这个消息，对尉文渊来说，心中的酸甜苦辣是很难用语言来形容的：通过贴息来鼓励群众认购新国库券是可以理解的，但忽略了国债二级市场的承受能力。财政部的贴息公告于2月25日发布，但在20日前后市场已有传闻，在23日达到顶峰，传闻的内容与事后发布的竟完全一致。某些有渠道事先获知消息的机构和个人，抢先大量购入327合约，获得了超高额利润，使市场失去了公平与公正。

作为中央决策层面的当事人，李剑阁对此有不同的看法：长期以来社会上能够这么广泛地流传有关327事件的所谓阴谋论传说，把万国证券描述成受害者的悲情故事，反映了改革过程中中央和地方政府之间的微妙关系。327事件爆发后，有关贴息消息被泄露的传言从上海传到中南海，甚至还言之凿凿地有名有姓。当时朱镕基听说后，拍着桌子撂下了一句狠话：查，查出来谁泄露，杀谁的头！但结果，被传言指名道姓的那位同志刚好出差，根本就没有参加那天的国务院办公会议。

李剑阁告诉笔者：在整个贴息决策过程中，2月21日那天的国务院办公会议参加者，除了国务院副总理朱镕基以外，只有财政部长刘仲黎、副部长金人庆、人民银行副行长戴相龙、中国证监会副主席李剑阁等少数几个相关部委负责人。会上和国债市场相关的研究决策，主要是1995年度国债发行方案和1995年到期的国债兑付方案。因为按照1992年国务院发布《中华人民共和国国库券条例》规定，每年国库券的发行和兑付，须经国务院确定后由财政部予以公告。而对1992年国债的贴息建议只是当年到期国债还本付息方案中的一个小问题而已。

李剑阁说：当年财政部和国务院研究的是整个国家经济安排的大问题，会议关注点更多集中在当年的新国债是否能顺利发行出去，至于那个最后引发市场大幅波动的 92 年 3 年期国债的贴息细节问题，是不会在国务院办公会议层面展开讨论的，当时财政部的主要考虑是"贴了，对 1995 年的国债发行有利"。

更何况持续影响国债期货市场走势，更重要的是基于保值贴补率这样的公开数据所显示的通货膨胀趋势。长期在高层做宏观决策分析研究的李剑阁对 1993 年以后的国家经济形势有清醒的判断：尽管中央出台了一系列对过热的经济采取宏观调控的措施，但在 1993、1994、1995 年，通货膨胀的发展趋势一直不容乐观。

如果认真考证一下历史，可以发现，2 月 25 日凌晨发出的这个财政部第三号公告，其实是仓促之间为应对 23 日发生的 327 事件而提前发出的。

按惯例，国库券要在兑付前夕才公告公布兑付办法，因此如果我们仔细研究财政部当年所发布的公告就可以发现，在 1995 年的 5 月 9 日，财政部还发布过一个第十五号公告，标题是"关于下发《1995 年到期国债还本付息办法》的通知"，其中作为附件的《1995 年到期国债还本付息办法》几乎完全重复了 1995 年 2 月 24 日第三号公告的内容。唯一细微的区别是，第三号公告的标题是"1995 年到期的各类国债的还本付息事宜公告"，而第十五号公告是"1995 年到期国债还本付息办法"。可见，按照计划经济管理体制惯常的行政程序，即便在国务院已经于 2 月 21 日决策完成后，由于 1995 年到期国债兑付的还本付息办法并不像新债发行那样火烧眉毛般着急，只需在内部准备红头文件逐级下发，在 5 月份开始准备组织实施时再对外公告就可以了。中央政府和相关主管部门决计没想到的是，国债期货市场居然因为决策信息的提前泄露掀起了惊涛骇浪。

327事件之后,曾从中央监管机构的可靠人士那里听到一个说法,中央政府从此非正式决定:有关金融和证券市场的决策,今后第一时间见报,同时下发红头文件。此说无从证实,但从此以后中央政府确实是这么做的。至今所有与经济、金融和证券市场有关的决策都是第一时间见报,同时下发文件执行。这是保证市场信息公开、解决信息不对称的基本前提,也是市场以沉重的代价教会转型中的经济决策部门校正自己行为的必修课程。[1]

汤仁荣上书

2月25、26日两天是周末,闭市。

但在上海证券交易所,刚刚应对完327事件后第一天、也就是24日的市场状况,收市时,10个期货品种无一不以涨停板收盘,但成交量大幅萎缩,仅成交不到100万口。让上海市政府和交易所稍稍感到欣慰的是,在万国证券没有出现挤兑。

但是,上海证交所的担心没有过去,到24日收市,327的持仓量仍旧有将近390万口,和23日经调整后的442万口相比,压力没有减轻多少。面对在下周一、即27日开始的平仓,需要交易所筹划和应对的事情实在太多。

所以25日这一天,上海证交所绝大部分相关员工和领导都没有休息,尉文渊带着两位副总,仍旧在交易所的会议室里不停地开会,研究如何进行平仓善后。参加会议的还有上海市证管办主任杨祥

---

1 陆一:《闲不住的手——中国股市体制基因演化史》,中信出版社2008年版,第87-88页。

海,以及被证监会指派到上海现场协调的证监会期货部主任耿亮等。

耿亮之所以会出现在交易所的会场,据李剑阁多年后接受笔者访谈时回忆:2月23日傍晚,事发当时正在上海证交所交易大厅327事件现场的证监会期货部主任耿亮,在匆匆离开上海证交所后曾给李剑阁打过一个电话,在电话里耿亮对李剑阁说:上海证交所今天出大事了,我马上赶回北京来当面向您汇报情况。李剑阁对耿亮说:你不必回来,作为证监会主管部门的干部,你至少应该在第一线。我坐镇北京,我们可以随时电话联系,但你不能离开上海。这么大的事,你不现场处理怎么行?

当笔者追问:那么在327事件发生后,证监会对当天和事后的处理有没有具体的指导意见?有没有提出具体的建议?李剑阁反复说:现场基本上是让上海证交所自主决定如何去做的。怎么做风险小?怎么做损失小?能怎么做就怎么做,我们都表示支持。说实话,当年我们哪儿懂那么多?回顾30多年改革的历史,在证券市场发展初期,其实我们监管者都不是那么懂的,不像现在那么深入地了解市场,当时只是大而化之的了解而已。

也许,正是出于这点认识,当尉文渊2月23日下午5点多在电话中向李剑阁汇报327在收盘前出现的情况后,李剑阁才会要求上海证交所自己来处理当天的突发事件。

而25日那天上午,海通证券的汤仁荣也没有休息,他一个人关在办公室,写了一份《关于暂停或关闭国债期货市场的紧急建议》,午后让秘书打印出来,拿着建议报告就到交易所去了。

汤仁荣闯进交易所的会议室,说:“你们不要开会了,开什么会啊,还不如把这个市场关掉。”讲完后,就把他写的报告发给在座的耿亮、杨祥海、张宁(市证管办副主任)、尉文渊和刘波、吴雅伦。

多年后汤仁荣回忆当时的情况："耿亮跟我讲，这个事情我不好做主。我对耿亮说，那你传上去啊，于是就从交易所传给了证监会分管副主席李剑阁。后来耿亮还跟我讲了一句，他说这个国债不是我们证监会一家管，财政部也在管。我说，那么好的，也发给财政部，结果也从交易所发传真给了财政部国债司司长高坚。我还在电话里对他说，请你也转给金人庆副部长。"

当时，汤仁荣还把这个建议通过人民银行金管司，转交到了人民银行副行长戴相龙那里。戴相龙看了以后批了字后马上又转给李剑阁了。

关于暂停或关闭国债期货市场的紧急建议

两天来，上海国债市场出现了剧烈的震荡，个别券商和机构在327合约上孤注一掷，大肆做空。到昨日收盘为止，327合约持仓量近390万口，如果按暴涨前一天结算价为148.25元，昨日结算价为151.80元计算，空方将亏损25亿元之巨，如果考虑其他品种国债的价格因素，空方亏损将在30亿元之巨。

今天，国家财政部宣布对1992年3年期国债实行贴息保值，按照理论推算，327基础兑付价为133.98元，按照7月份贴补率10%计算，理论上价格应达153.98元，昨天上海以外的期货市场327合约平均价位为153元，在实际操作上327品种有可能会超过154元，如按154元价格推算，空方将损失资金43亿，如果考虑其他品种的价格上升，整个损失将达50亿元以上。

作为空方主力的万国证券公司，据我们比较保守的预测，当价位在151.80元时已实亏3亿元左右（指已平仓部分）。未平仓部分浮亏5亿元左右，如果到154元价格，整个亏损将达8亿元之巨，这还不包括该公司在北京及其他地区的亏损和其他品种上的亏损，显然该公司是无法承受如此巨额的损失和应付支付，事实上除该公司外有中小券商已经无法维持正常支付,部分大户已到万国证券去挤兑。

上述情况的危害性在于:

一、做空的主力机构万国证券公司及有些空方中小券商已无法支付如此巨额的清算资金,自身濒临破产的绝境。

二、根据初步统计,327合约上做多的有很大一部分为个人或民营企业,据我们所知,个别大户利用消息已经赢利近亿元,这样势必造成国家资金迅速流向这部分人手中,造成国有资产严重流失。

三、如果上海证交所清算资金不能及时到位、运作,很有可能产生连锁反应,使各家券商无法完成清算工作,相应无法应付客户的二级清算工作,造成整个证券行业的支付困难,造成社会恐慌,从而波及整个现货市场。

四、上述情况一旦发生将迅速波动全国,引发整个支付系统的危机,从而引发金融危机,影响国民经济的正常运行。

综上所述,我们认为只有迅速采取强有力的果断措施,才能缓解和防止可能发生的支付危机,解决目前所面临的困境:

一、暂停或关闭国债期货市场,对所有合约进行清盘,以保证现货市场的交易。

二、中央银行应迅速采取有力措施,调度资金,以应付随时可能出现的支付危机。

三、公安部门应保持高度警惕,增强警力,随时应付突发事件,保持社会的安定。

四、迅速查明是否存在内幕阴谋,并严肃处理。

对于前两天(23、24日)造成的危险局面,我们在22日上午已经准确预测到,并向有关部门提出建议,为了证券事业,为了党的事业,我将上述建议直接报告给你们。

汤仁荣

1995年2月25日

从汤仁荣的角度来说,他认为自己做了一件符合自己交易所理事身份的分内之事。从一个市场一线参与者、同时也是327事件中全身而退的空方机构负责人的角度，向相关监管部门领导提出自己的看法、分析和建议。

但是，顶层权力运转并非底层众生能够完全理解和参透的。

对于刚刚取得国债期货监管权力的证监会，这是成立后第一次从财政部这样一个传统的强力部门手里，挖出一块权力领域，经过了长达大半年的高层斡旋，好不容易在国债期货监管上刚刚压过财政部，成为监管主角，在还没有行使审批管理权限的时候，就轻言放弃、自废武功，那简直是不可想象的事；同时财政部其实也还没有完全放弃国债和国债期货这个监管领域，人民银行自认为这与自己的权力领域没有直接关系，所以于情于理这两个部门都不会主动在关闭国债期货市场的事情上出头。

中国有一句老话：一朝权在手，便把令来行。果然不出所料的是，第二天，2月26日，证监会对外发布了《国债期货交易管理暂行办法》。

这个冠以"证监发字〔1995〕22号"文号、以"中国证券监督管理委员会、中华人民共和国财政部"两个部门联合发出的《关于印发〈国债期货交易管理暂行办法〉的通知》，其实在汤仁荣到交易所提出关闭国债期货市场建议的2月25日就印发了。

作为《通知》附件的《国债期货交易管理暂行办法》总共6章、66条、7000多字[1]。除了具体的行政事务性的技术安排和规定之外，这

---

1 详见附录3。

个《办法》中最关键的其实只有两条,这就是第一章"总则"中的第五条:"中国证券监督管理委员会(简称'证监会',下同)是国债期货交易的主管机构。证监会会同财政部依照法律、行政法规对全国国债期货市场实施监督管理。"和第二章"国债期货交易场所和国债期货经纪机构的资格条件"中的第六条:"本办法所称国债期货交易场所是指证监会会同财政部批准进行国债期货交易的交易场所。未经证监会会同财政部批准,任何交易场所不得开展国债期货交易。"

说白了其实只有两句话:从今儿起证监会才是国债期货交易的主管机构,所有的审批权的行使将由证监会会同财政部来实施。

难怪《中国证券报》在 27 日头版刊登这个消息时用了这样一个副标题:"重新审核试点交易场所的资格条件 审核期货合约和经纪机构",并在消息的正文中写下了这样一段耐人寻味的文字:"《办法》指出,证监会将会同财政部按照规定的条件对试点交易场所进行重新审核,未经证监会和财政部批准的,不得再从事国债期货交易。证监会将会同财政部对国债期货合约和国债期货经纪机构进行审核,未经审核批准,任何机构不得从事国债期货经纪业务。"

3 月 1 日的《中国证券报》刊登了《办法》的全文,可仔细研读该《办法》,从头到尾找不到"重新审核"、"未经审核……不得……"这样不同于管理办法原则性规定,而更像是具体执行细则的词语,但是作为新华社总社办的《中国证券报》官方身份和该名记者后来成为证监会一名局级干部的后续背景,证监会也可能确实在用这个《办法》要求各交易机构重新申请,经重新审核后争取成为国债期货试点交易场所,而这将在不久之后被证实。

从这一点上说,尽管出现了 327 事件,但当时至少在市场监管层并没有想要废掉这个市场,这是可以肯定的。

327平仓

贴息消息在 25 日见报以后，上海国债期货市场已难以依靠市场自身调节来解决问题。既要防止简单开市交易导致事态进一步恶化，又要使巨大持仓合约数量得以下降，为此，上海证券交易所根据国债期货交易规则的规定，决定了从 27 日开始暂停国债期货的自由竞价交易，开办协议平仓交易（多、空双方自行协商价格），并召开会议动员平仓和开办协议平仓专场。

26 日，上海证交所向各会员单位发出了《关于加强国债期货交易监管工作的补充通知》：

各会员公司：

本所已于 2 月 24 日发出《关于加强国情期货交易监管工作的紧急通知》。鉴于 2 月 26 日证监会、财政部颁发了《国债期货交易暂行管理办法》（以下简称《暂行办法》），本所将根据《暂行办法》的要求，对国债期货交易的规则作出相应调整。在此之前，为有利于上海国债期货市场的健康发展，本所经慎重研究并征询证监会有关部门的意见后，决定从 1995 年 2 月 27 日起暂停所有国债期货品种的自由竞价交易，改为在场内办理协议平仓交易。为此，现就有关事项通知如下：

一、从开办协议平仓交易开始，各会员公司和个人、机构不得以任何形式开设国债期货的新仓。

二、根据目前市场情况，个人和机构投资者的最高持仓限额标准，临时分别从原定的 3 万口和 5 万口降低为 1 万口和 3 万口。超过上述标准的，要求在 2 月 28 日闭市以前实行协议平仓，否则，本所将从 3 月 1 日开始，根据强制平仓的规定，并参照 27、28 两日场内协议平仓的加权平均价执行强制平仓。

三、协议平仓和强制平仓的品种顺序为先平 327 品种，再平其它品种。

四、要求各会员公司组织好本公司"多""空"双方客户的协议平仓工作。

五、协议平仓的处理程序为：由会员公司根据"多""空"双方协议的情况，填列"国债期货协议平仓申报单"；报本所国债期货部作成交录入，当日办理正常清算。

六、恢复国债期货自由竞价交易的日期另行通知。

上海证券交易所

1995 年 2 月 26 日

协议平仓的地点是在上海证交所边上闵行路 67 号原来上海茶叶公司的仓库楼上，这个仓库每一层楼都已被上交所租下来，改造成不断扩张的交易厅，而其中的 5 楼是交易所的食堂。现在这个食堂在就餐时间之外临时改变用途，成了 327 协议平仓的场所。在上午 9:30 至 11:00，设为协议平仓专场，各会员公司可到场内自由协商、解决，以达到顺利协议平仓的目的。

所谓协议平仓，也就是多空双方各自让一步，按照各种价格因素协商一个双方能接受的价格而配对平仓。而所谓强制平仓，是交易所针对两天协议平仓后仍旧超仓的部分，按照 1994 年 11 月 10 日颁布的《关于加强国债期货风险管理的通知》第 4 条，将用前 5 个营业日的市场加权平均价予以强制执行平仓。

上海证交所 2 月 24 日的收盘价为 151.80 元，可是因北京、深圳、广州、武汉等地市场的与 327 同类的合约仍旧在继续交易，27 日其他市场上与 327 同类合约的价格多在 154 元以上，所以 27 日场内协议平仓的价格普遍在 151.80—154 元之间；而反过来，交易所如果按照前 5 个营业日的市场加权平均价强制平仓，24 日前 5 天的加权平均价肯定低于 150 元，这样的价格肯定对空方有利，所以空方都在观望，宁愿等待让交易所来强制平仓。

万国证券当年在一线参与国债期货交易的员工，多年后接受笔者访谈时，从不同的角度对当时的状况提供了一种佐证：

管总那个时候不是说上海证交所不救我们吗？其实，我觉得上海证交所是救我们的。如果上海证交所不取消我们公司那天下的单子，那么被打爆仓的多方中，那些小多头可能会跳楼什么的，但是主力多头像中经开，只要去筹措资金把保证金补上，哪怕就是把合约持有到交割的时候，那我们公司死得还是很惨的。因为那天最低我们是 147.50 元放的空单，成交了 1044 万口。那等到交割的时候，你首先没有那么多国库券交给人家，其次你就得自己买多现券来应对平仓。最后 1992 年 3 年期现券的兑付价是 160 元，你 147.50 元卖的，在交割时再用 160 元钱买回来，这其中的差价和亏损有多少不是显而易见的吗？我觉得事后管总要是把这个道理搞清楚了，他也会出几身冷汗啊！况且上海证交所不仅把这个交易取消了，还在 2 月 27、28 日逼着多头用 151 元左右的价格来和空头强制平仓。这不就是明摆着把人家多头该赚的钱，从口袋里挖出来，给你还回去吗？2 月 27 日市场价就已经是 154 元了，更何况最后 1992 年 3 年期国库券的兑付价高达 160 元。像我们公司那么大的空单，到最后因为现券没有那么多，你要到市场上去买现券，人家可以漫天要价的。低于兑换价 160 元我不卖给你，你 147.50 元成交的空单怎么办？所以，我觉得管总他应该跪下来谢上海证交所还来不及呢！

《中国证券报》3 月 1 日的现场记录描写了这样的场景：

某家出市代表王小姐气愤地说，"根本就不是协议，空头不肯出来谈价。"

另一家出市代表陈小姐说："我们举着牌子四处找空头，空头就是说参加强制平仓。"

一名王姓投资者生气地说："我打电话给那家违规会员[1]，要求协议平仓。但是，该公司居然开出 148 元的价格。北京 327 在 153 以上，深圳已在 155 以上！"

据笔者了解，这两天就协议平仓一事已引起一场大的混乱。没有违规的投资者反而像做了亏心事，四处寻找平仓。这完全是极不正常的现象。

按道理讲，327 风波之所以产生的一个重要原因，在于做空者对基本面的判断失误，在严重超仓的情况下，孤注一掷，属蓄意违规交易，这亦是上海证交所的判断。因此，组织协议平仓首先应动员违规者作出稍大些让步，主动与多方平仓。再者，由于本次事件中，空方较为集中，多方投资者众多，超额持仓严重的是空方，因而也应由空方主动找多方，或主动让步，否则，且不谈实际损失，空方的态度令对方在心里也难以承受。

由于多空双方意向相差较大，协议平仓困难重重。27 日协议平仓只成交了 7000 多口，而剔除万国违规成交的部分，327 在 23 日收市后的持仓量高达 442 万口，到 24 日收市，327 的持仓量仍旧有将近 390 万口。

上海证交所在 27 日下午召集会员公司国债交易负责人开会。会上，上海证交所负责人宣布，根据第一天协议平仓的情况和问题，决定将参考 27、28 两天场内协议平仓的加权平均价执行强制平仓。

1　指万国证券，当时还没公开点万国证券的名。

上海证交所在会上再次强调：对 28 日后超规定标准持仓的肯定将强行平仓，而平仓价将会参照 27、28 日场内协议平仓的加权平均价来确定，大约在 151 元左右。会上再次呼吁多空双方能从大局出发，遵守上海证交所通知精神，争取尽快协议平仓。

28 日是上海证交所 327 国债协议平仓的第 2 日，由于上海证交所改变了强制平仓价格确定的标准，致使平仓交易开始活跃，原定 9：30—11：00 的协议平仓专场一直延续到下午。28 日平仓近 140 万口，327 合约占 85% 以上。

3 月 1 日下午，上海证交所又延期一天进行协议平仓，而不是按原规定进行强制平仓。当天平仓量达到 80 万口。3 月 2 日虽然不设平仓专场，但 327 合约平仓仍达到 25 万口。经过几天的平仓使持仓量有了较大的减少，但直至 4 月份中央联合调查组进场，上海证交所 327 合约的持仓量仍有 30 多万口。

相对于上海证交所的协议平仓，北京商品交易所的平仓平稳和顺利许多。

北商所的 401506 合约是与上交所 327 相对应的国债期货品种。28 日北商所对该品种实行协议及强制平仓，由于北商所并没有停止国债期货交易，场内的投资者受证监会《暂行办法》、北商所新的交易规则和及早平仓落袋为安的心理影响，开盘价 153.14 元，价位很快在涨停板 153.62 元站稳，多空平仓积极。此后大部分平仓单在此价位成交。上午共成交 50 余万手。下午依然如此。在最后一小节交易时间之前基本达到平仓目标，平仓量达 80%，最后持仓 30.2 万手，未出现大量强制平仓的结果，基本实现风险控制软着陆。

戴园晨的诛心之论

进入 3 月,"两会"召开。这一年,有两件事情正好成为"两会"代表们无风险吐槽的绝好话题。

这两个话题就是英国巴林银行倒闭事件和 327 事件。

1995 年 2 月 23 日,28 岁的巴林银行集团新加坡分公司总经理兼交易员尼克·里森与其年轻漂亮的妻子(同为新加坡分公司的交易清算员),从其新加坡豪宅神秘失踪。由此揭开了一个直接导致有 233 年历史的巴林银行倒闭丑闻的盖子。

1995 年 1 月 18 日,日本神户大地震,其后数日,东京日经指数大幅度下跌,里森在未经银行总部授权的情况下,购买庞大数量的日经指数期货合约,希望日经指数会上涨到理想的价格范围,从而能掩盖和弥补之前积累下的隐秘亏损。到 1 月 30 日,里森以每天 1000 万英镑的速度从失察的伦敦总部获得资金,已买进了 3 万口日经指数期货,并卖空日本政府债券。2 月 10 日,里森以新加坡期货交易所交易史上创纪录的数量,握有 55000 口日经期货及 2 万口日本政府债券合约。

所有这些交易,均进入巴林银行为偶发失误所设立的"错误账户":88888 账户。对于该账户上积累下来已经非常巨大的错误交易,里森用他兼任清查之职权予以隐瞒。但追加保证金所须的资金却是无法隐藏的,但里森以各种借口,成功地继续从公司总部转账。巴林银行这家百年老店内部监管松散的程度,实在令人难以置信。

1995 年 2 月 23 日,在巴林银行的最后一日,里森试图影响市场走向的努力彻底失败。日经指数收盘降到 17885 点,而里森的日经指数期货多头风险仓位已达 6 万余口；他所持的日本政府债券在价格一路上扬之际，其空头风险仓位也已达 26000 口。里森为巴林所带来的损失，在巴林的高级主管仍做着次日分红的美梦时，终于达到了 86000 万英镑的高点，而在 2 月中旬，巴林银行全部的股本金价值只有 47000 万英镑。

这就不可避免地造就了世界上最老牌的巴林银行终结的命运。

2 月 26 日深夜，英国的中央银行——英格兰银行宣布拯救巴林银行失败，成立于 1763 年、有世界首家"商业银行"之称的巴林银行，在经历了 233 年辉煌之后，被荷兰商业银行 ING 集团以立即提供 6.6 亿英镑的条件收购。

而里森惊弓之鸟般的逃亡生涯仅仅持续了 4 天，1995 年 2 月 27 日，在德国法兰克福机场，刚刚走下飞机舱梯的尼克·里森被警察拘捕，最终被引渡到新加坡，判处有期徒刑 6 年半。

而 327 事件恰巧发生在同一天，同样是因为金融期货而造成一家老牌券商的倒闭……这样戏剧性的巧合，使得 327 事件被称为"中国的巴林事件"，同时这也成了"两会"最好的话题。

而在其中，言辞最为激烈的是政协委员、经济学家戴园晨的发言：

英国最近发生了巴林银行的投机事件，一个交易员的不法交易使该银行损失了 8 亿多英镑。几乎同时，中国也发生了类似事件，这就是上海万国证券公司的违法交易事件。上海万国证券公司经营证券搞投机，亏损了 16 亿元人民币。按我国目前法律，贪污是要进监狱的，贪污 4 万元要判刑进监狱，贪污 100 万元以上要吃枪子儿的。那么投机搞空手道，投机金额达 1400 亿元，应该得到什么样的惩处呢？

上海证券交易所第二天早上宣布交易无效，这就出现了万国原有亏损如何处理的问题，就是说万国必须破产。这种情况下就有人提出来要保护国企，不能让万国破产。

这几天一些媒体对此有报道，但《人民日报》《经济日报》等大报对此毫无反应，就好像天底下没有发生这桩事一样。《中国证券报》消息说"沪国债无行情正清理平仓"，商量给万国搞一个协定价以帮助万国渡过难关。

看完这消息，我很愤慨也大惑不解。我认为这一事件的严重程度不亚于英国巴林银行事件。巴林银行倒闭由荷兰银团收购，该怎样就怎样，该倒闭就倒闭。我们是不是因为万国是亲儿子、是国企就一定要保护？如果这样，老百姓会得出这样的结论，社会主义的中国不如资本主义的英国。

其一，英国多少在客观上有点严肃性，而我们要捂盖子；其二，搞证券的人是成者为王败者为寇，而且是扶赢不扶亏，赢了，企业可以包种种利益，亏了，是属于国家的。为什么这样一个没保证金、交易额达1400亿的交易能在上海证交所通过？尽管事后撤销，但恰恰这样，人家还不服气，过去干了多少次了，为什么就这次非要撤销？上海证交所应负什么样的责任呢？

万国造成的问题，其严重的渎职行为与贪污行为在性质上有所区别，但渎职者和贪污分子应该同样处理。今天上午碰到一个会计专家，是证监会的委员之一，我跟他说不能光是宣布交易无效，要给予处罚。他说他也认为应该判刑，但判刑不属于我们的权力，证监会的权力只能够处罚。

我们现在讨论的就是要给予处罚，但是现在还是要挽救这个企业。在我看来，挽救就不是处罚，这是给予保护，这个企业必须破产，不破产是不行的。

我认为我国扩展国债市场，使广大居民共同承担国家财政困难，包括今年发行1500亿国库券的措施，都是正确的。但另一方面，像这样严重的国债期货投机如果不加以制止的话，那么广大散户的利益实际上就是被几个投机者剥夺了。如果对这个案件不处理，就会使得广大群众对国债期货市场的发展，包括金融市场的发展都失去了信心。

这次327风波使我看到了我国证券市场发展过程中不健康的一面，这样是歪嘴和尚念经，念歪了我国社会主义市场经济这本经，像这样的市场经济愈发展愈糟糕，一个企业几个小时操作1400亿人民币的国债，这种疯狂的炒作可怕！只能用"可怕"两字形容。

就此，在各大媒体上引发了一场对整个327事件参与各方的简单而又非理智的单边围剿。无论是财政部、上交所、万国证券、中经开、辽国发……还是刘鸿儒、高坚、尉文渊、管金生、戴学民、高岭……所有的当事方都选择了回避和沉默。对整个国债期货事件的反思、澄清、分析、辩解、研究……都成了失去理智的单边语言暴力，真正需要留下的事实细节和真实过程，慢慢在沉默和时间流逝中沉淀进历史的皱褶里……

难止余波

命运就是这么奇怪，谁都以为自己可以掌控它，最终却发现谁都无法把握住它的方向……

商品期货热炒和 319 爆仓

在 327 事件发生 3 天后的 2 月 26 日，证监会和财政部颁布了《国债期货交易管理暂行办法》，当时主管部门似乎并没想废掉这个金融工具。在此之后，证监会和财政部接连发布《关于加强国债期货交易风险控制的紧急通知》《关于落实国债期货交易保证金规定的紧急通知》《关于要求各国债期货交易场所进一步加强风险管理的通知》等一系列监管通知，以期加强国债期货的风险控制，这些通知一个比一个急，一个比一个凶。据不完全统计，从 327 事件发生到 5 月 19 日，证监会、上交所以及有关部门下发的通知、决定等超过 30 个。

但首当其冲的商品和国债期货市场仍旧在巨额资金的惯性推动下热点不断：

上海商品交易所胶合板在 1995 年 3 月 29 日之前连拉三个涨停板。3 月 29 日上午 9505 胶合板最高价涨到每张 45.70 元。现货价格当时约 42 元。当天上午，空方某会员单位连续打出 10 多万手空盘，严重违规。上海商品交易所当晚发布通知，取消当日 10 时 40 分 26 秒之后 9505 的期胶合板成交合约。同时，交易所把交易价格的涨跌限幅调整为 1%。第三天，即 3 月 31 日上海商品交易所全天停市。

继北京商品交易所 1994 年 9 月出现"绿豆风波"后，1995 年 5 月郑州商品交易所绿豆交易再次引起巨大风波。507 合约由 5 月 5 日的 36370 元大幅度阴跌，盘面呈"开天窗"状态，即卖方单向挂牌。5月 10 日，郑商所通知于 11 日起，所有持仓较大的会员将按成交额 30%—50% 追加保证金，并将涨跌幅度由原来的 ±1200 缩小至 ±600。但是行情未受此影响，507、509 合约等照样单挂在 -600 点的跌停板，逼迫交易所强令各会员减仓 60%，市场再起波澜。

一波未平，1995 年 5 月天津联合交易所的红小豆交易风波又起。天津红 TH507 合约从 5 月中旬开始，成交量、持仓量开始放大。6 月初，多头主力强拉价格，出现两个涨停板，价格涨至 5151 元/吨，随即交易所提高保证金以抑制过度投机，但仍然难以控制局面。6 月 9 日，市场多头主力继续拉高期价，至 9 点 30 分，交易所只能采取将场内终端全部停机的极端措施停止疯狂的交易。第二天，交易所宣布 9 日交易无效，TH507 合约停市两天。随后，交易所采取措施要求会员强制平仓。这就是期货行业历史上著名的"天津红 TH507 事件"。

在国债期货市场，1995 年 5 月初，上海证交所国债期货 319 合约（对应 1992 年发行的 5 年期国债）在连续几天价格上涨后，在 5 月 11 日价格突然上涨到最高 183.88 元[1]，当日的国债期货日成交金额达到 924 亿元。5 月 11 日，上交所在监管中，又发现有四五家会员公司超额持仓，当日 319 合约的仓量达 57.85 万口，比 5 月 10 日的持仓数 27.34 万口净增 111.59%，其他较活跃的品种如 339 合约也较前一交易日持仓数增加约 30%。

针对这一异常情况，上交所即刻对相关会员公司进行检查，发现违规超仓的公司，都是代辽国发下单所为。辽国发在下单时称，有问

---

[1] 到 1997 年 4 月 1 日，按人民银行公布的保值贴补率 0.17% 计算得出的每百元 1992 年 5 年期券的还本付息值为 165.74 元。

题由他们与有关部门交涉。为控制潜在风险,上交所在 5 月 12 日开市时决定当日起国债期货交易品种暂停开设新仓,所有期货账户内的持仓余额在当日同比例压仓至原持仓的 50%。

事后为严肃市场纪律,对违规开设新仓者给以严处,对未在规定期限内压仓者,有盈利的则将盈利部分没收归入风险基金,超仓部分处以罚款。同时上交所对于接受辽国发超额开仓的 5 家公司:农行甘肃信托、大连国际信托、江西省证券公司(均系空方超额持仓)和属于多方违规的宁波证券、湖南国际信托投资公司(超额持仓、保证金不足),给予停止国债期货交易资格并处罚款的处罚。

由于 5 月 12 日已达到压仓比例,5 月 14 日上海证交所通过新闻媒体宣布 5 月 15 日起恢复正常交易。但对少数压仓未达比例的公司,规定其只有在压仓达标后方能开设新仓,对其超仓、平仓的增盈部分处以罚款,所罚没款项转入上交所国债期货风险基金。

同时对于辽国发屡屡采用令交易所头疼的客户违规躲避交易所处罚的做法[1],交易所经反复多次讨论决定:尽管目前缺少法律、规则依据,但从维持市场正常秩序的大局出发,建立"市场不准入制度",对少数严重违规、扰乱市场秩序者,本所将通知所属会员,一律不得接受其买卖委托,将其排除在市场之外。该项制度试行办法在 5 月 16 日已报证监会。

据申银证券公司总裁阚治东回忆,在这次行情中,躲过了 327 的汤仁荣,却没能躲过 319:

> 有一次,海通证券总裁汤仁荣找我,希望申银作为空方与海通证

---

[1] 按照证券交易所的相关规定,交易所的管理处罚只能达到会员公司,而在会员公司开户委托交易的客户,交易所没有直接处罚的权力,只能责成会员公司督促管理。

券一起进入319国债期货这个交易品种,他认为只要再努力一把,空方肯定会大获全胜。我当时无法直接拒绝,只能嘴上说些认可的话,向他解释申银证券风险控制的规定,表示按照规定,申银证券不能充当空头或多头的主力。不过我表示我们可以从侧面进行一些支持,例如抛售一些319期货对应的现券,从现货市场上打压一下这一券种的价格。尽管汤仁荣说是找我来一起"发财",但是我心里明白,海通证券当时已经在这个交易品种中陷得很深,找申银证券入伙,只是为了自救。

此后,我们在现券市场抛售了一些319期货对应的现券,但是这对疯狂的多方市场几无影响。最后清算时,有传说海通证券亏了两亿多。这件事情导致汤仁荣离开海通证券,还差一点以渎职罪论处。海通证券的大股东交通银行,认定汤仁荣的渎职导致海通证券损失两亿多,向上海检察院提出查处要求。上海市检察院二分院鉴于这是一个全新的案子,故没有轻易采取行动,而是成立了一个司法调研小组,组织证券公司、交易所和上海证管办研讨这个问题。在这次司法研讨会上,我们为汤仁荣说了不少公道话。我谈道:"国债期货行情发生变化纯属意外,小汤为此也找过我,反复讨论解决问题的办法,最后出现的结果,完全是市场变化的结果,说其渎职的理由是不成立的。""证券行业是个大盈大亏的特殊行业,如果盈了似乎是应该的,亏了就追究渎职责任,那么证券行业就没有人愿意干了。"负责调研的是上海检察院二分院的检察长倪蓉,她也是当时上海青联的活跃成员,非常赞同我们的说法,从而使汤仁荣逃过这一劫。[1]

但是,汤仁荣向笔者指正,在这件事情上阚治东的记忆有误。汤仁荣和阚治东的见面,应该是在1994年11月中旬海通证券准备做空之前,汤仁荣找上海财政证券、申银证券和上海证交所等机构,与

---

1 阚治东:《荣辱二十年:我的股市人生》,中信出版社2010年1月第一版,第138—139页。

几位老总交流对市场看法的时候。海通证券从没有做过 319 品种，只是在海通证券决定平 316 空仓的那个党组会上，汤仁荣提出过 316 平空仓 40 万口、同时应该 319 开多仓 30 万口的建议，但未被采纳。汤仁荣对笔者说：如果采纳了我的建议，我们海通证券倒是真会参与 319，而且也不会输了。而最后造成海通证券亏损将近 2 个亿，是因为在平 316 空仓时，手下遗漏了一个仓位。汤仁荣最后离开海通证券就是因为这个失误——尽管逃过了法律的处罚，却没逃过公司的责难，没多久，他就黯然离开了从创建起就担任总经理的海通证券公司，用一句时髦的话来说就是，43 岁就下岗了……

事实上，319 合约在市场上的最后疯狂，才是中国政府最高层下决心关闭国债期货市场的最后一个砝码。

而仔细观察 313、314、327 和 319，整个国债期货发展过程中的几个重要的风险事件里，几个引发争议的合约标的物，都是 1992 年 3 年期和 5 年期的国库券；更吊诡的是在这几个重大事件中，都可以见到一个搅局者忙碌、凶狠的身影——这就是一开始市场所有人都没把他当回事的辽国发……

像幽灵一样徘徊的游资

自从 1995 年"两会"上戴园晨的发言发表后，有关 327 的反思就剑走偏锋，舆论一边倒地激愤、非理智、情绪化地声讨万国证券的狂妄和违规，诟病上海证交所和上海市政府为做大市场交易量而放松监管……

有关对市场组织和管理的反思以及理论上的探讨，见诸媒体的多集中在衍生工具的市场风险、新兴市场组织管理上的欠缺等等，很少从更深层次上去思考体制安排上的不合理，以及金融改革中出现的伴生现象对现有体制的冲击等等问题。

在327事件后，有一位著名的经济学家预言：市场应该冷静下来了。但3月份以来的市场发展证明，在不断加强监管的过程中市场不但没有冷静，反而显得更热闹了。不但如此，在暂停国债期货市场的当天，上证所的股市跳空158.92点开盘，最高达到770点，上证综合指数比前一天上升了几近31%，成交量放大了55.36倍，达到了83.6亿元。这就不由得引发人们思考：在市场的发展后面究竟藏着一只什么样的看不见的手在兴风作浪？

1995年5月24日，《上海证券报》用一整版发表了对经济学家李扬的访谈录[1]，记者和编辑的意图非常明显，就是想把市场、舆论、决策者和监管者的反思，从表面现象的声讨和情绪化的吐槽中，引导到对这一系列的现象进行深层次的思考、探讨和研究上，并且就此从理论深度引出体制改革上的对策。

记者给李扬列举了一系列市场现象，指出从去年底开始，在中国已经或者正在发展的各个市场周围游荡着一股看不见、摸不着，但又十分明显地感觉得到的资金力量。从记者掌握的资料来看，在去年下半年这股计划外、或者说是统计外的资金在各个市场上不断制造了许许多多的风波……

这一系列现象的背后是否存在着这样一个事实：计划外或者说是统计外的资金力量跑到哪个市场，就会在哪个市场制造出一系列的麻烦，就有可能把那个市场的现有秩序打乱？李扬说：

1　陆一：《在证券市场种种风波的背后　巨额游资挑战中国金融体制》，《上海证券报》1995年5月24日第5版。

如果从更广的时间范围和空间范围来观察这个事实，实际上存在这样一个顺次发展的轨迹：从改革开放以来，最先是流通领域，流通一放活，资金就奔着流通能产生的利润到处跑；然后利用双轨制在倒；在双轨制明确为社会主义市场经济后，就在1992年开始转向证券市场；从1993年起又从证券市场转向房地产市场；在全国各地房地产热消退后，出现在资金拆借市场，1993年有一段时间拆借利润达到30%—40%；在此之后，就出现在商品期货市场；之后又是外汇市场；到了1994年底1995年初，转向了金融期货市场。这每一步几乎都能看得见它在各个市场留下的踪迹。往往是一个市场刚起来，它马上把你狂热地哄抬到一个荒谬的地步，等到政府注意到了，稍加管理，它马上抽身就走。在这一步一步中它又逐步地在发展膨胀。

　　可以把这些来源的资金归纳成为一种称之为非制度化的和准制度化的投资。它在目前的国民经济生活中已经存在，或者说可以感觉得到它的存在。在这其中，有相当部分的数量我们称之为游资。它可以定义为，没有固定的投资领域、以追求高额短期暴利为主要目的、可以随时动用的资金。它作为国民收入水平提高、经济货币化和金融产品多样化的伴生产品，从80年代中期以来就已在形成和发展之中，近两年已壮大到可以处处发现它的存在。但问题是否能够承认它的存在，并且如何在制度上作出适当安排来疏导并利用它来为经济改革和发展作出贡献。

　　当记者提出：如果从量上来做一个估计，这部分资金力量的规模有多大？以及如何在量上对此作评价时，李扬表示：

　　这个问题因为过去采取的是回避的态度，所以基本没有办法作数量上的精确分析。近年来，已开始注意到这个问题，我们已定了一个这样的课题准备开展研究。据目前已有的资料分析，从近几年各个部门在投资领域中份额的消长变化可以看出，在全社会固定资产投资来源中,金融机构贷款的份额从 1978 年的 5.2% 提高到 1993 年的 23.5%。同期,自筹投资和其他投资则从 47.7% 提高到 1993 年的 65.5%,都增加 18 了个百分点左右。外商投资则从无到有,1993 年已达到 7.3%。这种融资格局,在 90 年代已经大致稳定了下来。在上述五种投资资金来源中,预算内投资、金融机构贷款和外商投资都有明确的界定和相对制度化的融资机制;而自筹投资和其他投资则十分复杂,尤以其他投资为甚,基本上是非制度化的和准制度化的。根据《中国统计年鉴》有关资料估算,这些非制度化的和准制度化的投资,最高达到占全社会投资规模的 20% 左右的水平。1994 年我国全社会固定资产投资规模是 15000 多亿,1995 年的计划指标为 17000 亿元,而有人估计实际数字将达 20000 亿元。根据这个比例推算,非制度化的和准制度化的投资资金量在 3000 亿元到 4000 亿元左右。而在各个市场像幽灵一样徘徊的游资,如果在这其中占一半就是 1500—2000 亿元,如果占三分之二则为 2000—2500 亿元。据了解,仅前几年出现的 4000 余家定向募集公司就募集了 1000 多亿元。

记者对此做出了自己的分析:在货币乘数的放大作用下,无论是生产资料市场、房地产市场、资金拆借市场、股票市场、商品期货市场还是金融期货市场,任何一个新兴的、经过精心设计的市场,都无法在发展的初级阶段来承受住这样大的无序力量的冲击。

李扬进一步表示:

问题还不全在这里,除了数量上的冲击之外,一方面存在着资本固有的对高额利润的不断追求,另一方面,还存在着这些资本本身来源造成的高额成本,它又不断地推动着这些资金去追逐 20%、甚至超过 25% 或者 30% 的利润回报,这就必然促使这些游资不断寻找高风险、高投机、高利润的投资领域。这个过程不会因为某个市场的变化而停息，在前面你谈到的这一些市场崛起之速、高涨之奇、衰退之烈的变化中，我们可以清楚地看到游资追逐的脚步。

记者对李扬提出了自己对这个问题的看法：问题的讨论是否应该从目前仅仅停留在市场管理的欠缺、市场法规制度的不健全、市场操作者心态和手法的不稳定等等方面扩展开去，更深入一步，把对问题的反思和总结推到我们如何承认并了解它的存在和动向，推到如何进一步通过深入的金融体制改革来解决伴生的问题，推到如何在我们的体制上作出安排，来疏导、驯服和利用桀骜不驯的这股既存的资金力量的层面上来？

李扬肯定了这一建议，并表示：如果从这个角度来看这些非制度化和准制度化的融资安排，它实际上构成了中国经济最不透明、最不规范、也是最不稳定的部分。可以说，中国金融制度的混乱，主要发生在这一领域之中。从制度上分析，造成这种状况的基本原因在于，我们在金融上，仍然实行以国家信贷资金分配为主的融资机制，而这种机制已经不能满足经济增长和发展的需要。

归结起来说，就是要通过金融改革，努力创造一个效益优先、更加宽松、多样化和竞争性的金融市场和金融机构体系。

这篇访谈发表之后，《上海证券报》和《中国证券报》连续 2 个多月，组织了几十篇文章，甚至开辟了讨论专栏来研究讨论热钱和游资问题给当前市场带来的问题和应对之道，直到 1995 年 7 月底，《中国证券报》还专门组织了相关的专题研讨会。

最后，连当时对 327 事件言辞最为激烈的戴园晨，也开始冷静下来，专门写了研究文章《为巨额游资找出路》发表在《上海证券报》上。

作为经济学家,戴老先生承认"中国证券市场能够有现在的局面,能够得到社会的承认,能够生存下去,是不容易的。应该肯定这些年来我们在思想上、在实践中所取得的进展。""证券市场只能够更好地发展下去,而不能在波澜起伏中不断地关。要不断地发展,才是出路。"

尽管如此,真正从当事人角度冷静理智的反思,直到 2008 年 12 月才始见于文字。当年担任证监会主席的刘鸿儒在他出版的《突破——中国资本市场发展之路》中坦言:327 国债期货事件的发生,表面上看是由少数大户违规造成,实际上是当时我国经济运行过程中各方面深层次矛盾的反映。归结起来,主要有以下四个方面的教训:1. 最根本的原因在于整个社会对国债期货的套期保值需求不足,投机气氛过为浓烈;2. 相关法律法规不健全、监管缺位,是导致 327 风险事件的重要原因;3. 信息披露不规范,使得国债期货成为"消息市"的牺牲品;4. 合约设计不符合国际惯例,忽视了对风险的控制。[1]

更为专业的反思来自于中国证监会原副主席姜洋,他曾长期在期货发展和监管一线岗位上工作,在 2018 年出版的专著《发现价格:期货和金融衍生品》中,根据本书第一版还原的 327 事件历史事实,从期货市场专业角度,详尽地分析了导致 327 事件的重要原因——中央对手方的风险失控。他认为:如果刨除国债期货产品先天不足、万国证券等机构内控制度缺失、法律法规不健全、政府监管缺位等方面的原因,主要从中央对手方风险控制的角度看,上海证券交易所作为国债期货市场的中央对手方,没有一整套风险控制制度安排,

----

[1] 详见附录5。

或者说有些制度虽然有,但实际上没有严格执行,当遇到风险的时候"刹车失灵",这才是导致327事件发生的一个重要原因。[1]

刘鸿儒、周道炯和管金生

1995年4月,在"两会"舆论的压力下,国务院责成监察部会同证监会、财政部、中国人民银行、最高人民检察院、国家保密局等部门组成"2.23联合调查组",在上海市人民政府的积极配合下,进入上海证交所、万国证券公司、海通证券公司、申银证券公司、中经开上海证券部,以及与327事件相关的其他单位,开始对327事件做专项调查。在调查中,调查组要求各单位首先拿出自查报告,同时约谈重点人员,并把各单位的往来账目、交易记录、决策文件等等,翻了个底朝天。调查延续了4个多月……

但谁也没有想到的是,在327事件引发的一系列人事调整中,第一个居然会是证监会主席刘鸿儒。

1995年3月,离年满65岁还有8个月的证监会主席刘鸿儒以到年龄退休而离职,比刘鸿儒小三岁的周道炯接任证监会主席一职。从这个人事变动中,明显可以感觉得到"两会"期间代表和委员对327事件和市场监管失效的追责,给中央政府带来的巨大压力。就和三年前810事件一样,仓促之间,只能以最快的速度,从证券市场最高监管层开始人事变动,以求平息追责的压力。

1995年3月,时任国家开发银行副行长、兼任国务院证券委常务

---

1 详见附录6。

副主任的周道炯突然接到出任证监会第二任主席的任命。多年以后，周道炯向记者道出了他被指定为证监会主席的过程细节[1]：

主持人：当时是怎么找到你的？

周道炯：何椿霖秘书长突然在一个礼拜天找我，当时我们住一个院子。他说，老周，有事情，我到你家来。我说，秘书长，还是我上你家里来。反正他住在我后头。我就去了。他说，刘鸿儒年龄到了，要你去当证监会主席，这事朱镕基、李鹏都商量了。我说一个我年龄都这么大了，另外一个……他说你不要讲，你的国务院证券委的常务副主任没给你免。好好好，我说，那我服从吧。后来朱镕基把我找去了。

朱镕基对周道炯说：对证券市场要兴利除弊、稳步前进，对期货市场要冷静观察、严格限制，并要求周道炯："马上去。"

主持人：你当时想不想去？

周道炯：唉，说老实话，我是不大想去。但最后组织决定了，另外没给你免，那你怎么办呢，那就去呗。

主持人：那时有心理准备吗？

周道炯：我倒有思想准备，我知道这是个高风险的行业。深圳810事件那个内部电影，包括安全部拍的，我都看了，那里面是有风险的。因为这个跟别的行业不一样。

我刚刚上任，还在保利大厦上班。当时上海出了327国债期货事件。有一些期民就跑到保利大厦，闹着要跟我们期货部的一起跳楼同归于尽啊。那厉害啊。

值班室给我打电话，说我们刚才接了一个电话，从云南那边打过

---

1 郑颂主编：《资本人物访谈录》，海南出版社2006年版，第21—23页。

来的。他们说准备运一车炸药明天要炸证监会。他现在已经出来了，给我们报个信。当时问他姓什么叫什么他也不讲。接到这个电话后，值班室很紧张，马上跟我报告。我马上打电话给周正庆，周正庆当时是国务院副秘书长，国务院管证券的。他一听，说这个问题大，你打电话给何椿霖。我一打给何椿霖，何椿霖说赶紧找公安部的陶部长陶驷驹，叫他采取措施。打陶驷驹电话，没人接。我就打到公安部值班室，在电话里就自报家门，姓什么，叫什么，干什么，说刚才奉了两位秘书长的命令，叫我给你们陶部长汇报情况，同时我给家里值班室和几个副主席还有办公室主任，讲了这个情况。第二天上班，一到门口，便衣、公安、摩托车，还有好几只警犬，把我们证监会楼上楼下，整个办公楼统统都搜了一遍，没发现什么，虚惊一场。

因为327事件产生的人事变动，第二个就是管金生。

327事件发生后，上海证交所对外并没有点明最后8分钟"严重蓄意违规"砸盘的公司就是万国证券，尽管在市场上大家都明白这件事是谁干的，但在各大证券报刊上也没有点管金生和万国证券的名。直到"两会"上戴园晨口诛笔伐，这才在媒体上公开了这起市场违规事件的肇事者是谁。

市场的世态炎凉永远是，一旦被大家默认"玩不起"而自我出局，原来众星拱月、万人追捧的你就会被撒手摔到地上，甚至被众人唾入地狱……

管金生的前任秘书说：327事发后，3月28日，正值上海东广金融电台开播，还在台上的管金生也被邀请参加开播仪式。管金生到达会场时，仪式已经开始了，宾客都已就座，竟然没有一人与他打招呼。众目睽睽之下，管金生站了足足有五分钟，最后还是一位境外证券商的代表实在看不下去，站起来与他打了个招呼，并腾出一个位子让他坐下。[1] 此情此景，让人不胜唏嘘！

1995 年 4 月 25 日，万国证券公司在新锦江大酒店 4 楼兰花厅，举行了第二届董事会第三次会议，会议同意徐庆熊辞去万国证券公司董事长职务；同时免去了管金生所担任的万国证券公司副董事长兼总裁的职务，但在媒体上对外宣布仍是"接受了该公司董事长和总裁的辞呈"。

1995 年 5 月 19 日，就在证监会关闭国债期货市场的第二天，管金生被抓，旋即被上海市检察院正式逮捕，有关司法机关组成的专案组开始对管金生案进行审理，指控他的罪名有渎职、挪用公款、贪污、腐败等多项，但就是不见与 327 事件相关的市场违规。坊间有无从证实的传言，当时管金生若无出逃迹象可能还不至于马上被捕。

而管金生被捕的那一天，恰逢他 48 岁生日……

1997 年 2 月 3 日，那一年春节的前四天，上海市第一中级人民法院对原上海万国证券公司副董事长兼总裁、上海万国房地产开发总公司董事长、上海万国（香港）有限公司董事会主席管金生，以受贿罪、挪用公款罪判处有期徒刑 17 年，剥夺政治权利 5 年，并没收个人财产 10 万元。[2]

在 327 事件过去 18 年以后一个早春的上午，管金生第一次开口叙述当年最后的决策经过时，笔者曾问过他的心路历程："大家讨论到最后给你的结论还是：绝地反击！拿到这个结论后，当时你是怎么想的？"

---

1 王安：《股爷您上座》，华艺出版社 2000 年版，第 198 页。
2 详见附录 7。

"我当时的想法,现在没有更好的办法,只有次好的办法。如果这样,我不下地狱谁下地狱?当时我的估计,最多因此判我渎职罪,我坐三年牢。不过如此,打!我总以为,我承担的责任最多是个渎职罪,谁会知道最后却把我打成贪官,判我 17 年。"

这兴许就是造化的作弄,当汤仁荣漂亮干净地躲过了 327 的劫难之后,没有想到最终又因为一个遗漏的仓位而栽了跟头,当时他竭力想躲掉的就是交通银行因为他亏了将近 2 个亿而要追究他的"渎职罪";可管金生在下决心打下 327 违规的天量空单时,内心是求仁得仁地做好"判我一个渎职罪"的准备的,最后却被打成贪官。命运无常的安排,真是凡人所无法预料的……

重开试点

1995 年 2 月 26 日,中国证监会、财政部对外发布了《国债期货交易管理暂行办法》[1],其中暗示证监会在用这个《暂行办法》要求各交易机构重新申请、经重新审核后争取成为国债期货试点交易场所。

这个半公开的行使行政审批权力的行为,在两个多月后得到了证实。

5 月 2 日,证监会下发了《关于申报国债期货交易试点有关文件的通知》:

根据《国债期货交易管理暂行办法》的有关规定,我会拟会同财

---

1 详见附录 3。

政部审核批准少数交易所（中心）进行国债期货交易试点。你所（中心）如欲申请成为试点国债期货交易场所，必须经所在省、直辖市人民政府同意后，向我会和财政部提交下列文件：

（一）申请报告；

（二）当地政府同意申请的批准文件；

（三）交易场所章程；

（四）根据《国债期货交易管理暂行办法》有关规定修改，并经所在省、直辖市期货监管部门初审通过的国债期货交易规则及其实施细则；

（五）符合《国债期货交易管理暂行办法》有关规定要求的参加国债期货交易的会员名单；

（六）国债期货交易管理人员的名单及简历；

（七）所有上市国债期货合约文本及其相关规定。

你所（中心）须在 5 月 31 日前将上述文件报我会和财政部审核，逾期不报的，不再受理。

证监会

1995 年 5 月 2 日

其实证监会的这个重新申请审批的意图，自《暂行办法》公布起，各交易场所就已经领会到了。问题就是 327 事件的后续处理不仅让新科证监会主席像"救火队长"[1]般疲于奔命，也拖延了证监会击鼓升堂、号令行权的议程。

不过，在处理 327 后续事务的百忙之中，上海证交所已经在 4 月

---

[1] 周道炯是证监会的第二任主席。他在 1995 年走马上任时已经 63 岁，因此他任职的时间并不很长，到 1997 年就退下来了，是历任证监会主席中时间最短的一位。但是，就在这两年的时间里，他遭遇了许多令人难忘的重大事件，面临巨大挑战。周道炯将自己的这段经历称为"当了两年救火队长"。

7日下发给各会员单位一个名为《关于进一步加强国债期货市场管理的通知》，其中明确要求：

一、重新审定各会员单位、期货公司在本所市场经营国债期货业务的资格。自4月10日至4月20日，凡已在本所市场经营国债期货业务的会员和拥有国债期货特别席位的单位须持本单位法定代表人签章的开办国债期货业务申请书重新申请经营国债期货业务资格。逾期不办及未获批准者，本所将于5月2日起停止其在本所市场的国债期货业务。

二、国债期货自营业务与经纪业务须分别申请。公司注册资本在人民币5000万元以上，并经本所审定具有完善的风险管理措施者，可申请获得国债期货自营资格。凡本所会员且经证监会批准可经营期货业务的期货公司，经本所审定具有完善的风险管理措施者，可申请获得国债期货经纪资格。原已开办国债期货自营业务经申请未获批准者，不得再办理自营业务。

三、重新办理投资人开户登记。自5月2日起，已获批准的国债期货经纪商须将原已开户的个人和机构投资者开户资料及投资人与经纪商签订的风险协议书副本报至本所重新登记。5月17日起，未按上述要求重新办理登记的期货账户将停止交易。凡新开立期货交易账户，均须按上述程序，由期货经纪商先申报开户登记材料，再领取账户。

所以，接到证监会要求上报重新审批国债期货试点场所的通知后，各交易场所其实都很快上报了材料。

在国债期货发展过程中，和上交所竞争最为激烈的北商所，是证监会行使国债期货审批权后第一个拿到试点场所和合约品种批文的。

北商所老总武小强，当时的心情可想而知："所以我很高兴，上海国债期货市场死了，唯我独秀！"将近 20 年后说起这事，他仍然眉飞色舞：

那个时候证监会要求大家重新申报，我全部精力就是准备材料。结果，证监会接管国债期货监管权以后，第一个批的就是我们北商所报上去的国债期货品种。那可是证监会以正式文件下发的《关于批准北京商品交易所国债期货试点的通知》。就是说证监会第一次行使产品批准的权力，就批给我们了。我整个心情非常愉快，第一国债期货试点在我这儿了，第二我也拿到批文了。

在和上交所争夺国债期货市场老大地位的竞争中，这一天北商所总算压过上交所一头，扬眉吐气是肯定的……

可是，武小强的高兴和愉快只持续了三天，北商所拿到证监会的批文后的第三天，就得知国债期货被停掉了。

命运就是这么奇怪，谁都以为自己可以掌控住它，最终却发现谁都无法真正把握住它的方向……

叫停国债期货

从北商所在 5 月 14 日拿到证监会试点场所和合约品种批文的历史事实来看，证监会无论在 327 之后，还是 319 之后，直到最后一刻都没有要把国债期货市场关闭的意图。

但在 5 月 16 日下午 4 点多，正准备下班的证监会主席周道炯接到朱镕基副总理办公室的电话，告诉他中央做出决定，暂停国债期货。[1] 5月17日下午5时30分，在毫无征兆的情况下，证监会临时通知在北京保利大厦（证监会当时的办公地点）召开紧急会议。

会议简单到只有一句话：经请示，国务院同意下发《关于暂停全国范围内国债期货交易试点的紧急通知》，从5月18日起在全国范围内暂停国债期货交易试点。

5月18日中央电视台播发了这条消息。

第二天，各大证券报刊都刊登了《紧急通知》的全文：

各省、自治区、直辖市、计划单列市期货、证券监管部门，各期货交易所、证券交易所、证券交易中心：

近几年月来，国债期货市场屡次发生由严重违规交易引起的风波，在国内外造成了很坏的影响。目前从各方面的情况看，我国尚不具备开展国债期货交易的基本条件。为维护改革开放的形象，保持经济和社会稳定，保证金融市场的健康发展，经国务院同意，现决定在全国范围内暂停国债期货交易试点。从5月18日起，各国债期货交易场所一律不准会员开新仓，由交易场所组织会员协议平仓，平仓价格由各交易场所根据实际情况自行确定。平仓清场的截止日期为5月31日。

各国债期货交易场所务从全局出发，坚决落实通知精神，在各地政府领导下，切实做好会员工作，周密细致地组织协议平仓，确保市场和社会的稳定。

就这样，开市仅2年半的国债期货无奈地划上了句号，中国第一个金融期货品种的交易试点宣告夭折。

---

1 姜洋：《发现价格：期货和金融衍生品》，中信出版集团2018年9月版，第22页。

国债期货被关闭的当天,5 月 18 日,沪深证券市场像过节一般,人气鼎沸,巨量暴涨。当日沪市以 741 点跳空 159 点开盘,收于 763点,比上日收盘高出 181 点,涨幅逾 30%。深市也不示弱,以 1233 点跳空 191 点开盘,尾市收于 1287 点,较前日上涨 245 点,涨幅逾23%。其后两天,股市继续精神抖擞,到 5 月 22 日星期一,上证指数收于 897 点,深成指收于 1415 点。

与此形成鲜明对比的是,国债现券市场在 5 月 18 日这一天全线下跌,最厉害的 1992 年 5 年期现券,居然下跌了将近 12%。这种下跌惨状,令人感觉又回到了国债市场化改革前的市况。

这种结果,也许是最高当局突兀地决定关闭国债期货市场时所没有预料到的,就像相关部门欠全面考虑地在 1993 年 7 月份调整国库券发行条件,轻率决定给 1992 年 3 年期国债一下子加息 500 多个基点一样……

按照 1993 年 7 月 10 日财政部《关于调整国库券发行条件的公告》中给 1992 年 3 年期和 5 年期国债所埋下的隐患,哪怕 327 合约没出事,在 1995 年 6 月 30 日平顺地实现了 1992 年 3 年期国债的兑付;但是,基于 1992 年 5 年期国债产生的所有国债期货合约,在 1997年到期兑付之前,都有可能同样因为贴息和保值贴补等原因而在任何一个时间点上引爆诸如 327 的疯狂事件,319 只不过是这一系列引爆点中新的一个而已……

再深一步分析,中国的经济运行永远像是骑在两个轮子的自行车上,和运行在四个轮子上的其他经济体不同,我们如果失速,就必须施展高超的技巧才不会摔倒;但只要在运行,哪怕再慢的速度,也不会暴露出问题;而一旦停下来,所有的丑恶肯定会暴露无遗……

从宏观决策者的角度来说,以为把国债期货市场关闭,微观市场乱象就一了百了了;但其实在中国社会转型过程中,无论宏观还是微观,上上下下是同构同病的。

将近 20 年来,研究国债期货风险事件,叙述这段历史,往往说到 5 月 17 日国债期货市场被关闭,就认为是事件的结尾了。但是,无论是上交所、证监会,还是中央政府,市场上的绝大多数人在这时都没有意识到:

噩梦,才刚刚开始……

谁在裸泳

只有在潮水退去时，你才会知道谁一直在裸泳。

当自行车两个轮子被闸死

5 月 17 日晚上,关闭国债期货交易的消息一公布,刚刚在 327 和 319 应急处置过程中喘匀了一口气的上海证交所,就再次感觉到一个头两个大。

此时,上海各国债期货合约品种的总持仓量约占全国持仓总量的 60%(按面值计),即上海一地的持仓量近 74 万口,比周边市场持仓量的总和还多;其次是参与期市的投资者人数众多,涉及持仓投资者计 7000 多人;第三是个别品种较为活跃,部分空头持仓时间长,开新仓多头又较多,这就导致老的空仓持仓价与新多仓的持仓价存在巨大差距,而且还有诸如 327 合约那样已停止交易待交收的情况,这就导致平仓方面的矛盾十分尖锐;第四是上海国债期货实行混合交收制度,各期货合约的价格与周边市场相比也存在差异。

《紧急通知》发出当晚,上海证交所当即决定从 5 月 18 日起暂停国债期货所有品种的竞价交易,并成立了国债期货平仓清场工作小组,召开会员座谈会,认真听取意见,积极稳妥设计平仓方案。

刚刚经历过 327 的平仓过程,那惊心动魄的几天成了这次清场最好的预习……

5 月 19 日晚,上海证交所颁布了《关于国债期货平仓办法的通知》。通知规定各会员单位须严格按证监会《紧急通知》精神予以平仓,平仓期间不得开设新仓;为充分体现多空双方协议平仓的原则,规定在 22 日下午特设协议平仓专场,多空双方自愿协商平仓的价格与数量;各会员单位应尽可能组织客户参与协议平仓。为促进平仓工作进行,促使在规定的时间内完成平仓清场任务,对 22 日协议平仓专场后未平仓余额部分,决定从 23 日开始转为场内电脑报价平仓,并实行每日每个账户统一按 15% 的比例减仓,当日未自行按比例减仓的,由交易所按该比例强制执行。

5 月 22 日协议平仓专场共计平仓 14 万口,其中 8 万口系 327 品种,其他品种 6 万口。

5 月 23 日当天的按比例平仓,由会员和投资者通过场内电脑自行减仓,但未收到预期效果,迫使交易所在当天收市后按 15% 比例强制执行。强制平仓引起了市场强烈反应,各方矛盾主要表现在:1. 认为证监会《紧急通知》提出的原则是协议平仓,因此,交易所无权强制性要求每天减仓 15%;2. 不少空方机构认为期货是为套期保值提供的手段,因此应允许实物交收;3. 多方认为每天减仓 15%,在市价下挫的市况下,最终每 100 元面值国债损失 7 元左右,难以接受;4. 平仓期限过长,投资者在心理上难以承受。

面对上述矛盾,上海证交所在分析实际情况后,感到继续执行原方案可能阻力会越来越大,并可能进一步激化矛盾,为此,在 24 日停止了原方案的实施,并在一天内四次召开证券商、投资者座谈会,听取调整国债期货平仓办法的意见和建议。

5 月 25 日,第二套方案框架在广泛听取意见的基础上逐步形成。其主要内容为:1. 取消强制减仓措施,组织协议平仓专场;2. 未能协议平仓的部分提高保证金,并实行实物交收;3. 对保证金追加未能到位者,本所强制平仓;4. 对赞同原定按 15% 比例减仓者,交易所予以保底止损,按 22 日协议平仓专场的平均价平仓。

该方案在出台之前,交易所再次分析、研究了可能引起的市场反应。方案虽然在一定程度上使多空双方的矛盾有所缓解,但问题仍然未能根本解决。因为允许实物交收后,将会使大量资金重新流入债市,这对本周(5月22—26日)以来已经大幅下挫将近200点(22%)的股市会带来新的打击,在投资者情绪已趋偏激的情况下,极不利于市场的稳定和社会的稳定。为此,交易所组织力量,再次对该方案进行商议、调整。

在调整方案的设计中,交易所强调了以下原则:1. 社会稳定和市场稳定是最高利益,其他方面均须服从;2. 为稳定股市,执行证监会《紧急通知》,决定不采用实物交收办法。3. 从速解决问题,缩短平仓清场的时间;4. 为平抑投资者的情绪,交易所以协议平仓价为参照,保证投资者的止损;5. 平仓完毕后,交易所将动用部分风险基金,并根据暴露的各种矛盾和问题,具体分析,研究解决后遗症和焦点问题。

该方案出台前,交易所专门向证监会和市证管办报告,并得到原则同意。

根据调整后的平仓办法,上海证交所在5月29日下午1:30—4:30,仍旧在327平仓的场所——闵行路67号5楼上交所食堂,再次组织协议平仓专场,并按几种方式同时进行:既有专场内的上板竞价和自由协商定价,又有会员公司间的场外协议平仓,还有各联网证券交易中心范围内及各中心组织所属会员进行的协议平仓。当日协议平仓达16万口,尚余44万口。

5月29日晚,上海证交所按照证监会《紧急通知》精神和调整后的国债期货平仓办法,对当天协议平仓后的剩余仓位,采用22日、29日两天协议平仓加权平均价进行了最后清仓。

至此,证监会《紧急通知》发出前近74万口的市场总持仓量终于在《紧急通知》规定的时间内全部平仓了结。

6月初，整个国债期货市场清仓结束，自行车前轮被闸死，后续问题开始显现。

由于国债期货市场的关闭，清仓造成的损失和两年多国债期货业务发展中积累的沉疴开始泛起。7月中旬以后，国内各国债回购市场相继发生较大问题，逐渐产生的债务链呈现出可能严重冲击国内金融秩序的态势。

在这种情形下，当整个市场还没有缓过劲来时，看得见的手又开始握紧自行车的后轮车闸，刹车又开始了……

1995年8月8日，中国人民银行、财政部、中国证监会联合发布了《关于重申进一步规范证券回购业务有关问题的通知》。

通知表示，经查，一些金融机构从事证券回购业务严重违规。因此通知重申了证券回购业务有关规定，并提出了进一步规范的要求，要点如下：回购资金不得用于固定资产投资，不得用于期货市场投资和股本投资，不得以贷款、拆借等任何名义用于企业；回购方必须有百分之百的属于自己所有的国库券，并将国库券和金融债券集中在中国人民银行省、自治区、直辖市、计划单列市分行指定的一家证券登记托管机构保管。代保管单只能由该机构出具。凡出具虚假代保管单的，比照全国人大《关于惩治破坏金融秩序犯罪的决定》中的第十条、第十五条等规定惩治……

国债回购是一种融资活动，近似抵押贷款。当甲方急需资金，便把自己所有的国债现券抵押给乙方、从乙方取得资金，并约定一定期限后购回所抵押的国债，事后支付给乙公司若干佣金作为融资利率。

这种回购业务都以证券交易场所作为中介来进行,而作为中介机构,在开展这种业务时,从金融市场稳健性出发,对融入资金的甲方抵押的现券都有比例要求,降低这一比例就意味着信用的放大、杠杆的扩大和风险的增长。

据人民银行总行当时向国务院汇报时所描述的,全国回购业务主要集中在武汉、天津、STAQ、上海等四个证券交易场所。截至1995 年 8 月 31 日,全国卖出回购(相当于拆入资金)余额 651 亿元。其中武汉、天津、STAQ、上海证券交易所卖出回购余额 607 亿元,占全国场内卖出回购余额的 93.24%。而回购的资金据人总行调查,有60% 从北京、天津、武汉、江苏、上海流向广东、海南两省。

人总行向国务院反映了证券回购中的主要问题:

一是卖空严重,"担保抵押"的国库券数量不足。除上海证券交易所要求证券回购要有 100% 足额实物券外,武汉、天津、STAQ 交易中心委托保管债券不到回购余额的 20%,甚至规定只要有 5—10 元的国库券,便可以融入 100 元的资金。高杠杆的融资,在国债期货市场停摆之后,出现大批借款方无力还款,变卖国库券的资金又远远抵不上。据初步了解,这几个市场均有数十亿元的"窟窿"。

二是利率高,一般为 18%,最高达 28%。

三是金融诈骗,少数不法投资者伪造国库券保管凭证,通过回购市场骗取资金。

因此在 1995 年 7 月份以后,人民银行、财政部等开始组织力量查处,武汉、天津、STAQ 等几个市场的国债回购交易已处于基本瘫痪状态。

8 月 8 日中央三部门的通知,实际上已经在一定范围内暂时停止了国债回购的业务。当市场的运转停摆、融资的流动停滞，这自行车上的骑者就只有一个结局——摔倒。

上海证交所开始自省自查：

上海国债回购市场截至 1995 年 8 月底，余额为 130 亿元。由于交易所从 1993 年 12 月开办回购交易伊始，一直规定以 100 元的国库券方能融入 100 元的资金，且国库券须先入库，风险系数打得较大。三部门的通知也作了相同的规定。因此，上海证交所庆幸自己的国债回购市场不会发生武汉等地那种巨额亏空的情况。

但作为一个全国性的市场，又刚刚经历了数次惊天动地的国债期货市场风险事件，出水才看两腿泥，尉文渊怎么敢轻易放心？上海国债回购市场怎能保证自己不存在问题？又怎能保证不会受到外地市场发生的金融诈骗活动的牵连呢？

上海证交所的噩梦

1995 年 6 月 20 日，辽宁省证券委给上海证交所发来一纸公函，只有简单的几行字，要求上海证交所协助了解辽宁国发（集团）公司债务情况，函中说："目前，我们对辽宁国发（集团）股份有限公司从事国债期货交易情况进行调查，请将该公司（包括其所属单位及高岭以其他单位名义）在国债期货交易中所欠你所债务金额及其抵押资产项目、金额等详细情况，函告我委。"

这张不起眼的协查通知，开启了上海证交所此后延续五六年的噩梦……

1995 年,全国国债回购业务主要集中在武汉证券交易中心、天津证券交易中心、STAQ(全国证券交易自动报价系统)和上海证交所,由于上海证券交易所要求 100% 现券抵押,另外三家只需要不到 20%,当时武汉证券交易中心和天津证券交易中心就成了全国最大的资金拆借市场。

1994 年 6 月,武汉证券交易中心成立了武汉有价证券托管中心,同年 8 月又在全国设立了 30 个分库。

除了极低的现券抵押之外,上海之外的其他几个交易市场为交易方便,又流通起了所谓"代保管单"或"入库通知单"。在回购中,作为中介的证券交易场所要求抵押现券融入资金的甲方把现券交到中介的保管库(即托管中心或登记公司),但后来大家嫌国库券运来运去麻烦,甲方便从代其保管现券的中介机构当地保管库开出一张证明,表明自己在库中确实有这部分现券真实存在,或已经入库。这张证明就成为所谓的"代保管单"或"入库通知单",并代替真实的现券开始在回购市场上流通。

"代保管单"或"入库通知单"的出现,进一步放大了回购市场的风险,但事情到这里还没有完,没多久就出现了虚假的"代保管单"或"入库通知单"——背后根本没有现券在保管库存在,这就是所谓的"空单"。更有甚者,在市场上居然流通起代保管单的担保单。到这时,这类虚假的"代保管单"已经成为市场上成倍放大信用风险的"金融白条"。

自从国债回购业务开展以来,上海证券市场一直坚持以实物券作足额抵押,但由于其他市场代保管单早已流通,上海证交所的这一做法无形中造成了与其他市场之间的隔离状态。由于主管部门多次要求上海开放市场,解决代保管单的相互流通问题,上海证券市场开始允许其他市场的代保管单作为回购抵押券进入。

1995 年 6 月，在协助辽宁省证券委了解辽国发债务情况的同时，上海证交所发现部分会员单位为辽国发做的回购到期后，因辽国发无力偿还资金，这些会员代辽国发抵押在上海证交所登记公司的抵押券需要变现。于是，上海证交所登记公司凭武汉证券交易中心南昌分库提供的国债代保管单要求提券，但对方认可代保管单，却不能提供实物券，此事开始引起上海证交所的重视，随即开始清理武汉证券交易中心开出的国债代保管单，发现共有 17 亿元代保管单，均为辽国发通过珠海证券、江西证券、建行沈阳、武汉证券等数十家机构在上海市场做回购业务的质押，若不能如数提券，将构成对上海证券市场结算系统的巨大风险。

进入证券交易市场做回购必须是有资质的金融机构或证券类机构，辽国发因为没有这样的资格，就采取在股票市场和国债期货市场同样的做法，找到一家证券公司，要求该公司将其武汉证券交易中心、沈阳证券交易中心、天津证券交易中心的席位租给辽国发从事场内交易，每年给予丰厚利润。将席位租给他人，坐在家里也有丰厚的回报，该公司自然高兴。于是双方签订了合作协定。就这样，辽国发招聘大量业务员拿了一批武汉证交中心各分库的所谓现券入库通知单或代保管单，填写了巨额国债，分别拿去给各地的证券公司和证券登记公司做回购融资。到期以后，这些机构拿着这些入库通知单或代保管单去提国债，才知道均是空单，遭到拒绝。

从 1995 年 7 月起，上海证交所开始对辽国发通过其代理证券商，在上海证券市场进行的证券交易活动进行全面清理，结果发现辽国发在上海证券市场进行的证券交易活动中几次重大交收违约，形成的总债务竟然高达 64.38 亿元。

发现这些情况后,尉文渊吓出了一身冷汗,来不及深入追查其中的形成原因,马上就采取了强力的止损行动:

首先,提前了结上海证交所市场所有代保管单作抵押的回购合约,最迟至 10 月 15 日全部提前购回;其次,扣压资金做质押,以防风险增大;再次,扣压股票,变现偿还资金融出方的债务。

尉文渊回忆:327 事件之后,是上海证交所最先发现辽国发有异常,封了辽国发的账户,他们转不动了想跑,这才把辽国发金融诈骗的事捅出来。当时在上海证交所内部,意见也不统一。我说必须封,连夜就封!当时管电脑系统的员工回家了,结果夜里一点多钟给叫了回来,把辽国发的相关证券账户给封掉了。

对辽国发,上海证交所在 1995 年 3 月份就开始要求将其在上海市场的交易业务上报,并将其持有的股票及债券交予登记公司用于正常清算及冲抵透支债务;6 月份上海证交所在责令辽国发不得从事新的交易业务的同时,又要求辽国发及其受托证券商对使用代保管单所做的融资业务,必须用其他具有实际价值的证券资产作抵押。在这种情况下,辽国发通过其上海的总代理人和其交易部经理等人,于 7 月底向交易所提供了一批股票账户作为国债回购的担保抵押。上海证交所要求登记公司于 8 月 1 日起对该批账户予以冻结,同时又对其剩余业务逐笔清账处理,并在 7 月底前对其所有交易业务做最后的清场清算。在此过程中,经追查又冻结了辽国发相关账号,两者相加按 1995 年 8 月 1 日市价计算,价值为 12.23 亿元。自 1995 年 8 月起,上海证交所开始对上述股票在市场上进行变卖处理,直接变卖所得 12.67 亿元;委托湖南上证等 4 家券商变卖所得 1.09 亿元,合计变现 13.76 亿元。另外,尚未变现的股票按市值计为 0.11 亿元。以上三部分合计为 13.87 亿元。

327 事件发生后,辽国发通过其合作券商在上海证交所形成 34.34 亿元无法清偿的债务。对此,上海证交所冻结了其用作交收保证的实物债券 16.50 亿元(面值),并于 1995 年 8 月起,变取现金 20.10 亿元,用于冲抵其回购未能如约进行交收所欠债务。

……

就这样,上海证交所先后共变现辽国发资产计 47.24 亿元,但和辽国发几次重大交收违约形成的总债务 64.38 亿元相比,尚有 17.14 亿元债务无法清偿。

1995 年 7 月,上海证交所鉴于辽国发在国债期货和国债回购交易中的经营行为已具有金融诈骗性质,决定全面禁止本所会员接受其证券交易委托业务,并正式向上海市公安局报案。

短短一年,在上海证券市场,无论证券公司还是证券交易所,到这个时候,没有人再敢把辽国发不当回事,也再没有人敢把它晾在大堂中央了!

不久,这个到处打着"金融白条"的暴发户,即将踱步走出贵族俱乐部,大剌剌地把自己的案子递交到中央政府的会议桌上……

债多不愁。时至今日,还会有跑堂给他钉子碰吗?

追债辽国发

1995 年 8 月,在上海证交所就辽国发金融诈骗行为向上海市公安局报案后,辽国发三兄弟就像人间蒸发一般不见了。

但是,辽国发在上海国债期货市场乃至在全国金融市场搅出的一锅烂账，却登堂入室，上了国务院的会。

1995 年 10 月 16 日，根据国务院领导指示，国务院副秘书长周正庆主持会议，研究辽国发金融犯罪案件有关问题。高检院、公安部、财政部、人民银行和中国证监会的有关负责同志参加了会议。会议认为，辽国发伪造公章和协议，假借证券回购业务进行非法融资和金融诈骗活动，骗取了巨额资金，是建国以来罕见的一起金融犯罪案件，后果十分严重。

辽宁省纪委、省检察院、省监察厅 1997 年 10 月在媒体上公开的说法是："辽宁国发（集团）股份有限公司董事长高岭等人，采取私刻公章、伪造证书和票据等欺诈手段，在沈阳、武汉等地大肆进行非法融资和证券交易活动。经初步调查，高岭等人融资、借券、证券回购、炒作期货、股票等体外经营，负债 98.66 亿元，资产合计 82.62 亿元，资产与负债差额 16.04 亿元，给国家造成巨大的经济损失。"[1]

由于当时全国各地被涉及机构分别动用当地的公、检、法自我保护，又引起各地司法机构抢管辖权、抢资金、封冻资金和股票账户，甚至一度造成上海证交所结算系统的正常结算和市场运转都发生了严重的困难，最后由中央政法委与国务院发文协调才稍有缓解。国务院在不久以后，成立了辽国发资产负债联合调查组，开始了长达数年的调查追债过程。

1998 年 3 月的调查数据显示：辽国发历史遗留问题的总负债达 90 亿元，而辽国发当前的资产仅为 52 亿元，在全国范围还有 38 亿元的债务无法偿还。

---

1 《辽宁举办反腐倡廉成果展》，《中国证券报》1997 年 10 月 8 日第 5 版。

对于上海证交所来讲,辽国发在短短半年内,对上海国债期货市场就造成了惨不忍睹的损害:

(一)314期货交收违约形成债务4.46亿元

1994年9月,辽国发通过辽宁东方证券公司、辽宁信托投资公司、中国建设银行安徽省信托公司、中国银行重庆信托公司等会员公司在314期货品种上大量做空,并持仓到交收。辽国发当时无法交付足够对应实物券,便通过其受托券商提交部分代保管单代替实物券交收,并承诺分批用实物券换回代保管单。辽国发案发后,发现当初其用于交收的代保管单实为无法兑现的空单,而当初用实物券换回代保管单的承诺也一直未兑现。由此形成了交收违约债务4.46亿元。

(二)通过无锡国泰期货公司在327期货交易违约透支形成的债务16.27亿元

1995年2月23日之前,辽国发通过其控制的无锡国泰期货公司M16交易席位及其他众多券商的席位大量开设空仓,亏损巨大。为避免更大的亏损,辽国发在2月23日上午蓄意违规,利用M16席位大量透支开设空仓,当日闭市时空仓仍达1628308口,由于当时国债期货实行事后清算交收,当晚清算时形成的实际亏损为12.30亿元。24日由于期货价格继续上涨使其亏损进一步增加,当日增加的浮动亏损为3.97亿元,M16席位至此的透支总额已达16.27亿元。

(三)于M16席位回购形成债务2.80亿元

辽国发通过无锡国泰期货公司M16席位自1995年1月16日至3月8日共做回购融资2.65亿元,分别于1995年4月17日至8月23日到期,到期须偿还本息和为2.80亿元,因M16席位到期无资金清偿,形成债务2.80亿元。

(四)在其他券商处国债回购融资中形成的债务34.34亿元

辽国发在国债期货交易业务上受到重创后,企图通过国债回购业务东拆西补,自1995年2月起通过28家券商的38个席位进行融资回购业务,并使用了15亿元面值由武汉交易中心南昌分库、沈阳分库开具的虚假国债代保管单作抵押,套取资金。截止1995年8月1日,辽国发通过以上券商所做回购尚未到期的融入资金为32.72亿元,到期应付的本息和为34.34亿元。

（五）其他债务6.51亿元

以上五项,辽国发对上海证交所形成总负债64.38亿元,此时辽国发已不能正常履行交收义务,上海证交所结算系统面临极大的结算风险。

在证券市场中央结算系统中,当应付款方无法对结算系统进行支付而发生结算透支时,结算系统作为应收款方仍必须继续承担随时清算支付责任。如果结算透支数额巨大,就会造成结算系统无法承担正常结算交收,市场就会因清算中断而面临瘫痪的系统性风险。当时,上海证交所结算系统面对辽国发所引发的巨额清算资金缺口,只得通过各种途径筹措资金进行垫支;但短期的垫支一旦不能继续,可能会导致清算系统的瘫痪,从而引发市场的瘫痪,冲击社会稳定。

在这种情况下,上海证交所在迅即停止辽国发在上海证券市场的业务、向上海公安机关报案之外,从1995年8月1日起,对相关证券经营机构所持辽国发资产,依据证券交易交收规则进行了冻结和变现处理,以冲抵辽国发所欠应收款方的债务。但即便如此,辽国发所形成的总债务中尚有17.14亿元无法清偿,在此后长期成为上海证券市场发展的沉重负担。

多年以后,读到巴菲特的一句名言:只有在潮水退去时,你才会知道谁一直在裸泳。真让人感慨良多……

收官胜手

至此,上海证券市场所谓的三巨头,管金生、阚治东、汤仁荣都离开了……

尉文渊走了

1995年9月16日,各大媒体上"应本人要求,免去尉文渊上海证券交易所总经理职务"这样一个别扭而文理不通的消息,昭告了中央政府对国债期货事件查处进入了收官的公告期。

摆平事,首先摆平人,这是颠扑不破的真理。

早在1993年年底上海证交所理事会要换届时,尉文渊就曾正式向李祥瑞理事长和时任市证管办主任杨祥海提出离开上海证交所。因为他觉得再干一届(三年)时间太长了,而且证监会建立后,管辖方式都变了,个人发挥的空间越来越小。况且他又是一个不愿循规蹈矩的人,老是和体制对着干,按照尉文渊自己的话来说,就是"你不做吧,又觉得按捺不住。做吧,老让人觉得你张狂啊、不听话啊、管不住啊、控制不了啊,老觉得要面对这些东西,其实心里也感觉挺累。"

1994年年初,上海证交所开会员大会,换届选举。原来尉文渊以为在市场监管中对会员该罚的罚、该通报的通报,也许大家对他会有异议。没有想到的是,在改选中他得票最高。于是,他心想:既然大家认可了,那就再干吧。

"327事件一发生,我就已经意识到,留给我的时间不多了。在这之前,因为我诸多自说自话、和领导不保持一致的创造性动作,反馈来的信息给我一个强烈的印象,就是我差不多该离开了。"尉文渊多年后对笔者说："实际上,如果我这里出问题,只有一个可能,就是我自己打倒我自己。所以,327事件就是我自己打倒自己的一个动作。于是,在327事件发生后不久、中央调查组还没有下来时,我就写了辞职报告。当时上海市领导还为此专门找我谈话,说还是等调查结果出来再说吧。所以,我辞职的事就这么拖下来了。"

1995年9月15日下午1:30,上海证交所召开第二届理事会第三次会议。非常奇怪的是,在上海证交所的历史记录中,这"第二届理事会第三次会议"其实是第二次召开,上一次召开同样名称的会议是在半年前的3月3日。其中的原因至今不明……

据尉文渊回忆:

那天下午的会,证监会是周道炯带着将我免职的文件来的。分管副市长华建敏和韩正也来参加了。当时,本以为这个理事会开五分钟就行了,结果却开了一个"最民主的会",开了两个多小时。当时是我主持会议,李祥瑞那时候住院没有参加(但仍有表决权,也委托表示了意见),管金生已被捕。龚浩成那时候还不是常务理事,但也作为理事参加了。

会议一开始,由尉文渊主持第一项议程:根据证监会的意见以及交易所工作的需要,根据《证券交易所管理暂行办法》和《上海证券交易所章程》规定,经过酝酿,拟增补龚浩成同志为理事会常务理事。

表决结果,一致同意增补龚浩成为理事会常务理事。

于是,尉文渊表示:根据《上海证券交易所章程》规定,理事长因病不能主持工作,可指定一位常务理事代为主持,根据李祥瑞同志的书面委托书,推荐龚浩成同志代为主持理事会议,代为投票,下面由龚浩成同志主持今天的会议。

接下来在龚浩成的主持下，由证监会的同志传达国务院 22 号文件精神，并作关于免去尉文渊交易所常务理事、总经理职务的说明，以及关于提名杨祥海同志任交易所总经理的说明。在听了传达和两个说明后，龚浩成提问：大家有什么要说的？

由于在国务院 22 号文件中对证券交易所、期货交易所的正副理事长和正副总经理人选提名和管理做出了新的规定：由中国证监会提名……证监会有权提出罢免意见……对在交易场所内发生的重大违规行为未能及时采取有效措施予以制止的，有关证券、期货交易所或证券交易中心的主要负责人要承担相应责任。同时在说明中，有上海证券交易所对 327 事件负有监管不严的责任、尉文渊要为 327 事件承担领导责任……诸如此类的提法，在各位理事中间引起了抵触情绪，也让已经有一定思想准备的尉文渊感到有些突然。

因此这时尉文渊表示："今天这个会，我已经等待很久。自 1990 年开始筹建上海证交所至今，我只想说一点，市场的发展是改革的新事物，我们一直都在探索、摸索。但我们的认识、业务和管理能力有限，市场大了，不像以前那么好搞，有些问题不是我们主观上能决定的。要离开这个岗位，我已经想了很久，很早我就提出辞职的请求。至于文件上面怎样提法，我本人不表示意见。"

接下来龚浩成宣布：请大家对免去尉文渊同志总经理职务进行表决。

表决结果是：4 票同意，8 票弃权。

马上又对杨祥海同志的任命进行表决。表决结果：全票通过。

这时龚浩成苦笑了：一个任命了，一个免不了，总不能两人都当总经理吧？

上海证交所第二届理事会一共有 13 个理事，其中 4 个非会员理事。而当天参加会议的一共有 11 位理事、代表票数为 12 票（李祥瑞未出席但委托龚浩成投票，管金生已被解除理事职务）。

按上海证券交易所的章程规定，人事任免议案需要 2/3 以上才能通过，也就是说至少要 9 票同意才能通过。

事后尉文渊回忆，在会上表决时：我（上海证交所）、李祥瑞（交通银行、委托投票）、龚浩成（上海财经大学）、蔡晓虹（上海市计委处长、代表政府）四个非会员理事说好都举手同意。但其他 8 个参会理事湖北证券的陈浩武、江苏证券的潘剑（代表鲍志强）、海通证券的汤仁荣、中创证券的胡希肯、辽宁证券的邵荣弟、陕西证券的张怡方（代表王仲秋）、四川证券的康涛、上海银行的蔡子坦（代表薛盈宏）都是弃权，这样没过三分之二。在理事会上，反对的都是会员理事。

在尴尬的气氛中，周道炯说：弃权的同志可以对尉文渊同志的表决发表看法嘛。

见大家都不吭声，尉文渊开始为领导缓和会议气氛：补充一点，回想这几年，工作难免有些问题，我应当承担一些责任，希望理事们配合。

周道炯说：人事变动，有任就有免，属正常调动。这不是对尉文渊的处理，但尉文渊负有一定责任。

龚浩成说：尉文渊同志对交易所是有贡献的，上海证券市场的发展是快的，特别是二级市场……相对而言，忽视了监管，只是这一点，我们理事会讨论免去他的职务，不是处理他，同志们考虑一下。

这时,汤仁荣开口发言了:

既然证监会领导让我们说话,那我就谈点想法。

1. 今天既然讨论尉文渊的职务任免,我认为理事会只有权力免去他总经理职务,但没有权力免去他的理事职务。按照上海证交所的章程,理事职务的任免只有会员大会才有权力。这对管金生也一样,不能拿一纸国务院文件来指令理事会"解除管金生的理事职务"。

2. 周主席说有任就有免,现在没任就免,肯定会引起外界很多猜测,这对市场发展不利。

3. "免"本身的理由,不管在座的各位怎么想、文件上怎么提,市场上是很清楚的,肯定是327一事要有人负责任。对尉文渊的功过,我们今天不评论,大家也很清楚,今天做这一决定的本身是"挥泪斩马谡"。

4. 既然已到这一步,能不能尊重他本人的意愿,给予他辞职的权力?327事件以后,尉文渊同志一直不断地在反思总结。他很早提出辞职,从领导层面来说,看到这一点,是否可以同意他辞职?当然,最后讲一句不适当的比喻,管金生离开万国时,报上用的也是"辞职"。

接着汤仁荣的话头,龚浩成开始引导讨论的话题:大家还有什么要说的,还是基本同意汤仁荣同志的意见?是否这样,增补龚浩成同志为常务理事的决议大家没意见,聘任杨祥海同志为总经理的决议也没什么意见,对免去尉文渊职务的决议作些修改……

于是,陈浩武说:我代表中南地区127家会员担任这一届理事,曾雄心勃勃想为证券市场做点贡献。遗憾的是共参加了两次理事会议,上次是为万国的事,这次是讨论尉总的事。首先我声明我是党员,从组织上我服从证监会、上海市政府作出的这个决定。但是,证券市场发展到今天,辛苦、累有目共睹,我们花费了很大心血,花了很大精力,外国对我们这批人也有高度评价,所以我觉得主管部门对此至少应该有个客观评价。毛主席有句诗:江山如此多娇,引无数英雄竞折腰。我想尉文渊同志也是这竞折腰中的一位。也许证监会、市政府考虑问题要比我们复杂一点,但还是应该给为证券市场做过贡献的人留一个公正的评价。

邵荣弟说:我基本同意汤仁荣和陈浩武的说法,这表达了券商对目前这个市场的心态和愿望。补充一点,327以后周主席做了大量的监管工作,对事情本身的发生,尉总要负一定的责任;对券商来说,我们弄不明白,怎么会发生的? 是不是证交所的原因?

周道炯答复道:很快会公布,327事件影响很大。

邵荣弟问:把这个问题弄清楚后,再来处理尉总的问题是不是更好?

周道炯听到这句话有些恼怒:327、319、四川长虹事件[1]在国内外影响很大,尉文渊不负有责任吗? 应该客观些。还有辽国发的问题,几十个亿,到底问题有多少? 这个市场不注意监管,花心血建立起来的市场就完了。

张怡方表示:对新的任命表示同意,过去发展多,监管少。但对尉文渊要负责的说法措辞要慎重些。

康涛建议:在决定的措辞上能否将"免去"改为"同意辞去"?

胡希肯说:对杨祥海同志的任命,没有意见;对尉文渊的说法,证券市场五年来写下这一笔功不可没。尉文渊本人在327事发生以

---

1 1995年8月21日,四川长虹除权交易日。四川长虹国家股转配股的红股部分与个人流通股的红股混在一起悄然上市流通了。8月22日,上海证交所的交割记录明白无误地证实了一点。12位愤怒的投资者投书《中国证券报》,投诉长虹违规。8月23日,《中国证券报》刊登股民来信,彻底把此次事件曝光。中国证监会在对"长虹事件"定性时指出:长虹公司法人股转配红股违规上市事件,是一起违反国家法规政策、违反"三公"原则、扰乱证券市场秩序、损害投资人合法权益的严重违规事件。最终中国证监会严肃查处了事件各方肇事者。

后作了许多补救工作，随着摊子大了，正如他自己所说，不像以前好搞。他以前也想辞职，我之所以弃权，是认为在措辞方面有待商榷。既然证监会、市政府很重视，是否将"免"改为"辞"，新闻稿是否也应作相应修改？

蔡子坦说：我的心情很矛盾，矛盾在于我是党员，从组织上表示同意证监会、市政府的决定，但是从理事的角度来说，尉总这几年很辛苦，市场蓬勃发展，人累，市场累。因此我同意在措辞上作些修改。

见绝大多数理事都表示了意见，龚浩成及时地做了总结：上面的同志说心情很矛盾，我深有同感。当初朱镕基委托李祥瑞、我和贺镐圣三人领导创建上海证交所，就有人提出四大问题：搞股份制会不会动摇公有制的基础？发行股票和债券会不会影响国家银行吸收资金的主渠道作用？证券买卖会不会助长投机？办证券交易所，会不会培育出一代资产阶级？当时，我们面临的政治压力很大。尉文渊是具体负责筹建的，很辛苦，没日没夜，几个月不回家，他爱人经常打电话给我找他，他全副精力都扑上去了。所以从总体上分析，不否定尉文渊同志在证券市场发展中起了重大作用，但监管上确实是存在一些问题的。我个人认为，在当前证券市场发展的时候，监管是重要的。其实我理解刚才大家的发言，不是不同意对杨祥海和尉文渊的任和免，而是对文件的措辞有看法。我的意见是，也不用把"免"改成"辞"了，只要在前面加一句"同意尉文渊同志本人的请求"，就已点明了，但对外发布的新闻稿要改。

于是，第二天的各大媒体上，就出现了这样奇怪的标题："上海证券交易所召开二届三次理事会，应尉文渊请求免去其常务理事、总经理职务"。

正如周道炯所说,几天后的 9 月 21 日,各大证券报头版头条公布了监察部、证监会等部门公布"2. 23"国债期货事件调查处理情况:

"2. 23"国债期货事件发生以后,国务院领导极为重视,责成监察部会同中国证监会、财政部、中国人民银行、最高人民检察院、国家保密局组成联合调查组,在上海市人民政府的积极配合下,对上海证券交易所"2. 23"国债期货事件进行了调查。

现已查明,上海证券交易所国债期货 327 品种发生的事件,是一起在国债期货市场发展过快、交易所监管不严和风险控制滞后的情况下,由上海万国证券公司、辽宁国发(集团)股份有限公司等少数交易大户蓄意违规、操纵市场、扭曲价格,严重扰乱市场秩序引起的国债期货风波。

事件的直接责任者上海万国证券公司,由于违规联手操作,擅自超限额持仓,仅 327 品种的持仓量就超过交易所为其核定的全部品种最高限额一倍多。在市场异常波动、价格不断上扬的巨大压力下,公司主要负责人明知严重违反交易规则,为扭转公司巨额亏损,做出了大量抛空单打压价格的错误决策,造成了市场的极大混乱。

事件的另一责任者辽宁国发(集团)股份有限公司负责人,于 2 月 23 日上午把关系户空仓(卖出合约)集中在海南某公司名下,通过无锡国泰期货经纪公司(已被中国证监会依据法规取消经营资格)大量违规抛空,企图压低价格,以达到减亏或盈利的目的。当打压无效时,又率先空翻多,制造市场假象,扰乱市场秩序。事件之前,辽宁国发(集团)股份有限公司及其空方关系户也存在联手操作,超限持仓达 120 多万口的严重违规问题。

上海证券交易所对市场存在过度投机带来的风险估计不足,交易规则不完善,风险控制滞后,监督管理不严,致使在短短几个月内屡次发生由严重违规引起的国债期货风波,在国内外造成很坏影响。

经过 4 个多月深入广泛的调查取证,监察部、中国证监会等部门根据有关法规,近日对有关责任人员分别作出开除公职、撤销行政领导职务等纪律处分和调离、免职等组织处理。涉嫌触犯刑律的移送司法机关处理。对违反规定的证券机构进行经济处罚。

而等到上海证交所收到中国证监会正式下发的《关于杨祥海、尉文渊等职务任免的通知》文件时,才发现这个文件的签发日,是在上海证交所二届三次理事会召开的 4 天之前,即 1995 年的 9 月 11 日。

多年后尉文渊和笔者谈起这段经历还是不无感慨地说:

对于离开上海证交所,我早有准备,只是没有想到是以这种方式离开。327 国债期货发生问题以后,回购市场也有些问题。我觉得很意外,我跟过去一样努力、一样勤奋,怎么前几年没事,1995 年都冒出来了?于是慢慢也有宿命的感觉,慢慢就让你感觉有一种不可知的东西在支配你。

最初过来筹建交易所时,曾说过最多两年还是要回去的。但最后,我突然发现我回不去了。市场创建初期,交易所那样的舞台、那种挑战,在现在这种行政官僚体制内是找不到的、是绝对没有的。1999 年有一次我和上海证交所时任总经理屠光绍同机飞北京,他说我在的那个年代是'出英雄'的年代。后来龚浩成老师听说后加了一句:'也是出问题的年代。'确实,在行政官僚体制内,你的命运不是你自己掌握的,一张纸头就可以随时改变你的命运。那种漂泊感,使你感觉命运的无常和个人的无力。

正是这次免除尉文渊职务的不成功的"走程序"理事会,大大刺激了证监会的神经。所以尉文渊说:"通过这件事,促使证监会后来开始改变交易所干部的提名任命办法,包括交易所的管理办法等等就是从那个时候开始修改的。我这个事情的结果,引发了中国证券系统干部体制的变化。"

五味杂陈的上海证交所五周年庆

生活还得继续。

尉文渊走了,只留下一个怅然的背影;杨祥海上任了,但面对的是满目疮痍的市场。

从某种意义上讲,上海证交所理事会决定任命上海市政府证券管理办公室主任杨祥海为上海证交所总经理,是中国证监会和上海市政府对交易所监管权力博弈后妥协的结果。

如果比照深圳证交所的总经理变更,就可以看得更加清楚:深圳证交所创建时只有副总经理王健(法人代表)和禹国刚。1991 年王健病倒。1993 年证监会随即派出交易部主任兼信息部主任夏斌任深圳证交所总经理。这时尽管深圳证交所的行政管辖权仍属深圳地方政府,但证监会已经取得深圳证交所主要负责人的人事任免建议权和参与权。1995 年 10 月 23 日,和上海证交所几乎同步,深圳证交所免除了总经理夏斌的职务,一同去职的有创建深圳证交所的副总经理禹国刚和副总经理柯伟祥,由证监会委派原国务院证券委办公室副主任庄心一接任总经理。

转变已经开始——中央行政权力的集中,正由下而上地快速收敛……

正因为如此,杨祥海所面临的体制压力是双重的,他所面临的市场压力也是双重的——他既要面对中央和地方在监管权的转换过程中对交易所日常业务的双重干预，又要面对市场发展和历史遗留的沉重包袱带来的双重牵制……

就在这个时候，上海证交所迎来了开业 5 周年的庆典。

1995 年 12 月 19 日，这一天 9：30 开市时举行了一个仪式，证监会主席周道炯和上海市长徐匡迪、分管副市长华建敏出席了。

大家都没有想到的是，时任国务院副总理的朱镕基，在上海市委书记黄菊的陪同下当时也正在上海证交所。他在开市前视察了交易大厅，并且和上海市、证监会以及上海证交所领导进行了座谈。

朱镕基在座谈会上的一番讲话颇有深意，他说：

按照小平同志建设有中国特色社会主义的理论，我们进行了证券市场的试验和探索。市场正式形成的一个标志是上海证交所成立。几年来，我们在稳步发展国内证券市场的同时，还进行了企业境外上市的尝试，在开拓直接融资渠道，促进企业转换经营机制方面取得了很大的成绩，这对于推进金融体制改革、扩大吸引外资和对外开放产生了积极影响。上海的证券业就是中国的证券业。

既然是试验和探索，就难免会出些问题。市场成立后，市场运作会发生什么变化，是缺乏预料的，实践超过了我们的预想。市场发展"很快"、"太快"，深圳出了个 810 事件，上海出了国债风波，事情的发生未尝不是一件好事，有利于我们总结经验。

我们要不断总结经验，吸取教训，改正缺点，兴利除弊。现在应该强调八个字，"法制（加强立法和严格执法）、监管（证监会和证交所加强市场监管和风险控制）、自律（证券经纪机构和上市公司要加强自律管理）、规范（证交所要面向全国、服务全国、依法加强统一管理)"，使我国证券市场走上积极、稳妥、健康发展的轨道。[1]

这番讲话，在上海市政府、上海证交所和中国证监会听来，是各有所悟。

周道炯认为其中的"法制、监管、自律、规范"八个字正中要害，在布置工作时，把它归纳为证券市场应当遵循的八字方针。在以后的日子里，他常说，证券无小事，八字方针做指南。时至今日，这八个字仍是证券市场发展的指导思想。

但在杨祥海心里，惦记的是另外一件事情。11月下旬，人民银行总行与公安部联合组成的辽国发案调查组用口头方式向上海证交所通报了初步调查情况，其中使上海证交所感到不安的是：调查组认为上海证交所冻结券商及辽国发的股票，并用以冲抵债务的做法欠妥；在未经有关部门同意的情况下就自行处置辽国发相关证券资产，对此做法，可能将重新考虑，确定其性质。

既然朱镕基在上海证交所5周年庆典上，强调了"市场正式形成的一个标志是上海证交所成立"，"上海的证券业就是中国的证券业"，这让上海证交所和上海市政府不仅感觉到了澄清问题的希望，也看到了解决历史遗留问题的方向。

于是，在5周年庆典结束后，上海证交所就第一次对调查组所通报的倾向性意见向有关方面做出了澄清：

1. 处理辽国发在上海证券市场的巨额清算债务是为了维护市场和社会的稳定。辽国发在上海证券市场出现巨额亏损后，上海证交所果断中止其新的业务，并对其在上海市场的业务予以及时清理，防止事态的进一步扩大，这是上海证交所处理整个事件的根本宗旨，

1　引自与会者记录。

避免了牵涉近千万投资者的市场不稳定，我们清理事件的根本原则是稳定市场，稳定社会。

2. 对辽国发形成巨额亏损后资不抵债的紧急处理是上海证交所依职权所作的正当行为。上海证交所登记公司的结算制度是中央结算、中央交收。它对参与市场交易各方的所有交易业务（包括国债期货、国债现货与回购、股票、基金等交易业务）实行统一结算、净额交收。依据登记公司清算规则，只要在统一结算、净额交收中出现清算违约，登记公司就可对该违约方采取必要的清算措施，包括处以罚息、冻结或冲抵其结算业务中的证券资产，直至暂停或取消其结算和交易资格，以维护中央结算秩序，保证市场整个结算体系的安全和正常运作。在辽国发无法履行清算义务而对其结算业务涉及的证券资产予以冻结，并用于冲抵其清算债务，是登记公司依结算制度行使中央清算职责的体现，也是保证上海证券市场中央清算体系得以顺利运行的需要。中央结算制度是国际惯例，亦是目前中国证券市场相关法规明确的市场结算制度。

3. 对辽国发的债务处理严格按照 1995 年 8 月 8 日及其后人总行、财政部、证监会关于处理证券回购业务的通知规定，并避免了类似其他市场清理回购业务中出现的众多金融三角债现象，维护了市场与社会的稳定。

同时，上海证交所再三强调，对辽国发事件及其债务的处理始终得到了中央主管部门及上海当地政府的支持。

但是尽管如此，"交易场所擅自扣押、处置变现辽国发资产""交易所违规自营买卖股票""交易所开展以营利为目的的业务"……这些吓人的罪名和追责的可能，在杨祥海任期内一直垂悬在上海证交所头上……

新的《证券交易所管理办法》

1993 年 7 月起实行的行政法规《证券交易所管理暂行办法》第 4 条规定：上海、深圳证券交易所"由所在地的人民政府管理，中国证券监督管理委员会监管"。同时规定："理事长、副理事长或者常务理事由证券交易所所在地人民政府会同证监会提名、报证券委备案"（第 19 条），"总经理由证券交易所所在地人民政府会同证监会提名、报证券委备案"（第 20 条）。

1993 年 7 月，国务院证券委刚刚成立不到一年，证监会还没法作为一个独立的行政机构发号施令，所以在这时对两个证交所的管理、特别是人事任免权上，中央政府还显现出彬彬有礼的官场风范。

但 1995 年 9、10 月上海和深圳证交所总经理人员的更迭表明，在 327 事件发生之后，中国证监会已经可以撤换取得人事任免参与权的深圳证交所的负责人，但对于朱镕基决策创建的上海证券交易所，证监会似乎还有所顾忌。不仅对负责人的人事安排无法一下子全权决定，而且在《证券交易所管理暂行办法》这样的行政法规上也无法从根本上动摇地方政府为主的地位，甚而至于对于两地的证券市场的影响，证监会仍旧无法真正和当地政府相抗衡。

但转变的迹象已经出现：

1996 年 3 月，中国证监会决定分批授予地方监管部门行使部分监管职责。这是中国证监会建立中央直属垂直管理的行政体制的第一步。

1996 年 8 月 21 日，国务院证券委公布了新版本的《证券交易所管理办法》，其中最为关键的是将 1993 年的《暂行办法》第 4 条修改为："证券交易所由中国证券监督管理委员会监督管理"。同时将证券交易所领导层产生办法修改为："理事长、副理事长由证监会提名，商证券交易所所在地人民政府后，由理事会选举产生"（第 22 条），"总经理、副总经理由证监会提名，商证券交易所所在地人民政府后，由理事会聘任"（第 24 条）。这两处修改，与一年前上海证交所的那次理事会不无关系。

1997 年，中国证监会向深沪两个交易所派驻督察员，并在两地设立专员办公室作为派出机构。

此后，证监会在 1997 年和 2001 年又对《证券交易所管理办法》做了两次修改。

除了在总体上加强中央集权，在人财物的管理权限上将证券交易所归于证监会囊中之外，在 2001 版的《证券交易所管理办法》中索性把交易所的性质从"会员制事业法人"修改为"法人"，尽管在《证券交易所管理办法》中仍旧承认"会员大会为证券交易所的最高权力机构"、尽管至今交易所的章程仍旧把自己定性为"会员制法人"，但被中国证监会视作直属派出机构的沪深两家证券交易所，在中国证监会的领导下分别有 17 年和 20 年没有举行过"会员大会"……1

申银与万国合并

在证券界，相互有瑜亮情结的比比皆是：在股票市场上，有上海

---

1 详见附录 8。

证交所和深圳证交所;在国债期货市场上,有北京商品交易所和上海证券交易所;在证券市场管理上,有深圳市政府和上海市政府;而在券商里面,当年在上海最突出的就是上海万国证券公司和上海申银证券公司……

似乎在那个风起云涌的年代,仍旧延续着革命战争年代的血统,不是你死就是我亡……

申银证券和万国证券之间最大的梁子,是在上世纪90年代初争取上市公司股票发行承销中结下的,有工商银行上海市分行做靠山的申银证券,在争取新股发行业务时,最大的优势就是有银行信贷业务可以作为无形的辅助工具,在这一点上,身为股份制公司的万国证券极其反感银证业务不分的不公平竞争。

记得当年,无论在什么场合、在哪一个层面,管金生逮着机会就会宣传、鼓吹、建议银行业务和证券业务的分离,要求中央制定政策实行分业经营。

两个证券公司的激烈竞争,也反映出公司领导人迥然不同的性格特征:一个高傲、自大,一个低敛、自负;一个张扬,一个谨慎。但是在公司业务的进取中,双方是谁都不让谁的。

有媒体这样描写:性格迥异的管金生和阚治东当年水火不容,即使开会坐在邻座,也各自目视前方、旁若无人。两大证券公司更是针锋相对,这边刚打出"做中国的'美林'、中国的'野村'"旗号,那边就接受记者专访:"不求最大,只求最好"……

在327事件发生的当天上午,阚治东在深圳参加中西药业公司的董事会,会后去香港办事,晚饭前回深圳,并约定与《中国证券报》的李树忠会面。

李树忠见到阚治东的第一句话就是："阚总，出大事了，你们上海三家证券公司都破产了！"起初，阚治东以为他是开玩笑，仔细一听发现事情十分严重，忙给公司打电话。当时手机不普及，也不像今天这样可以跨境漫游，阚治东下午在香港的那段时间，公司就无法联系上他。在和负责自营业务的胡瑞荃通完电话后，阚治东才知道这天上海国债期货市场发生了惊心动魄的事件。

打完电话，阚治东不由庆幸，和万国证券的境遇不同，申银证券公司在327国债期货事件中侥幸躲过一劫，未遭受什么损失。

此后有记者问阚治东，如果那天您在上海、或者公司能够联系上您，申银证券公司会不会卷进327国债期货事件中？

阚治东坦率地说，我没有自信断言不会卷入此事，因为我也始终认定财政部不会为了已发行的国债加息。但是我能自信地说，即使我在上海，申银证券也不会像万国证券那样陷得那么深。

当年证券市场给阚治东起了一个外号叫"阚二毛"，意思就是阚治东做行情没有什么魄力，赚了二毛钱就想跑。

对这个外号，阚治东也坦然接受：

在早期的证券业，胆子大、有魄力的人比较容易受到众人瞩目。但是我对此不是很认同，高收益往往意味着高风险，越是处在这种位置上，越是需要谨慎，在控制好风险的前提下赚钱才是正确的发展方向。归根结底，申银证券公司能够躲过327国债期货这场灾难的主要原因，一个是谨慎经营的理念，一个是公司的重要业务决策机制——自申银证券成立后就始终坚持重要业务必须经过集体决策程序，这极大地避免了风险。[1]

---

1 阚治东：《荣辱二十年：我的股市人生》，中信出版社2010年1月版，第140页。

最后细算 327 国债期货的账,申银证券公司总部和各分支机构在 327 事件中各有盈亏,总体是盈亏相抵,略有盈余,其中亏得比较多的是上海威海路营业部。当天,327 国债期货合约飙升时,悄悄违规做多的威海路营业部顺利出货,获得了 3000 多万元的利润,后来看到最后 8 分钟空方猛烈反扑就想乘机再做一把空头短线,好给公司一份"意外惊喜"。结果最后轧总账,反而实亏了 3000 多万元。威海路营业部经理为此受到了免职处分。

当年,在申银证券工作 3 年以上的老员工,每人会得到一枚半益司重的金质纪念章,按规定受过处分的员工没份。这位经理感到很委屈,找阚治东索要那枚纪念章。阚治东也没法通融,只能劝这位经理不要感到委屈,要她自己想想,由于她的盲目指挥给公司造成的损失,几乎相当于半吨黄金了。

327 事件之后不久,1995 年 4 月 25 日,万国证券公司在第二届董事会第三次会议上同意徐庆熊辞去万国证券公司董事长职务,同时免去了管金生所担任的万国证券公司副董事长兼总裁的职务。上海市政府派出浦发银行副行长朱恒和久事公司副总经理高国富到万国证券担任董事长和总裁。

1996 年 2 月 12 日,万国证券公司在西郊宾馆举行二届四次董事会,在高国富所做的总裁工作报告中,对万国证券在 327 事件中受到的损失做了完整的说明:

327 事件后,我司投入专门力量对 327 交易品种上的损失进行了清理。数据表明,国债期货 327 合约交易中发生的总亏损为 14.24 亿元。上述亏损中,包括我司长宁营业部违规自营 327 期货交易的亏损 1776 万元。[1]

对于 327 事件给万国证券公司带来的后果，该总裁报告中做了
这样的全景式描述：

327 事件对公司的信誉造成巨大损害。我司的一级市场业务停
顿了近一年，历年艰苦工作积累的承销准备项目受其影响而被其他
券商瓜分；国债回购业务因受公司信誉影响而步履艰难，致使公司资
金周转遭到前所未有的困难；员工的士气受到极大的挫伤，一度出现
人心不稳，部分骨干流失；财务状况严重恶化，财务结构中历年积累
的深层次问题如资产结构不合理、潜亏因素、长期投资管理与经营不
善等问题急剧暴露出来；二级市场代理业务也相应受到影响。327
事件的发生，充分反映了公司过去几年来重业务开拓，轻规范管理，
忽视风险控制、缺乏监控措施，制度不严、监管不力以及因原任总裁
的个人因素所造成的个人独断专行、公司决策程序混乱等机制上的
深层次问题，它不仅对公司员工是一次很好的教育，更为中国证券业
敲响了警钟。

面对当时万国证券严重亏损、资金不足、业务受罚、人心涣散的
局面，新任万国证券董事长朱恒和总裁高国富认为，挽救万国证券的

---

1 根据万国证券财务总部提供的数据表明："截止 1995 年 4 月 30 日，交易总部围绕 327 合
约所进行的期货自营交易已入账的亏损金额为 11.0110786664 亿元。其中：交易总部
席位 6.32271654 亿元，上海外借席位 1.8609409679 亿元，北京 2.8274211585 亿元。
与辽国发在上海的合仓部分截止 3 月 17 日已发生亏损 1.6932632775 亿元，尚有
14.4649 万口空仓未平仓。尚未平仓部分的亏损，若按开仓均价 148.1 元/口、平仓价
152.8 元/口计，预计亏损 1.35970060 亿元。上海与辽国发合仓部分，我司共划给借仓
单位资金 9000 万元，国债面额 3500 万元，其中 95 年券 3000 万元，折价 0.29634000 亿
元，93(3)券 500 万元，折价 650.2500 万元，余款我司以付款依据不足，要求对方提供有
效、充分的付款证据。另外，长宁营业部在代交易总部进行基金自营中所做的国债期货
327 合约发生亏损 1775.864915 万元。上述各项合计公司在国债期货 327 合约交易中
的总亏损为 14.2416290354 亿元。"

唯一良策是寻求与其他公司合并。他们向上海市政府提出了"万、国、发、财"合并方案，即把万国证券公司和上海国际信托投资公司下属的证券业务部、浦东发展银行的证券业务部、上海财政证券公司合并。但是，意向中的几个机构都不赞同这个方案，怕背上万国证券公司的债务包袱。

据沈若雷回忆，当时上海市政府对此也感到棘手，因此市主要领导又一次找时任工商银行上海市分行行长、申银证券董事长的沈若雷谈，希望工商银行在上一次调剂头寸解救万国证券面临的挤兑危机的基础上，再出手救万国证券一把，好事做到底，索性把万国证券和申银证券合并到一起来。

面对市领导所提的要求，作为市管干部的沈若雷意识到，这是市里面的大事情，工商银行虽然是国有的商业银行，但是既然喝黄浦江的水，当然要为上海做贡献，还是要为上海市的领导排忧解难。

不过行事谨慎的沈若雷还是对市领导说：这个事情我想先和申银证券的管理层一起研究一下。因为把两个公司合并起来，这样事情要双方都愿意，因此需要先听听他们的意见。

从市政府回来后，沈若雷找了申银证券的总裁阚治东，两位副总裁姜国芳、缪恒生，分别征求了他们的意见。

一开始，申银证券的几位高管还是有些顾虑，因为觉得这样一合并的话有可能对申银证券不利。但是作为市管干部、领受了市政府任务的沈若雷，还是在申银证券管理层中做了蛮长时间的说服工作："申银不仅仅是我们自己的申银，是上海市的申银，还是要为上海市领导解决一些他们觉得很棘手的问题。万国证券如果让它这样下去，经营会越来越困难。而万国证券也是上海市一个重要的证券公司。至于是否会对申银证券不利，我想通过我们积极的工作，可以把不利方面最小化。我们还是要看远一点,我作为董事长,多做一点协调,把这两方面的人融合起来,我相信合并以后还是可以做好的。"经过沈若雷的分析、劝解,最后申银证券的管理层基本统一了意见,愿意按照市政府的要求,把申银证券和万国证券合并到一起来。

接下来,沈若雷向工商银行总行领导汇报了这个事情。据沈若雷对笔者所说,因为这是一件很大的事情,无论作为工商银行上海市分行的行长还是申银证券的董事长,都一定要向工商银行总行汇报。

为此沈若雷专程到北京,向工商银行总行张肖行长汇报情况。沈若雷向总行领导分析情况:因为申银证券当时的控股单位一个是工商银行上海市分行,另一个是上海市财政局。工商银行是第一大股东,财政局是第二大股东。我担任董事长,财政姓董的副局长担任副董事长,总经理副总经理全部由工商银行出任。所以这样一个公司,如果把万国证券并进来,仍然在工商银行上海市分行和市财政局两大股东为主的这么一个架构下工作,我觉得只要加强协调,多做一些团结工作、融合工作,可以搞好。

结果工商银行总行的领导也很理解上海市政府的苦衷,对沈若雷提出合并设想基本赞同,也很希望能够就此把申银证券搞得更大一些。

1992 年改制、增资之后,申银证券公司进入了新一轮高速发展期,此时已走到发展的瓶颈。在面向全国发展时,申银证券对资本的需求量很大,特别是注册资本 10 亿元、号称全国性证券公司的华夏、国泰和南方三大证券公司成立后,申银证券再次感到增资的迫切性。股东们均同意把公司股本金提高到 10 亿元以上,可是人民银行总行对证券公司增资扩股控制很严,始终得不到批准。另外在网点设置方面,相比之下,人民银行总行对地方性证券公司卡得更紧,尤其是新的异地网点,几乎是一个不批。此次能够有机会与万国证券合并,就可以使新公司不仅在各项业务上把其他证券公司甩在后面,而且在注册资本、网点数量和海外机构等方面都远远走在全国同行的前列。

在取得了工商银行总行领导的同意后,在市政府的安排下,沈若雷带着申银证券的高管与万国证券董事长朱恒、总裁高国富坐到了一起,开始启动两个公司合并的具体进程。[1]

直到此时,开始参与具体合并方案制定的原申银证券公司的管理层,心情仍是复杂的:作为长期在同一个市场互为对手的两家公司,无论是最高领导还是各阶层主管,瑜亮情结是渗透在骨子里的。在万国证券上上下下,一股悲壮的屈死情怀,20 年来一直伴随着原来不服输、不认输的企业性格和企业文化,成为"后万国证券时代"竭力想要表现给历史的色彩。而作为申银证券的管理层,在更深一层的内心里,此时实现长期作为竞争对手的申银和万国的合并,特别是对于阚治东人生和事业的成就感,那是用什么东西都换不来的……

而在这中间,作为申银证券控股单位工商银行上海市分行的党委书记、行长沈若雷,由于身为市管干部、又肩负着市政府的嘱托,所以在协调双方的过程中做了大量工作。据沈若雷回忆,在合并过程

---

1 对于阚治东在《荣辱二十年:我的股市人生》中所描述的申银证券和万国证券合并的过程(详见该书第 143—144 页),沈若雷在多年后接受笔者访谈时表达了不同看法:合并万国证券,如果市里不找我,没有一个人能这么大胆地去做这么一件事情。因为有个组织原则在那里,我是工商银行上海市分行的党委书记、行长,申银证券是工商银行上海市分行控股的一个单位、一个子公司。申银证券总裁当时的级别,同分行下属各个支行的级别是一样的。所以不可能出现一个支行的行长来指挥一个上级分行的行长你要干什么、你不能干什么。和总行的协调也是这样,我虽然很民主,但是我职权范围的事情,不可能让下面人来指挥我,这样我就失职了。因此在这件事情上,如果不是市主要领导来找我,我也不会有这么一个念头。并不像有的人说的那样,是哪一位来建议我要做什么,相反是我做他们的工作,最多是征求过他们的意见。尽管他是我培养的干部,但是历史有它的严肃性。

中，我很注重发挥原万国证券高管的积极性，虽然他们是在困难的时候合并的，但是总的还是两家合在一起。虽然申银证券有它的优势，但是万国证券也有很大的优势，不一定万国的干部就差于申银。在这个过程中，沈若雷还专门安排了一次活动，将朱恒、高国富、王培君、陈敏、阚治东、姜国芳等申银证券和万国证券的高管一块约到香港去，在一个游艇上，做融合工作，大家相处得很好。

申银、万国两个公司的干部们最关心的问题就是对他们的安排。据了解，在合并以后，所有部门的领导岗位设置，基本上都是老申银和老万国各出一个，至于哪个为主，则用综合业务能力做参考。这一点，最后万国证券的干部对公司的安排表示满意，申银证券的干部也表示理解。不少老万国的干部和员工在多年以后，对此仍心服首肯。

最终，上海市政府批准实施申银万国证券公司的合并方案。

外界一般报道申银、万国证券的合并时间为 1996 年 7 月，其实，真正的合并时间是 1996 年 1 月 1 日。

阚治东对此这样说明：考虑到年中合并在财务处理上有诸多不便，也考虑到两公司的员工队伍要尽快统一起来，我提议并经上海市政府批准，从 1996 年 1 月 1 日起，申银、万国两公司正式合并办公，并统一会计核算。办公地点放在原申银证券公司位于南京东路 99 号的本部，万国证券公司所有本部人员 1 月 1 日离开百乐门大酒店，搬到新的办公地点办公。[1]

随后，两个公司的投资银行部、国际部、交易总部等业务总部以

---

1 阚治东：《荣辱二十年：我的股市人生》，中信出版社 2010 年 1 月版，第 143—144 页。

及各管理部门迅速合并。各地分公司也作了相应调整。各营业部基本上就是一个名称改变。公司各项管理制度的合并工作也在短时间内得以完成。

在申银万国合并的过程中，两家公司的清产核资工作是敏感的问题，这项工作由上海市政府相关部门指定的会计事务所进行。最后核定：万国证券公司的净资产为6.6亿元，申银证券公司的净资产为89亿元。

而合并后的申银万国证券股份有限公司注册资本，最后确定为13.2亿元，申银和万国证券公司各以6.6亿元净资产进入新公司，申银证券公司剩余净资产以新公司向申银证券公司老股东借款的方式进入。

1996年7月1日，经人总行批准，申银万国证券公司正式对外挂牌。

合并后的申银万国证券股份有限公司注册资本13.2亿元人民币，总资产130亿元，员工3000余人，设有分支机构100多家。

这是申银和万国作为对手的终点，管金生的"证券王国"从此只在这个新公司的名称中残留下一抹淡淡的历史痕迹……

这一天，也是阚治东人生的顶点，他成为合并后的申银万国证券公司的总裁兼法人代表，也是全国唯一一个既是上海证交所理事又是深圳证交所理事的证券公司负责人。

这件事，对于已失去自由的管金生来说，从某种意义上讲，是一个追加的人生羞辱；而对于阚治东来说，则是一个踌躇满志的事业顶峰。

只不过，阚治东此时并不知道，在几个月后，等待着他的将会是什么……

争先恐后的沪深股市 [1]

1996 年 4 月,正当上海市政府开始张罗着申银证券和万国证券合并,正当阚治东开始攀上他人生的事业顶点,正当杨祥海被辽国发巨额清算债务弄得焦头烂额,正当上海证交所被中央调查组安上"违规自营买卖股票"的罪名而四处澄清、求告无门时······

沪深两个市场的行情开始起来了,从 4 月 1 日到 12 月 9 日,上证指数涨幅达 120%,深证成份指数涨幅达 340%。这一轮行情的背后,是沪深两地政府博弈的结果。

深圳是我国第一个经济特区,而上海早在 20 世纪二三十年代就是中国的经济、金融、外贸中心城市。20 世纪 80 年代末、90 年代初两城市之间的竞争在金融、科技、外贸等方面全面展开。其中争夺最为激烈的是金融中心城市地位,而这种竞争集中反映在证券市场上,使得沪深两个证交所成为瑜亮情结极其严重的竞争对手。

在我国证券市场发展历史上,有一件历史公案,每一年的 12 月份都会浮现出来引起一番讨论和争议。上海证交所一直把 1990 年 12 月 19 日作为自己的所庆日,而深圳证交所却对外宣称自己是 1990 年 12 月 1 日率先试营业,并在每年的 12 月 1 日庆祝自己的生日。在早期两家证交所都各自归属地方政府管理时,这样的争议一直没有平息。就是在两家证交所都划归中国证监会统一领导之后,这样的争议还是若隐若现、没有间断。据中国证监会第一任主席刘鸿儒回忆:"2003 年 1 月,我作为全国政协经济委员会的代表,参加

---

1 本节部分内容转摘自阚治东:《荣辱二十年:我的股市人生》,中信出版社 2010 年 1 月版,第 155—197 页,亦包含笔者对阚治东的访谈记录。

了中央金融工作会议。在大会上朱镕基总理说,他看到一个材料,说深圳证券交易所的成立在上海证券交易所之前,问我这是怎么回事。他说他曾专门向邓小平同志汇报过建立上海证券交易所的事情,对此比较了解。我回答说,深圳证券交易所是试营业在先,上海证券交易所是正式开业在先。"刘鸿儒这个回答是在领导面前讨了个巧,用不同的概念来模糊了这个历史公案。[1]

1993年后,由于种种因素,沪深两地的竞争渐渐发生变化,特别是进入1996年之后,两个市场的强弱出现了扭转。

统计数据表明,深圳证券交易所各项指标逐渐追上了上海。

从股票交易量看,1995年,上海为3103.48亿元,深圳仅为932.33亿元;到了1996年,1—9月,上海为4547.41亿元,深圳则达到了5079.02亿元,深圳的股票交易量首次超过了上海。

从股价指数看,进入1996年后,深圳股市的人气明显强于上海,深圳的成分股指数年初不到1000点,到了9月份,已突破3000点,全年涨幅将近250%,而上证综合指数则从年初的不到540点升到900多点,涨幅约为74%,大大低于深圳。

从上市公司的情况看,尽管上海还有些优势,但明显看出在增量速度上深圳要强于上海。在股票市价总额上,1995年底深圳证交所只占上海证交所的37.56%;到了1996年9月底,这个比例已经上升到58.22%。

两地政府在1996年悄悄地展开一场地方政府主动干预市场的竞争。在这场竞争中,为了改变态势,上海市政府采取了更为主动的姿态。

---

1 陆一:《陆一良心说股事——你不知道的中国股市那些事》,浙江大学出版社2013年版,第54页。

尽管1996年8月21日,国务院证券委公布了新版本的《证券交易所管理办法》,将证交所的行政监管和人事任免权力从形式上收归中国证监会,但实际上沪深两地的证券市场仍旧受当地政府的极大影响。就在证监会的权力将及未及的1996年,沪深两地地方政府在证券市场上表现的利益诉求与中央政府防范风险的政策冲突达到了顶峰。

　　从4月份开始,股票市场逐步回升,10月以后出现暴涨。从4月1日到12月9日,上证指数涨幅达120%,深证成份指数涨幅超过340%。这背后存在两地地方政府出于地方利益目的暗中影响和操控股市走势的浓重迹象。

　　1996年7月,申银万国证券公司刚刚完成合并,阚治东在历经数年的申银万国竞争中笑到了最后,成为合并后的申银万国证券公司总裁。根据阚治东的回忆,9月上海市政府有关领导就来到申银万国证券公司现场办公,要求申银万国为推动上海证券市场的发展多作贡献,同时认为申银万国的自营盘子太小,要求扩大规模。

　　1996年9月底,市有关领导以从未有过的强大阵容再次参加了申银万国证券公司的办公会议。这次会议的中心内容是:申银万国证券公司如何为推动上海证券市场的发展作贡献。

　　会议首先通报了上海市主要领导对上海近期证券市场问题的关注,重点关注的问题是沪、深两地证券市场的竞争。在谈到沪、深两地证券市场竞争的问题时,一位领导加重语气说:"我们不怕竞争,不是说竞争要不择手段,但是竞争一定要有手段。"上海证券交易所领导在对沪、深两地证券市场的竞争态势作了详细介绍后,表示赞同"竞争一定要有手段"的观点,而具体的手段之一就是通过上海几家主要券商重点运作好一些对市场有引导作用的股票,把上海股市往前推进。他们引用了投资者中流行的说法"高价股看长虹,中价股看陆家嘴,低价股看金山石化",指出陆家嘴、长虹、金山石化三家公司的股票对上海股票价格具有导向作用,其中重点介绍了陆家嘴公司的股票。最后,会议明确要求申银万国证券公司负责运作陆家嘴股票。

会议由市领导作总结性发言。上海证券交易所方面表态:"申银万国证券公司的自营规模大了,交易所可以考虑减免部分交易经手费。"但这个承诺终因大部分会员的强烈反对而没有兑现。那次会议议定,申银万国扩大自营规模所需资金,由市有关部门与各银行协调解决。

那两次办公会议,可以说是"申银万国当年为什么连续大量买入陆家嘴股票"的始因。

会后第三天,申银万国证券公司开始买入陆家嘴股票。与此同时,上海其他证券机构也按照要求,大举买入上海证券市场上各种指标股。上海股市投资者信心大增,上海股市由此转暖。

此后又隔两周,市领导又召集会议。这次会议地点设在当时位于浦江饭店的上海证券交易所会议室,参加人员略有增加。

上海证交所领导首先发言。他认为:"上海证券市场昨天的走势完全在预料之中,成交量有所萎缩。今天市场的总体走势可以,走出了上海证券市场的独立行情。"他认为:"现在关键是本周剩下的三个交易日,上海市场怎么走?"他认为应该不失时机,在本周把上证综合指数推上 1000 点。

上海证券交易所结算登记公司的总经理首次参加这个会议,他建议应多注意北京方面的消息,特别要注意北京对沪深两地证券市场的反应。当时,大家都没有特别留意这个提醒。

在这次会议上,阚治东隐隐感觉上海证券交易所自身也在具体参与运作。他听说,后来国务院联合调查组曾就此事进行专门调查,执意要处分上海证券交易所领导,但由于有关方面的积极解释,才逃过一劫。

其时,上海证交所已经被国务院辽国发资产负债联合调查组定性为"交易场所擅自扣押、处置变现辽国发资产""交易所违规自营买卖股票",正竭力向中央各个有关方面反复澄清自己的行为是"履行正常清算职能,对违规者采取必要清算措施的正常业务工作"。

但是再多嘴巴也难解释清楚的是,上海证交所变卖辽国发股票及基金资产的这项"正常业务工作",从 1995 年 8 月 2 日起,一直延续到 1997 年 4 月 28 日止,一共涉及 170 个交易日。在股票资产变现过程中,因涉及该批资产的保值增值,故用此部分扣押资产在市场上采取滚动抛售的方式,实现增值。

这就不但给阚治东留下了"上海证券交易所自身也在具体参与运作"的印象,同时也在事后给国务院联合调查组抓住了"交易所以营利为目的""违规自营买卖股票"的把柄。这成了日后杨祥海被免职的潜在因素。

回过头来继续说那次在上海证交所召开的会议,最后由市领导作总结性讲话。他要求这星期上证综合指数争取要踏上 1000 点的台阶,如周五能稳在 1000 点最好,稳不住也没关系,本周以 1000 点为最高目标,而上海股市明天无论如何都要走阳。他还指出,上海对二线股票的组织力度不够,应进一步加强。

1996 年 10 月 26 日,周六,上海证管办又来电话通知,市领导召集开会。在这前一天,中国证监会颁布了《证券经营机构自营业务管理办法》。这一办法的突然颁布,对证券市场是一个非常"利空"的消息,具有很大的负面效应。《办法》中对证券经营机构自营业务的限制性规定,对所有证券经营机构的影响都非常大,尤其是对自营规模大的证券公司,其影响更是不言而喻。由此,召集这次会议的主题就是:《办法》出台后,市场可能的反应以及我们的对策。

会议一开始,阚治东首先对《办法》给市场带来的问题表示担忧。申银万国证券公司注册资本为 13.2 亿元,当时账面净资产约 18 亿元,根据《办法》要求,申银万国证券公司的自营库存最大限量为 14.4 亿元,而当时申银万国证券公司本部(不含分支机构)的 A 股库存已达 8 亿元人民币,国债库存约 10 亿元人民币,B 股库存折合人民币约 5 亿元,如再加上下属分支机构的自营库存,公司当时的自营总规模已达 30 亿元以上,大大超过了《办法》的规定。《办法》的实施时间是 1997 年 2 月 1 日,申银万国有三个月时间逐步削减自营库存,但如果按这一办法执行,对证券市场势必会造成很大的冲击。海通证券的老总李惠珍也表示了类似的担忧。

市领导听了大家的意见后谈了他的看法,他认为《办法》对深圳的负面效应要远远大于上海,因为深圳的证券经营机构,其自营规模远远大于上海证券经营机构。对于《办法》出台后方方面面的反映和意见,他要求市府办公厅搞一个情况反映,递交有关部门。他要求下周把上证综合指数稳定在 1000 点以上。最后,他针对下周市场可能出现的情况建议:要注意下周的开盘,如狂跌则要采取措施控制盘面。这里所指的措施,阚治东理解只能是组织更多的资金进入股市。

应该说,申银万国 1996 年 10 月在上海证券市场中起的作用是显著的。当月,申银万国证券公司上海 A 股交易总量达到 211.3 亿元,而同年前 9 个月的交易量仅为 630.6 亿元,一个月的成交额相当于前面的三个多月。此外,通过申银万国的运作,作为上海股市指标股之一的陆家嘴股价稳步上升,对带动上海股市大盘上扬起到了关键性的作用。

通过上海市方方面面史无前例的联手努力,上海证券、金融市场在深圳方面的挑战面前,逐渐占据上风,喧闹一时的"深强沪弱"声音逐渐减弱,上海金融中心城市地位再次得到确认,上海金融、证券行业恢复了原先的那种自信和骄傲。

但是面对 1996 年市场热情的高涨,中央政府从 1996 年 10 月份起,连续发布了后来被称为"十二道金牌"[1]的市场调控政策措施和规定。及至 1996 年 12 月 16 日,《人民日报》破天荒地发表特约评论员文章《正确认识当前股票市场》。在这篇文章中,中央政府的代言人用罕见的严厉给证券市场定性:"最近一个时期的暴涨则是不正常和非理性的。"并带着愤怒情绪表达了对证券市场的要求:"实行集中统一的管理体制。各地方、各部门不能自行其事,干预股市,要与中央保持一致,自觉维护全国集中统一的证券市场管理体制"。

半年之后,在 1997 年 6 月 13 日,《人民日报》发表了《维护市场正常秩序 保护投资者合法权益》的文章,披露了国务院证券委会同中国人民银行、审计署、中国证监会等有关部门对一批违规银行、证券公司、上市公司及其负责人进行严肃处理的消息,并配发了《有法必依 违法必究 执法必严》的评论。

文章中说:"另经查实,去年九月份以来,海通证券公司、申银万国证券公司、广发证券公司违规获取银行巨额资金,采用连续买入卖出和大量对敲等方式,分别操纵上海石化、陆家嘴、南油物业等股票价格,造成上述公司股价的异常波动,扰乱了证券市场正常秩序,损

---

1 指中国证监会从 1996 年 10 月份到 12 月份,连续发布的 12 个有关市场监管的措施和通知。

害了其他投资者的利益,推动了股票市场的过度投机。"

其中引人注目的是对于深圳发展银行行长贺云、工商银行上海分行行长沈若雷给予撤职处分;对海通证券公司董事长兼总经理李惠珍、申银万国证券公司总裁阚治东、广发证券公司总经理马庆泉作出免职和记大过处分。这是对于沪深两个市场的参与者在1996年各类违法违规行为,如国有银行向其他机构和个人提供资金炒股,上市公司、证券公司和机构大户利用银行信贷资金炒股以及利用信息优势操纵市场等等的严肃处理。

在这背后,更是对327事件之后上海和深圳两个地方政府出于地方利益影响证券市场走势的一种敲山震虎的警告。

阚治东被免职并行政记大过。从申银万国证券公司挂牌、阚治东成为新公司的总裁,到他被免职,离满一年还差18天……

有消息说,接到免职的通知后,阚治东曾提出要求,免职可以,希望留在公司里做一个普通职工,但没有被批准。

至此,上海证券市场所谓的三巨头,管金生、阚治东、汤仁荣都离开了……

中国证监会一统天下

1996年12月下旬,国务院由人民银行总行、国家审计署、中国证监会等部门组成的联合调查小组突然到了上海。不少人认为,这次国务院联合调查组前来调查的目的,就是要验证12月16日《人民日报》评论员文章的正确性。文章把导致沪深股市过热的原因归纳为:地方政府参与、交易所组织、银行资金支持、新闻媒体造势、证券经营机构恶炒个股。

一个月的调查结束,国务院联合调查组返回北京。这时阚治东听说,联合调查组在上海证券交易所的调查工作进展得不是很顺利,上海证交所对他们的工作不是很配合。不久就传来消息,北京方面对调查组在上海的工作情况和调查结果非常不满,调查组将再次前来上海。[1]

1997 年元旦刚过,国务院开会研究辽国发债权债务清查问题,这次会议由国务委员兼国务院秘书长罗干主持,国务院副秘书长周正庆、公安部、人民银行的有关负责人出席了会议。在会上人民银行和公安部汇报了前期的调查结果,汇报中特别提到了"由于上海证券交易所和天津证券交易中心擅自处置变现辽国发的资产,使得债务关系复杂化,造成证券市场混乱"。

于是,1997 年 3 月国务院调查组再次来到上海,在此次调查过程中,将上海证交所从 1995 年 8 月 2 日起一直延续的处置辽国发抵押股票及基金资产的行为,坐实为"交易所以营利为目的""违规自营买卖股票"的违规举动。

结果,在 1997 年 6 月 13 日媒体公布政府相关部门处理违规机构的消息之后不久,根本性的转折发生了——7 月 2 日,根据国务院第 150 次总理办公会议决定,将上海证交所和深圳证交所划归中国证监会直接管理,交易所正副总经理由证监会直接任免,正副理事长由证监会提名,理事会选举产生。

1997 年 8 月 14 日,接替周道炯担任中国证监会主席的周正庆,

---

1 阚治东:《荣辱二十年:我的股市人生》,中信出版社 2010 年 1 月版,第 180 页。

带领副主席陈耀先、范福春来到上海证券交易所,宣布了免除杨祥海交易所总经理、任命原中国证监会秘书长屠光绍为上海证交所总经理、党委书记的人事变动。

这次人事变动,中国证监会不再像上一次那样召开上海证交所的理事会了,而是直接召开上海证交所中层干部会议,宣布了屠光绍和杨祥海的任免通知。

1997年9月,中国证监会免除庄心一深圳证交所总经理职务,任命中国证监会原办公室主任、法律部主任桂敏杰为深圳证交所总经理、党委书记。

此后,在1997年11月30日国务院证券委修改颁布、12月10日执行的《证券交易所管理办法》中重申了1996年版《证券交易所管理办法》中的第4条:"证券交易所由中国证券监督管理委员会监督管理"。但对证券交易所领导层产生办法则修改为:"理事长、副理事长由证监会提名,理事会选举产生"(第22条),"总经理、副总经理由证监会任免"(第24条)。[1]

从1998年9月19日开始,根据国务院关于证券监管机构体制改革方案的要求,中国证监会主席与江苏、上海、安徽等地政府签署"证券监管机构交接备忘录",标志集中统一监管制度建设启动;随后,中国证监会相继与各地政府签署了"证券监管机构交接备忘录",地方证券监管机构移交中国证监会垂直领导,实行跨区域监管

---

1 详见附录8。

体制,在全国设立了36个派出机构:包括9个证券监管办公室(天津、沈阳、上海、济南、武汉、广州、深圳、成都、西安),2个直属办事处(北京、重庆),25个省、自治区、计划单列市设证券监管特派员办事处;逐步撤消国务院证券委,国务院证券委与中国证监会合并组成国务院直属正部级事业单位,原证券委的职能并入中国证监会行使;中国人民银行等机构原有证券监管职能统一移交给中国证监会行使。

因此,尽管1992年中国证监会的成立代表着中央政府着手接管中国证券市场,但实际上,直到1997年7月国务院决定沪深证交所划归中国证监会直接管理,并在1998年将国务院证券委与中国证监会合并组成国务院直属正部级事业单位,中国证监会才真正开始对中国证券市场行使完全充分的实际行政管辖权、人事任免权和组织领导权。

在此之后,上海证交所因为国债期货事件和辽国发巨额清算债务所背负的历史包袱,经历了三年多时间、在各主管部门往返了无数份公文报告和情况说明之后,也终于结束了求告无门的久拖不决……因为上海证交所终于脱离上海市政府管理而成了中国证监会下属的派出机构,这一切,才开始进入了收官解决的快车道。

1998年,国务院再次派出调查组来上海证交所对"辽国发案"进行了调查。经核查最后确定,1995年发生的辽国发金融诈骗案和327国债期货事件,造成上海证交所坏账17.14亿元,呆账8.64亿元;此后,全国国债清欠办公室又追加上海证交所债务4.93亿元,形成损失与呆坏账总共计30.71亿元。

经中国证监会与上海市政府协商,1998 年 9 月 22 日签署了《关于协调解决上海证交所历史遗留问题的会谈纪要》。根据《纪要》精神,上海证交所动用风险基金、坏账准备金、风险准备金和期货风险金,于 1998 年、1999 年核销坏账 17. 14 亿元。

所有原本可能被追责的问题,如今都不再是问题……

收官后的华丽开局

1996 年 12 月,针对沪深两地政府出于地方利益而影响证券市场走势的举动,中国证监会发布了十二道金牌来为火爆的市场刹车,12 月 16 日《人民日报》发表了特约评论员文章《正确认识当前股票市场》,针对 1996 年的大涨行情,文章认为当时存在严重投机行为,提醒注意风险。该文策划者周正庆当时任职国务院证券委主任。

但到了 1999 年,已出任中国证监会主席的周正庆,出于证券市场持续低迷、投资者被套住、证监会有责任关心群众利益和干预市场"不正常"走势等因素的考虑,发动了一场"5. 19 行情",其中证监会对市场走势的影响远远大于两年前。[1]

在这场被称为"跨世纪行情"的过程中,周正庆组织发表了第二篇《人民日报》特约评论员文章,对当时由低迷转入上涨的行情给予充分肯定,指出"5. 19 行情"不是过度投机,属于恢复性上升。

在这与两年半前截然相反的行政宣示背后,有几个现象和背景值得高度关注:

---

[1] 本节部分内容转摘自《中央政府造就的"跨世纪行情"》。详见陆一:《陆一良心说股事——你不知道的中国股市那些事》,浙江大学出版社 2013 年版,第 181 页。

一是政府监管机构直接出面发动证券市场行情。

对于"5. 19行情"的启动，时任证监会主席的周正庆在回忆中讲得很清楚：

1999年初，酝酿了一份关于进一步规范和推进证券市场发展的若干政策意见，请示国务院。经过方方面面的协调和修改，1999年5月16日，国务院批准了这份包括改革股票发行体制、逐步解决证券公司合法融资渠道、允许部分具备条件的证券公司发行融资债券、扩大证券投资基金试点规模、搞活B股市场、允许部分B股H股公司进行回购股票的试点等6条主要政策建议的文件，也就是通常说的搞活市场六项政策。由此引发了著名的"5. 19"行情。[1]

二是中央政府监管机构负责人和党报破天荒地高调出面直接讲话，推动证券市场持续上升。

6月14日发表的中国证监会副主席陈耀先讲话中提到"当前股票市场的上升行情是一种恢复性的，是证券市场整顿规范以来，显示市场成长性的一种表现"。

6月15日，也就是陈耀先讲话发表的第二天，《人民日报》头版头条刊出了题为《坚定信心　规范发展》的评论员文章，肯定了证券市场的作用和地位，对当前行情进行了评价，并公开了市场盛传的几大利好政策。

周正庆承认："我在任期间曾两次组织撰写了《人民日报》评论员文章……第二次肯定了股市的恢复性上涨，把握了时机，推动了股市的发展。"[2]

---

1 周正庆：《回顾过去展望未来》，《中国证券报》2003年8月13日第7版。
2 同上。

6 月 22 日,周正庆指出:"目前我国面临的不仅是一轮市场行情,而是中国证券市场的一次重大转折。对这一来之不易的大好局面,市场参与各方都要倍加珍惜,共同推进证券市场稳定健康发展。"[1]

这些带有强烈宣示性和引导性的言论,是这轮行情在历史上被冠以"跨世纪行情"的直接因素。

三是运用政策杠杆在 1999 年 6 月底本轮行情初步结束后再次推动股指上升。

1999 年 9 月 8 日,中国证监会发布《关于法人配售股票有关问题的通知》允许"三类企业"[2]入市(这是在两年前由中央政府明令禁止的)和 1999 年 10 月 25 日国务院批准保险公司购买证券投资基金间接进入证券市场。这是 2000 年和 2001 年股指创新高的资金面的背景。

从 1996 年第一篇《人民日报》评论员文章严厉指责证券市场过热,到 1999 年第二篇《人民日报》评论员文章热情鼓吹证券市场还有更大的上升空间。在这期间,我国的经济发展形势和背景基本没有发生很大变化,那么在证券市场周围究竟发生了什么,以致政府部门如此前倨后恭,从根本上转变了对于证券市场的行为态度?

显然,市场监管和行情发动主导权在博弈后的改变是重要原因。

与所谓的"5.19 行情"直接相关的其实还有两个很重要的背景:

第一件事是 1998 年 9 月 30 日,国务院办公厅转发中国证监会清理整顿证券交易中心方案的通知,要求对所有未经人民银行或证

---

1 《珍惜来之不易大好局面　共同推动市场健康发展》,《中国证券报》1999 年 6 月 22 日第 1 版。
2 即国有企业、国有控股企业和上市公司。

监会批准，擅自设立的从事上海证券交易所、深圳证券交易所联网交易业务以及非上市公司股票、股权证和基金挂牌交易的证券交易中心，及其所属的证券登记公司进行清理整顿。原则上要在 1999 年 6 月底以前完成。

这次清理整顿，共撤销了全国 18 个省市的 41 个非法股票交易场所和 29 家证券交易中心，包括联办的 STAQ 系统。

各地证券交易中心存在的问题，实际上是中央政府所面临的不亚于证券市场创建初期的极其混乱和猖獗的证券黑市问题，也不亚于 327 事件之后蔓延全国的巨额金融诈骗和债务危机。这里面的资金窟窿至今无人可以计算清楚。

第二件也是更为重大的事，就是对信托业的整顿。

1979 年 10 月，中国内地第一家信托机构——中国国际信托投资公司宣告成立。此后，从中央银行到各专业银行及行业主管部门和地方政府纷纷办起各种形式的信托投资公司，到 1988 年达到最高峰时共有 1000 多家。

中央政府最初对于信托公司的经营活动可能产生的风险并没有清楚的认识，因此，相关法规并不健全，也缺乏必要的监管制度和监管手段。此时的信托公司几乎可以利用一切手段募集资金，投资领域包括证券、房地产和兴办工商企业，等等。中国历史上几次比较著名的炒作国债期货、股票和房地产的事件，都有大批信托公司参与其中。

1999 年，国务院责成中国人民银行对信托业进行了历时最长也最为彻底的第五次清理整顿。

1999 年全国信托投资机构一共有 329 家，经过第五次清理整顿后，重新获得登记的仅 50 多家，将近 6000 亿元不良资产被核销。[1]这一过程伴随着众多令人瞩目的信托公司关闭破产事件,其中包括中农信[2]、广信[3]等震动全国的金融大案。

在信托投资公司第五次整顿后,中经开、中煤信托[4]和中信[5]在2000年成了仅有的三家被保留下来的中央级信托投资公司。

尽管躲过了327事件和信托业整顿这两劫,但自作孽不可活,中经开终于在2001年因牵涉证券市场著名的"银广夏事件"而受到查处。2002年6月7日,中国人民银行发出关闭中经开的正式公告。

2001年10月1日《信托法》正式实施,2002年6月5日人民银行颁布实施了重新修订后的《信托投资公司管理办法》,2002年7月18日,中国人民银行正式颁布实施《信托投资公司集合资金信托业务暂行管理办法》。"一法两规"的政策框架形成,也意味着始于1999年的第五次清理整顿告一段落。

与此同时,中国证监会在1997年以后还实施了一系列整顿措施:整顿全国90家证券公司,清查1000余亿元违规资金,处罚君安证券公司;原14家期货交易所撤并为3家,交易品种由原来的35个减至12个;清理原有50余只老基金,1998年开始新证券投资基金试点⋯⋯

在清理整顿中,最为困难的就是清理场外交易。据统计,当时有300万股民在场外市场进行交易,涉及的股票共有300亿元的市值。

---

1 张宇哲、徐可:《重整中国信托业》,《财经》杂志2006年第26期/总175期。
2 全称为"中国农村发展信托投资公司"。
3 全称为"广东国际信托投资公司"。
4 全称为"中煤信托投资有限责任公司",2007年改名为中诚信托有限责任公司,是银监会直接监管的信托公司。
5 全称为"中国国际信托投资公司",2011年更名为中国中信集团有限公司。

如何做到既关闭了场外交易又保证这 300 万人的利益？

时任中国证监会主席、并曾经主持领导国务院辽国发资产负债联合调查组处理辽国发巨额清算债务案件的周正庆，和副主席陈耀先一起与各地方政府研究解决办法，除了一定要保证股民的分红权之外，对于在关闭这些非法交易场所的过程中引起的股价下跌，采取了具有"周正庆特色"的特殊干预方式。

几年以后，周正庆颇为自得地这样回忆："股票的价格跌呢，要让它缓缓下降，不能让它直线下跌。什么道理呢？这都是我找一些专家研究出来的。就是要让股价缓缓下降，不断地倒手。比如说这只股票你花 5 元钱买的，然后 4.9 元你卖了，你赔一毛。然后我 4.9 元买，卖出去 4.8 元，不断地倒手，最后形成一个市场收购价——1 元多。这时就要求这个发行股票的上市公司拿钱把这股票收回来，用 1 块多钱你收回来。股民受损失了吗？受损失了，但是大家均摊了。这是一个高招，一般的不是行家不知道啊。"[1]

也许，经历过国债期货风险事件，意识到同时握紧自行车两个轮闸就会翻车跌倒，中央政府及其监管机构终于吸取了教训，学会了用市场的滚动方式来解决坏账窟窿。在此过程中，证券市场的投资者成了买单者。

同样，由于国家审计署在 1998 年对证券公司作了一次大范围的审计，当时的审计结果表明，证券公司普遍存在违规吸收社会资金、挪用客户保证金以及违规从事同业拆借活动的问题，涉及金额达 1000 多亿元。当时审计署审计了 88 家证券公司，所有的证券公司都

---

1 郑颂主编：《资本人物访谈录》，海南出版社，2006 年版，第 35 页。

挪用保证金,没有一家不挪用的。

对此,周正庆同样采取了类似的做法:对于挪用得不是很严重的证券公司,大部分给了一个整改期。同时给两条政策,第一你可以增资扩股,把挪用的客户保证金补上;第二在市场好转的情况下,让你赚了钱,通过当年的利润把窟窿都补上。

周正庆在多年以后很感慨地总结自己当年的做法:"你得有一个区别对待,你不能脑子一热全部处理,那处理了以后资本市场就完了。"[1]

因此,可以这么说,从 1999 年到 2001 年,政府主动用一次持续两年的大行情,推动几乎翻倍的投资者入市,驱赶几乎成倍的市场外资金进入,引导几乎翻番的指数上扬……填平了诸多不良信托公司、证券公司、各地证券交易中心挪用客户保证金、坐庄洗钱形成的远超过 6000 亿的坏账,避免了这两年整顿中有可能引发的各地信托公司下属营业部和证券交易中心的挤兑风险,保证了这场金融整顿的平稳过渡,使得数百家信托公司最终软着陆,给他们"再找了一次机会",摇身一变为一批新的证券公司和基金公司。

而在上海证券交易所,在 1997 年证监会用原担任证监会秘书长的屠光绍替换掉杨祥海后,因为首任理事长李祥瑞已于 1997 年初去世,当时仍由常务理事龚浩成代行理事长职能。

这个有关人事任命权的尾巴残留到了 1999 年仍旧没有解决,在那一年召开的上海证交所第六次会员大会选出的第三届理事会上,通过提名任命的理事长是原中国人民银行上海分行行长毛应樑。这

---

1 郑颂主编:《资本人物访谈录》,海南出版社,2006 年版,第 35 页。

个结果更多代表的是上海市政府的意向，显示了中央政府与地方政府在证券交易所人事任命权博弈中残存的妥协；但是因为法人和党委书记都由证监会指定的总经理兼任，所以这个理事长只不过是一个架空虚置的闲职。

直到 2001 年 10 月，由时任中国证监会主席周小川分别在上海和深圳证券交易所宣布，经国务院批准、中国证监会提名、两个证交所理事会通过，耿亮和陈东征分别担任上海和深圳证交所的理事长和党委书记。这才最终名副其实地完成中国证监会对两个证交所的领导班子人事任命权的完全掌控。

而在这之前的 2001 年 4 月上旬，上海证交所接到中国证监会通知，要求于 4 月 12 日分别动用交易所风险基金 4.48 亿元和结算风险基金 9.09 亿元，解决辽国发巨额清算债务案中最后遗留的 13.57 亿元损失和呆账。

至此，整个国债期货市场风险事件才算是真正落下了帷幕。

从 1992 年开始到 2001 年，伴随着整个国债期货市场风险事件发生发展的全过程，中国证券市场历经数年，完成了从地方自主发展阶段到中央集权发展阶段的转折。在这期间，中国证券市场第一批的开创者全部转身下场，随着这第一代人的离去，中国证券市场上一个辉煌的阶段就此结束了。

接着，就开始了中国证券市场发展历史上第一次最为漫长的熊市……

尾声

谁是赢家？

这个赢家大象有形……

在 327 事件及其整个国债期货市场风险事件中，究竟谁是最终的赢家？

输掉了自己和公司的管金生、留下了遍地债务的辽国发算不上赢家；在 327 上逃过一劫的汤仁荣和阚治东，一个最终因为疏忽遗留下的 316 空仓未平而折戟，一个在合并万国后不到一年就被免职，要算赢家也很勉强；尉文渊尽管在 5 年交易所总经理任期创造了一系列后人至今无法企及的事业辉煌，但正如他自己说的："327 就是我自己打倒自己的一个动作"；就是赌对了方向的中经开，从 327 获得的"利润连 1 个亿都没有"，尽管在信托业的整顿中侥幸生存下来，但没有躲过银广夏那一劫而最终覆灭；财政部的传统监管权力被侵蚀，刘鸿儒被提前退休，上海和深圳市政府对证交所的领导权被褫夺……哪怕就是网上所传的诸多 327 赢家们，尽管当年他们跟风做多赢得盆满钵满，但从多年后这些金融大鳄离奇人生的悲惨结局来看，都很难说谁是最终的赢家。

终结了中国证券市场一段历史的这一连串事件和这一个时期，就像狄更斯在《双城记》开头所形容的：

这是最好的时代，也是最坏的时代；这是智慧卓绝的年代，也是愚昧充斥的年代；这是心怀信仰的时期，也是充满怀疑的时期；这是满目光明的季节，也是暗夜无边的季节；这是希望的春天，也是绝望的冬天；我们面前似乎无所不有，我们面前其实一无所有；我们全都想直升天堂，我们却都在直奔地狱……

从 1992 年国债期货开始试点到 2001 年因国债期货形成的清算债务被完全冲抵，中国证券市场似乎满目狼藉、尸横遍野、哀鸿遍地，只有中国证监会横空出世，在这期间从国务院证券委下属的一个监管执行机构，变身为国务院直属的正部级事业单位，并且从中央到地方，建立起一整套高度行政化集权的垂直管理体制。

在中国证券市场（特别是监管）体系中，集中了从成熟市场经济国家学成回来以及国内最具有市场经济头脑和思维的人。但是从 1992 年证监会成立到 2001 年前后中国证券市场垂直监管体制的完全建立，中国证券市场这个在改革开放过程中并不在原有计划经济体制内的"新生的经济增长点"，最终在组织、人事和行政管理上被纳入了中央政府直接掌管的既有行政官僚体制，完成了中国证券市场组织管理体系的行政化演变。

这个赢家大象有形……

因新股发行制度的缺陷被迫起家的中国证监会，二十多年后，权倾天下、利被广域却仍旧在孜孜不倦地不断努力"改革"着新股发行制度。

在市场化改革的靓丽表象背后，因为行政化官僚管理体制和证券市场所产生的权和利的自我相关（self-correlation）和自相缠绕（fangled hierarchy），相关部门不得不动用公共信用、陷入市场的利益游戏之中，成了证券市场中既是裁判员也是运动员的特殊利益主体之一。

20 多年来许多人一直在反思 327 事件和那一个时期的历史教训，但往往忽视了，在改革初期，我们是从"放权让利"开始起步的；但在改革 40 多年之后，我们的某些政府部门最终却以"集权争利"来运转着我们的"市场经济体制"……

这，也许就是最值得悲哀的历史无常吧……

附　录

附录 1 上海证交所的国债期货合约品种代码编制方法[1]

上交所 1992 年 12 月 25 日发布的《关于国债期货交易操作事项的通知》规定：1. 所有国债期货品种的代码皆以 3＊＊编制；2. 由于国债期货的名称较长，故按照下列方式编制：F 代表期货、五位数字的前两位代表发行年份，第三位数字代表期限，末两位数字代表交收月份。

上交所之外的其他市场对所交易的国债期货品种有自己的编码方式和交易代码，如对应 1992 年 3 年期国债、1995 年 6 月交收的国债期货合约，上交所的合约代码是 327，深交所的代码是 6108，北商所的代码是 401506，武汉证券交易中心是 A39506，海南中商期货交易所是 23506，广东联合期货交易所是 4106。

上交所 1992 年最初创设的 12 个国债期货合约品种一览表

代码	名称	品种和交收月份
301	F91303	1991 年 3 年期国债 3 月份交收
302	F91306	1991 年 3 年期国债 6 月份交收
303	F91309	1991 年 3 年期国债 9 月份交收
304	F91312	1991 年 3 年期国债 12 月份交收
311	F92503	1992 年 5 年期国债 3 月份交收
312	F92506	1992 年 5 年期国债 6 月份交收
313	F92509	1992 年 5 年期国债 9 月份交收
314	F92512	1992 年 5 年期国债 12 月份交收
321	F92303	1992 年 3 年期国债 3 月份交收
322	F92306	1992 年 3 年期国债 6 月份交收
323	F92309	1992 年 3 年期国债 9 月份交收
324	F92312	1992 年 3 年期国债 12 月份交收

---

1 笔者根据相关历史资料整理。

上交所 1994 年交收国债期货交易代码及名称一览表

代码	名称	品种和交收月份
302	F91303	1991 年 3 年期国债 3 月交收
303	F91306	1991 年 3 年期国债 6 月份交收
312	F92503	1992 年 5 年期国债 3 月交收
313	F92506	1992 年 5 年期国债 6 月份交收
314	F92509	1992 年 5 年期国债 9 月份交收
315	F92512	1992 年 5 年期国债 12 月份交收
322	F92303	1992 年 3 年期国债 3 月份交收
323	F92306	1992 年 3 年期国债 6 月份交收
324	F92309	1992 年 3 年期国债 9 月份交收
325	F92312	1992 年 3 年期国债 12 月份交收

上交所 1995 年交收国债期货交易代码及名称一览表

代码	名称	品种和交收月份
316	F92503	1992 年 5 年期国债 3 月份交收
317	F92506	1992 年 5 年期国债 6 月份交收
318	F92509	1992 年 5 年期国债 9 月份交收
319	F92512	1992 年 5 年期国债 12 月份交收
326	F92303	1992 年 3 年期国债 3 月份交收
327	F92306	1992 年 3 年期国债 6 月份交收
336	F93303	1993 年 3 年期国债 3 月份交收
337	F93306	1993 年 3 年期国债 6 月份交收
338	F93309	1993 年 3 年期国债 9 月份交收
339	F93312	1993 年 3 年期国债 12 月份交收
346	F94203	1994 年 2 年期国债 3 月份交收
347	F94206	1994 年 2 年期国债 6 月份交收
348	F94209	1994 年 2 年期国债 9 月份交收
349	F94212	1994 年 2 年期国债 12 月份交收

附录 2　1994 年 7 月—1996 年 1 月保值贴补率变化一览表

日期	保值贴补率%	公布日期
1994 年 7 月	4.58	1994.6.7
1994 年 8 月	4.27	1994.7.11
1994 年 9 月	4.96	1994.8.9
1994 年 10 月	5.62	1994.9.9
1994 年 11 月	6.57	1994.10.10
1994 年 12 月	8.79	1994.11.9
1995 年 1 月	9.84	1994.12.13
1995 年 2 月	10.38	1995.1.10
1995 年 3 月	11.87	1995.2.10
1995 年 4 月	11.47	1995.3.13
1995 年 5 月	12.27	1995.4.11
1995 年 6 月	12.92	1995.5.13
1995 年 7 月	13.01	1995.6.13
1995 年 8 月	12.99	1995.7.11
1995 年 9 月	12.64	1995.8.10
1995 年 10 月	12.07	1995.9.13
1995 年 11 月	12.07	1995.10.10
1995 年 12 月	13.24	1995.11.16
1996 年 1 月	11.31	1995.12.13

资料来源:《中国证券报》1994 年 6 月至 1995 年 12 月。

附录 3 国债期货交易管理暂行办法[1]

1995 年 2 月 25 日，证监会、财政部

第一章 总则

第一条 为加强国债期货市场的管理，规范国债期货交易行为，保护国债期货交易当事人的合法权益，制定本办法。

第二条 本办法所称国债是指财政部代表中央政府依照法定程序发行的、约定在一定期限还本付息的有价证券。

第三条 本办法所称国债期货交易是指以国债为合约标的物的期货合约买卖。

在中华人民共和国境内从事的国债期货交易和相关活动以及对其的监督管理，适用本办法。

第四条 国债期货交易及其相关活动必须遵守有关期货交易法律、行政法规，遵循公开、公平、公正和诚实信用的原则。

第五条 中国证券监督管理委员会（简称"中国证监会"，下同）是国债期货交易的主管机构。中国证监会会同财政部依照法律、行政法规对全国国债期货市场实施监督管理。

第二章 国债期货交易场所和国债期货经纪机构的资格条件

第六条 本办法所称国债期货交易场所是指中国证监会会同财政部批准进行国债期货交易的交易场所。

未经中国证监会会同财政部批准，任何交易场所不得开展国债期货交易。

第七条 申请上市国债期货的交易场所必须向中国证监会和财政部提交下列文件：

（一）申请报告；

（二）交易场所章程；

（三）国债期货交易管理规则及其实施细则；

（四）拟参加国债期货交易的会员名单；

---

1 原载于《中国证券报》1995 年 3 月 1 日。

（五）拟聘任国债期货交易管理人员的名单及简历；

（六）中国证监会和财政部要求的其他文件。

第八条　前条第（三）项所述国债期货交易管理规则应当载明下列事项：

（一）有关国债期货合约的说明；

（二）交易地点和时间；

（三）交易的中止；

（四）交易程序和交易方式；

（五）结算和交割方法；

（六）保证金的交纳和管理方法；

（七）交易手续费的收取比率；

（八）会员收支账户的审计办法；

（九）对可进行国债期货交易的会员资格的规定；

（十）出市代表管理规定；

（十一）交易中的禁止行为；

（十二）违约处理及罚则；

（十三）其他需要说明的事项。

第九条　国债期货交易场所制定和修改国债期货交易管理规则必须报中国证监会会同财政部审核批准。

第十条　国债期货交易场所设计国债期货合约必须经中国证监会会同财政部批准后方可上市交易。

第十一条　国债期货交易场所不得设立分支交易场所。

未经中国证监会会同财政部批准，国债期货交易场所不得通过与未经批准进行国债期货交易的交易所或者交易中心联网直接接受其会员的交易指令和直接与其会员进行资金清算。

第十二条　国债期货经纪机构是指经中国证监会批准的、主要接受客户委托进行国债期货交易并提供相关服务的期货经纪公司和有证券经营权的金融机构。

未经中国证监会批准，任何机构不得从事国债期货经纪业务。

第十三条　国债期货经纪机构必须同时具备下列条件：

（一）有中国证监会核发的《国内期货经纪业务许可证》或者有中国人民银行核发的授予证券经营权的《经营金融业务许可证》；

（二）注册资本金在人民币 1000 万元以上；

（三）有国债期货交易场所的会员资格；

（四）有三名以上取得中国证监会授权机构颁发的《期货经营机构从业人员资格证书》的从业人员；

（五）无违法和重大违章经营记录，信誉良好；

（六）中国证监会要求的其他条件。

第三章　国债期货交易、结算及交割业务管理

第十四条　国债期货交易必须在国债期货交易场所内通过集中竞价的方式进行。

第十五条　国债期货交易场所应当建立国债期货交易的涨跌停板制度，确定国债期货的每日价格最大波动幅度，设定客户投机头寸的最大持仓限量和交割月份持仓量限额，并报中国证监会核准。

客户因保值需求持仓量超过国债期货交易场所规定的持仓限额时，必须向该交易场所提出报告，得到该交易场所的许可。否则，该交易场所有权根据事先制定的规则对会员的超额持仓进行强制平仓，由此造成的损失由会员承担。

第十六条　国债期货交易场所有权了解其会员代理交易的客户的账户情况。同一客户在同一交易所的不同会员处分别设立账户者，其总持仓量以各账户持仓量总和为准。

第十七条　国债期货交易场所应当向会员公布即时行情，并制作国债期货日交易行情表，向社会公布国债期货的成交量、持仓量、最高和最低价、开盘和收盘价、结算价等交易信息。

第十八条　国债期货交易场所因不可预料的偶发事件导致停市、或者为维护国债期货交易的正常秩序采取技术性停市措施，必须立即向中国证监会和财政部报告。

第十九条　国债期货交易实行保证金制度，对有经营国债期货业务资格的会员设立国债期货交易保证金专项账户。从事国债期货交易的会员必须按照规定交纳保证金。

前款所称保证金包括会员为开户进行交易必须支付的基础保证金、按每笔交易金额的一定比例必须支付的初始保证金和为维持国债期货交易场所规定的一定的保证金水平所必须支付的追加保证金。

第二十条　国债期货交易场所向会员收取的交易保证金不得低于交易金额的 10%。进入交割月后，应将保证金比率提高到 20% 以上。在最后交

易日前的第三个营业日,空方应交纳价值不低于其空头净持仓额 85% 的国债券,多方应交纳不低于其多头净持仓额 85% 的现金。

中国证监会有权根据市场情况对前款所列保证金比率作出调整。

第二十一条　国债期货交易场所的结算机构应对会员的国债期货交易实行每日结算制度,并承担交易履约的责任和风险,保证期货合约的履行。当日成交合约的结算和资金划转必须在下一个交易日开市前完成,并将结算情况通知会员。

会员保证金不足时,国债期货交易场所应当要求其及时补足保证金,否则有权将其所持合约强行平仓,由此造成的损失由会员负责。

第二十二条　国债期货交易场所不得以任何方式允许会员透支进行期货交易。

第二十三条　国债期货合约的每日结算价应为当日全天交易加权平均价。

第二十四条　国债期货交易场所应当收取相当于交易手续费 20% 以上的金额建立风险基金。风险基金由国债期货交易场所统一管理,专款专用。

第二十五条　国债期货的交割为国债券所有权的转移,交割的具体程序由交易场所的结算机构制定。

第二十六条　国债期货的交割可实行有纸国债券交割和无纸国债券转账交割两种交割方式,不得实行现金交割。

实行有纸国债券交割的,可以交割国债券实物和财政部确认的托管机构开具的国债代保管凭证。实行无纸国债券转账交割的,国债期货交易场所的结算机构必须向财政部授权的记账系统确认交易当事者确实存有相应数量的无纸国债券,并通过财政部授权的记账系统进行无纸国债券的转账,券款的具体划转程序和时限由国债期货交易场所规定。

第二十七条　国债期货交易场所对进行有纸国债券交割的国债实物必须设专门库房保管;对无纸国债券的交割必须通过财政部指定的国债记账系统进行。

第二十八条　国债期货交易场所应当建立符合期货监督管理和实际监控要求的信息系统,并根据中国证监会和财政部的要求向其提供国债期货市场信息。

第二十九条　中国证监会有权随时派员检查国债期货交易场所及其会员单位的有关国债期货交易的业务、财务状况、各种交易所记录、文件以及会计账簿等有关资料。

第三十条　国债期货交易场所应当在每一财政年度终了后三个月内，将经会计事务所或者审计事务所审计的资产负债表和损益表报送中国证监会和财政部备案。

第四章　国债期货经纪业务管理

第三十一条　国债期货经纪机构从事国债期货经纪业务应当履行下列职责：

（一）建立和保管账簿、交易记录和其他业务记录；

（二）将自营业务与经纪业务严格分开；

（三）未经客户允许不得擅自挪用、出借客户保证金；

（四）及时客观地向客户披露信息，为客户保守商业秘密；

（五）在营业场所向客户提供风险说明书；

（六）如实记录、及时执行客户指令并通知成交结果；

（七）中国证监会规定的其他职责。

第三十二条　国债期货经纪机构应当为客户开设"国债期货交易专项账户"。国债期货经纪机构在接受客户办理开户手续时，应当提供国债期货风险说明书，在国债期货经纪机构从业人员对国债期货的风险和交易程序进行充分解说后，交客户签字并注明签字日期。国债期货风险说明书的格式由国债期货经纪机构制定，报中国证监会备案。

国债期货经纪机构应当就其营业范围内的国债期货交易场所的交易规则规定的有关事项准备说明书，供顾客参考。

第三十三条　国债期货经纪机构接受客户委托从事期货交易前，应当先与客户签订交易委托书，并对其填写的事项进行详细核对，检查是否有错误或遗漏。在签定交易委托书以前，不得接受客户委托。

第三十四条　交易委托书至少应当包括以下内容：

（一）开户日期；

（二）委托人姓名、年龄、性别、出生地、职业、地址、电话、身份证号码（法人应当载明企业名称、法人代表、企业所在地）；

（三）委托人委托国债期货经纪机构从事期货交易的方式及双方联系方法；

（四）国债期货经纪机构执行委托方式；

（五）国债期货经纪机构因故无法开展业务时的客户账户处理办法；

（六）保证金或者其他款项的收付方式；

（七）保证金专户存款的利息归属；

（八）国债期货交易手续费及其他相关费用的规定事项；

（九）通知追加保证金的方式及时间；

（十）国债期货经纪机构应当提供咨询及服务事项的范围；

（十一）纠纷处理方式；

（十二）解除委托契约的手续；

（十三）其他与当事人权利义务有关的必要记载事项。

第三十五条　国债期货交易的委托人是自然人的，应当由本人持身份证原件办理开户手续，并当场签字；国债期货交易委托人是法人的，被授权开户者应当出具法人登记证明文件复印件、法人授权书及被授权人身份证原件办理开户手续，开户手续完成以前，不得接受委托。

第三十六条　国债期货经纪机构不得为有下列情况之一者开设账户：

（一）不具有完全民事行为能力的；

（二）法人开户但未能提出法人授权开户证明书的；

（三）期货监管人员和国债期货从业人员；

（四）违反有关证券、期货、外汇交易等的法律、行政法规，受到主管机构处罚未满三年的；

（五）中国证监会规定的其他情况。

国债期货经纪机构对于已经开户而有上述情况之一者，应当立即停止接受其新的交易指令，但为清理原有持仓所下的指令除外。

国债期货经纪机构在上述客户结清其债权债务后，应当立即撤销其国债期货交易账户。

第三十七条　国债期货经纪机构可以通过下列方式接受客户委托：

（一）客户当面委托；

（二）书信方式委托；

（三）传真方式委托；

（四）电话方式委托。

以前款（一）、（二）、（三）项规定的方式接受委托，应当有客户签字；以前款（四）项规定的方式接受委托，应当予以录音，并事后补办书面委托手续。

第三十八条　国债期货经纪机构接受客户委托从事国债期货交易，应当根据客户的资信情况和投资经验等评估其从事国债期货交易的能力，如果判定客户的信用状况和财力不具有从事国债期货交易的能力，有权拒绝其委托。

第三十九条　对于开户后连续六个月未从事国债期货交易的客户,如欲继续进行国债期货交易,必须按照本办法第三十二条和第三十三条的规定和程序重新在风险说明书和交易委托书上签字。

第四十条　国债期货经纪机构接受客户委托进行国债期货交易,应当向客户收取交易保证金。国债期货经纪机构对客户收取的交易保证金不得低于本办法第二十条规定的比例。

第四十一条　除下列情况外,国债期货经纪机构不得从客户保证金账户中提取款项:

(一)按照客户的指示交付结余保证金;

(二)客户应当支付的实际交易亏损;

(三)客户应当支付给期货经营机构的手续费和其他费用;

(四)经与客户协商达成书面协议的可提取款项。

第四十二条　国债期货经纪机构不得允许客户透支从事国债期货交易。

第四十三条　国债期货经纪机构接受客户委托进行交易时,应当由客户逐项明确授权,不得接受客户全权委托。

第四十四条　国债期货经纪机构不得出借自己的名称供他人从事国债期货经纪业务。

第四十五条　国债期货经纪机构应当对客户资金来源进行严格审查,不得允许法人客户以自然人名义或者自然人客户以法人名义开户。

第四十六条　国债期货经纪机构及其从业人员不得以任何方式向客户保证盈利或者分担交易中的损失,不得以任何方式与客户分享期货交易中所得的利润,因期货经营机构操作失误导致客户损失而给予赔偿的除外。

第四十七条　国债期货经纪机构受托从事国债期货业务,应当在成交后立即将结果通知委托方,并在闭市后向委托方提供交易报告书。交易报告书应当列明下列事项:

(一)账号及户名;

(二)成交日期及时间;

(三)交易所名称;

(四)成交合约、数量及交割月份;

(五)成交价格;

(六)买入或卖出;

(七)开仓或平仓;

（八）所需保证金数额；

（九）交易手续费；

（十）税款；

（十一）其他需要载明的事项。

第四十八条　国债期货经纪机构应当按月编制客户交易月报，交客户确认。客户交易月报应当至少保存五年以上。客户交易月报应当列明下列事项：

（一）委托人的姓名（或名称）及账号；

（二）当月所有成交的国债合约、买卖、数量、价格和交割月份；

（三）月底未平仓国债期货合约总量；

（四）当月保证金存款的提存情况和余额；

（五）交易盈亏数额；

（六）交易手续费和税款数额；

（七）其他需要载明的事项。

第四十九条　国债期货经纪机构的所有国债期货成交情况应当有完整记录，并至少保存至合约到期日后五年。国债期货经纪机构对客户委托买卖的账目至少保存五年。

第五十条　在国债期货经纪机构任职，从事国债期货交易的开户、受托、执行交易指令、咨询、保证金收付、结算、业务稽核等的从业人员必须取得中国证监会授权机构颁发的《期货经营机构从业人员资格证书》。未取得资格证书者不得从事国债期货交易的经纪业务及其相关业务。

国债期货经纪机构应对其所聘用的从业人员的经纪行为承担全部民事法律责任。

第五十一条　国债期货经纪机构应当从人员、账目、执行交易指令的通道等方面严格将自营业务和经纪业务分开。

第五十二条　证监会有权随时派员检查国债期货经纪机构有关国债期货交易的业务、财务状况、各种交易记录、文件以及会计账簿和其他有关材料。

第五十三条　国债期货经纪机构应当按照中国证监会和财政部的规定，按时报送有关国债期货交易的业务报表，并在每个会计年度结束后的三个月内提交营业报告书和下列由会计事务所或者审计事务所审计的财务报告：

（一）资产负债表；

（二）损益表；

（三）财务状况变动表。

第五章　法律责任

第五十四条　对违反本办法的单位和个人，由中国证监会进行调查和处罚，必要时会同有关部门进行调查和处罚。

第五十五条　国债期货交易场所违反本办法规定，有下列行为之一的，根据不同情况，单处或并处警告、通报、没收非法所得、人民币十万元以上三百万元以下的罚款、暂停或停止其从事国债期货交易的资格。

（一）不依照本办法第八条的规定制定国债期货交易规则，或者不将制定或修改的上述文件报送中国证监会核准的；

（二）不按规定公布市场信息，或者故意公布虚假信息，对市场产生误导并造成不良后果的；

（三）不按规定提取风险基金或者擅自使用风险基金的；

（四）不按制定的有关规章管理会员的国债期货交易行为的；

（五）擅自挪用会员交纳的保证金的；

（六）不按规定保存有关交易记录的；

（七）拒绝协助中国证监会、财政部及有关部门查处国债期货交易违法行为的；

（八）泄露会员的交易秘密的；

（九）涂改、伪造交易记录、财务报表、账册或者其他有关期货结算、担保的文件、资料的；

（十）组织虚假交易或者内幕交易的；

（十一）允许会员透支进行国债期货交易的；

（十二）使用不正当手段诱导会员或者其出市代表过量下单的；

（十三）其他违反本办法的行为。

对前款所列行为负有直接责任的主管人员和其他责任人员，根据不同情况，单处或并处警告、通报、处以一万元以上十万元以下的罚款；情节严重的，责令国债期货交易场所解除其职务。

第五十六条　国债期货经纪机构有下列行为之一的，根据不同情况，单处或者并处警告、通报、没收非法所得、人民币五万元以上一百万元以下罚款、责令停业整顿，暂停或取消其国债期货经纪业务资格：

（一）违反本办法第四十一条规定，擅自挪用客户保证金或套用不同账户之间的资金的；

（二）私下对冲的；

（三）与客户私下约定分享利益或者共同承担风险的；

（四）未按照规定将经纪业务与自营业务分开的；

（五）利用客户账户或者名义为自己从事交易的；

（六）故意制造、散布虚假信息的；

（七）伪造、涂改、买卖各种交易凭证和文件的；

（八）泄露客户的委托事项或者与之有关的信息的；

（九）接收客户的全权委托的；

（十）不按客户交易指令从事交易的；

（十一）制造虚假交易或者进行场外交易的；

（十二）通过合谋，集中资金优势，联合买卖，操纵国债期货交易价格，获取不正当利益或者转嫁风险的；

（十三）拒绝协助中国证监会查处期货交易违法行为的；

（十四）允许客户透支参与国债期货交易的；

（十五）允许以自然人名义为法人开户或者以法人名义为自然人开户进行国债期货交易的；

（十六）为未办理开户手续的人从事交易的；

（十七）其他违反本办法的行为。

对前款所列行为负有直接责任的主管人员和直接责任人员，单处或者并处警告、通报、没收非法所得人民币一万元以上十万元以下的罚款；情节严重的，责令国债期货经纪机构予以除名，并吊销其《期货经营机构从业人员资格证书》。

第五十七条　对未经中国证监会商财政部批准，擅自上市国债期货合约的交易场所限期停止国债期货交易，没收全部非法所得、处以十万元以上三百万元以下的罚款。

对前款所列行为负有直接责任的主管人员和其他直接责任人员，根据不同情况，单处或并处警告、通报、处以一万元以上十万元以下的罚款；情节严重的，责令上述机构解除其职务。

第五十八条　对未经中国证监会批准，擅自开展国债期货经纪业务的机构，限期停止国债期货经纪业务，没收全部非法所得、处以十万元以上一百万元以下的罚款。

对前款所列行为负有直接责任的主管人员和其他直接责任人员，根据不同情况,单处或并处警告、通报、处以一万元以上十万元以下的罚款;情节严重的,责令上述机构解除其职务。

第五十九条　国债期货交易场所的会员单位及其出市代表违反国债期货交易规则,国债期货交易场所可以依据章程、业务规则及会员管理办法予以处分。

第六十条　违反本办法规定,给他人造成损失的,应当依法承担民事赔偿责任。

第六十一条　违反本办法规定,构成犯罪的,移交司法部门依法追究刑事责任。

第六章　附则

第六十二条　本办法实施后,现行的有关国债期货交易的规定和管理办法与本办法不一致的,以本办法为准。

第六十三条　关于中华人民共和国境内的外资企业参加中国国债期货交易的管理办法,由中国证监会会同有关部门另行制定。

第六十四条　本办法由中国证监会负责解释。

第六十五条　本办法中规定的国债期货交易场所和国债期货经纪机构除接受本办法管理以外,还必须遵循国家有关期货市场、证券市场的法律、行政法规的规定。

第六十六条　本办法自下发之日起实施。

附录 4　上交所 327 合约与北商所 401506

上交所 327 合约

时间	开盘	最高价	最低价	收盘	结算价
1.3	147.86	148.06	147.75	147.87	147.93
1.4	147.82	147.96	147.40	147.52	147.67
1.5	147.42	147.62	146.32	146.71	146.87
1.6	146.70	147.22	146.34	147.20	146.74
1.9	147.28	147.35	146.75	146.86	147.01
1.10	146.57	147.20	146.57	147.10	147.03
1.11	147.13	147.84	147.11	147.75	147.57
1.12	147.89	148.45	147.33	147.36	147.88
1.13	147.25	147.73	147.21	147.58	147.51
1.16	147.68	147.78	147.25	147.36	147.42
1.17	147.29	147.54	146.95	147.42	147.23
1.18	147.40	147.48	147.05	147.10	147.20
1.19	146.90	147.21	146.75	147.16	147.09
1.20	147.25	147.33	147.15	147.23	147.22
1.23	147.28	147.60	147.21	147.46	147.45
1.24	147.43	147.47	146.91	146.92	147.18
1.25	146.85	147.28	146.80	147.28	147.07
1.26	147.30	147.49	147.19	147.42	147.34

合约 1995 年 1—2 月交易数据

成交量	成交量增减/增减比例		持仓量	持仓量增减/增减比例	
582329	41998	7.78%	1005992	−50545	5.29%
626893	44564	7.65%	986789	−19203	−1.91%
1509930	883037	140.85%	1090099	103310	10.47%
1302013	−207917	−13.77%	1010723	−79376	−7.28%
636037	−665976	−51.15%	927284	−83439	−8.26%
613706	−22331	−3.51%	979737	52453	5.66%
1107733	494027	80.50%	1099798	120061	12.25%
2541804	1434071	129.46%	1156908	57110	5.19%
1403435	−1138369	−44.79%	1254098	97190	8.40%
739168	−664267	−89.87%	1125338	−128760	−10.27%
999458	260290	35.21%	1114749	−10589	−0.94%
602676	−396782	−39.70%	1175279	60530	5.43%
2006008	1403332	232.85%	1646372	471093	40.08%
710918	−1295090	−64.56%	1523885	−122487	−7.44%
911095	200177	28.16%	1575753	51868	3.40%
1322002	410907	45.10%	1635463	59710	3.79%
1019323	−302679	−22.90%	1408031	−227432	−13.91%
380907	−638416	−62.63%	1372093	−35938	−2.55%

时间	开盘	最高价	最低价	收盘	结算价
1. 27	147. 40	147. 67	147. 37	147. 61	147. 54
2. 6	147. 69	148. 11	147. 63	148. 10	147. 93
2. 7	148. 18	148. 25	147. 84	148. 00	148. 07
2. 8	147. 96	148. 07	147. 83	147. 85	147. 93
2. 9	147. 85	148. 26	147. 81	148. 18	148. 06
2. 10	148. 06	148. 50	148. 06	148. 10	148. 20
2. 13	148. 12	148. 15	147. 90	147. 92	148. 03
2. 14	147. 91	148. 28	147. 87	148. 28	148. 10
2. 15	148. 30	148. 44	148. 19	148. 25	148. 32
2. 16	148. 28	148. 35	148. 18	148. 30	148. 27
2. 17	148. 31	148. 34	148. 13	148. 14	148. 20
2. 20	148. 11	148. 34	148. 11	148. 23	148. 22
2. 21	148. 36	148. 49	148. 16	148. 20	148. 28
2. 22	148. 24	148. 31	148. 19	148. 21	148. 25
2. 23 [1]	149. 50	151. 98	148. 40	151. 30	150. 58
2. 24	151. 80	151. 80	151. 80	151. 80	151. 80

1　本组数据为剔除当日违规交易之后的数值。

成交量	成交量增减/增减比例		持仓量	持仓量增减/增减比例	
387319	6412	1.68%	1384271	12178	0.89%
755363	368044	95.02%	1547737	163466	11.81%
983481	228118	30.20%	1686590	138853	8.97%
552573	−430908	−43.81%	1834620	148030	8.78%
1270915	718342	130.00%	2223873	389253	21.22%
1492064	221149	17.40%	2419814	195941	8.81%
825095	−666969	−44.70%	2338897	−80917	−3.34%
1058600	233505	28.30%	2328868	−10029	0.43%
1770789	712189	67.28%	2518489	189621	8.14%
996633	−774156	−43.72%	2580718	62229	2.47%
1385941	389308	39.06%	2885320	304602	11.80%
706520	−679421	−49.02%	2957309	71989	2.50%
1722064	1015544	143.74%	3371947	414638	14.20%
978070	−743994	−43.20%	3638878	266931	7.92%
12058230	11080160	113.29%	4424399	785521	21.59%
792050	−112661	−0.93%	3897166	−527233	−11.92%

北商所 401506 合约 [1]

时间	今开盘	最高价	最低价	收盘	结算价
1. 16	149. 16	149. 48	148. 74	149. 08	149. 08
1. 17	149. 49	148. 79	148. 96	148. 94	——
1. 18	149. 11	149. 43	148. 58	148. 86	149. 00
1. 19	148. 72	148. 98	148. 20	148. 81	148. 58
1. 20	148. 94	148. 94	148. 94	148. 90	148. 82
1. 23	148. 98	149. 54	148. 77	149. 10	149. 18
1. 24	149. 10	149. 49	148. 74	148. 74	148. 96
1. 25	148. 35	149. 17	147. 81	148. 18	148. 16
1. 26	148. 30	148. 80	148. 30	148. 37	148. 48
1. 27—2. 8	休市				
2. 9	148. 74	149. 10	148. 44	148. 87	148. 74
2. 10	149. 15	149. 49	148. 49	148. 78	148. 94
2. 13	148. 74	148. 88	148. 58	148. 68	148. 70
2. 14	148. 68	148. 99	148. 27	148. 86	148. 72
2. 15	148. 96	149. 48	148. 54	148. 92	148. 96
2. 16	148. 91	149. 34	148. 86	148. 92	148. 90
2. 17	148. 92	148. 98	148. 86	148. 86	148. 90
2. 20	148. 79	148. 92	148. 78	148. 90	148. 82
2. 21	148. 98	149. 23	148. 57	149. 08	149. 06
2. 22	149. 11	149. 47	148. 65	149. 38	149. 20
2. 23	150. 00	151. 18	149. 55	151. 18	151. 00
2. 24	152. 44	152. 98	151. 61	152. 98	152. 66
2. 27	153. 14	153. 14	153. 14	153. 14	——
2. 28	153. 14	153. 14	153. 62	153. 62	

---

1 该合约 1995 年 1 月 16 日之前的数据缺失,但是并不妨碍还原当时历史过程的完整性。

成交量	成交量增减/增减比例		持仓量	持仓量增减/增减比例	
541694	—	950150	—		
236186	−305508	−56.40%	965196	15046	1.58%
317942	81756	34.62%	1090368	125172	12.97%
932526	614584	193.30%	1256400	166032	15.23%
248538	−683988	−73.35%	1261454	5054	0.40%
1029068	780530	314.05%	1667224	405770	32.17%
495356	−533712	−51.86%	1812038	144814	8.69%
2054318	1558962	314.72%	2000240	188202	10.39%
785878	−1268440	−61.75%	2183432	183192	9.16%
768660	−17218	−2.19%	2376302	192870	8.83%
991194	222534	28.95%	2454754	78452	3.30%
229728	−761466	−76.82%	2482776	28022	1.14%
231820	2092	0.91%	2509124	26348	1.10%
674982	443162	191.17%	2599572	90448	3.60%
151084	−523898	−77.62%	2592338	−7234	−0.28%
159702	8618	5.70%	2687738	95400	3.68%
146740	−12962	−8.12%	2637276	−50462	−1.88%
948632	801892	546.47%	2926952	289676	10.98%
1051218	102586	10.81%	3412140	485188	16.58%
1438780	387562	36.87%	2724022	−688118	−20.17%
3188548	1749768	121.61%	1297930	−1426092	−52.35%
410920	−2777628	−87.11%	947616	−350314	−26.99%
626000	215080	52.34%	302000	−645616	−68.13%

附录 5　刘鸿儒对 327 的反思 [1]

在整个国债期货试点时期,我国的国债现货市场规模狭小,利率市场化尚未进行,政府没有建立起相应的法律法规以及监管体系,交易所的风险管理制度及合约设计存在重大缺陷。在这种情况下,如果国债期货市场的政策环境发生重大变化,这些隐藏在国债期货背后的矛盾就迅速激化,使国债期货很快演变为少数投机者操纵市场、获取暴利的工具和牺牲品。因此,327 国债期货事件的发生,表面上看是由少数大户违规造成,实际上是当时我国经济运行过程中各方面深层次矛盾的反映。归结起来,主要有以下四个方面的教训:

1. 最根本的原因在于整个社会对国债期货的套期保值需求不足,投机气氛过为浓烈

（1）债券现货市场规模过小

从国际经验来看,国债期货的顺利进行,必须有一个具有合理市场规模的债券市场为基础。市场容量过小,一方面使得国债期货套期保值需求不足,影响期货市场的健康发展,另一方面也容易导致市场操纵和过度投机,造成"多逼空"的市场格局,助长投机气氛。在我国国债期货市场发展过程当中,曾先后发生过 314、327、319 国债期货三次风险事件,"多逼空"是其共同的特点。以 327 国债期货品种为例,其对应的现货（1992 年发行的 3 年期国债）只有 246.79 亿元,即便是混合交收,国债的实际流通量也不过 650 亿元,远远不能满足国债期货交割的需要。

按上海证券交易所初始保证金 2.5% 计算,在不考虑持仓量限制的情况下,1000 亿元国债仅需保证金 25 亿元,而当时交易所国债期货保证金最多时达 140 多亿元。在这种情况下,市场被操纵的可能性大大增加。在 327 国债期货事件之前,上海证券交易所就曾经出现了 314 品种在临近交割时,

---

1　摘自刘鸿儒:《突破——中国资本市场发展之路》,中国金融出版社 2008 年 12 月版,第 633—638 页。在书中,1995 年国债期货事件发生时担任中国证券期货监督管理委员会主席的刘鸿儒坦言:"我在任期间,忙于股票市场,没有力量研究债券市场,退下来以后作了一些调研","在 2004 年我和上海期货交易所的一部分专家和有关部门的专家一起,研究了 327 国债期货事件的经验教训"。本文即为刘鸿儒对整个国债期货事件的反思和总结。

持仓总量超过了 1992 年国债的实际发行量的情况,从而形成了逼空行情,使该品种无法顺利交割。

（2）利率机制僵化,社会对国债期货的需求不足

1995 年,我国的利率市场化改革尚未起步,货币市场利率和银行存贷款利率都处于国家的严格管制之下。尽管国家也曾根据宏观经济形势的变化多次调整存贷款利率,但调整频率低,调整幅度大,远不能及时、灵活地满足宏观经济运行的需要。以一年期存贷款利率为例,1992—1995 年 4 年间,我国一年期储蓄存款利率只调整了一次,一年期贷款利率调整了两次,每次调整幅度平均分别为 180 个和 135 个基点。

由于利率体制僵化,1993—1995 年间国债投资者面临的主要风险不是利率风险,而是通货膨胀风险和政策风险。社会对国债期货的需求,不是来自于市场利率的波动,而是对未来通货膨胀以及相应的国家政策调整的预期。在现货市场不发达、信息披露不规范以及政府对市场的调控方式非市场化情况下,国债期货很容易演变为多空双方对赌的工具,而不是用于规避利率风险的手段,使国债期货成为"政策市"、"消息市"的牺牲品。

我国国债期货试点中几次大的风波都与国家政策的不当干预有关。当时我国的国债政策完全以如何促进国债发行作为出发点,而对国债的市场特征则考虑得较少。1993 年国债发行困难,财政部先是宣布延长国债发行期,看到销售情况没有改观,又在 7 月 11 日匆匆抛出对国债进行保值补贴的决定。为配合 1995 年国债的大规模发行,财政部决定对 1992 年发行的 3 年期国债实行利息贴补,而且公布了较高的保值贴补率。这些做法从短期看是有效的,确实也起到了促进国债发行的作用,但从长期看,政府行为过多地介入市场,严重干扰了正常的市场运作,破坏了国债的市场特征,对国债期货市场的稳定发展产生了十分不利的影响。

2. 相关法律法规不健全、监管缺位,是导致 327 风险事件的重要原因

期货市场是个高风险的行业,要求国债期货市场在一个完善的法律框架下运行,新兴市场基本都遵循先立法后运行的规律,但是我国对国债期货市场的发展采取了"先发展后管理"的办法。国债期货市场长期在无法可依的情况下运行,有关政府部门对国债期货交易的监管缺位,交易所作为一线监管机构也没有履行对市场的自律监管职能,这是我国国债期货市场试点期间屡次发生风险事件的重要原因。

（1）国债期货试点长期在无法可依的情况下运行

我国对国债期货市场的试点缺乏统一规划和部署,对国债期货市场的

发展没有按照先立法后发展的顺序而是采取"先发展后管理"的办法,在没有全国统一的国债现货和期货管理法规和期货主管部门的情况下就大规模地开展国债期货交易。实践证明,这样的发展顺序是一个严重的失误。

在国债期货试点期间,国家立法机构和主管部门在建立健全有关国债期货监管的法律法规体系方面作出了不少努力,但离市场有序发展的实际需求仍有较大差距。例如绝大部分法规和部门规章是在 327 事件后颁布的,目的在于救火和化解市场风险,很不系统。《国债期货交易管理暂行办法》直到国债期货交易开展了两年多才出台,国债期货长期在无法可依的状况下运行。又如,交易所在国债期货交易的风险控制体系中占据着重要的地位,但是在有关国债期货的法规和部门规章中,竟然没有一部是关于交易所在国债期货交易风险管理中的地位、作用以及应该承担的责任的法规。

(2)政府有关部门对国债期货的监管存在真空

当时,与国债期货交易有关的政府机构有证监会、财政部、地方政府以及人民银行等四家。但是,在 327 国债期货事件爆发之前,由于没有明确对国债期货的监管部门,国债期货交易实际处于"四不管"状态。交易所自主性强,上市品种无须审批,各地一哄而上,不管条件是否具备都纷纷挂牌交易,抢占市场。1994 年不到一年,我国的国债期货交易场所一下子发展到14 家。不同的交易所为了各自利益,仓促推出国债期货合约交易。为了招揽客户,各交易所设计的合约和交易规则五花八门。由于缺乏强有力的、统一的政府监管,整体国债期货市场的发展处于失控和无序状态。

在监管缺位的情况下,政府监管部门对违规投机者缺乏威慑力,对于操纵市场、内幕交易等严重违规行为往往不能及时有效地查处,市场中的过度投机行为不能得到有效遏制,结果演变成 327 国债恶性违规事件的发生。

(3)交易所没有有效履行一线监管的职能

交易所作为一线监管机构,在维护市场的正常运行、保护投资者利益方面起着重要的作用。但是,在整个国债期货试点期间,交易所从自身利益出发,一味追求交易量,忽视了对市场风险的管理和控制,用现货机制管理期货,没有履行好一线监管的职能。

第一,交易所的保证金制度不合理。交易所虽然规定的是 2.5% 的保证金,但实际执行的是完全的信用交易。下单时不用计算保证金,收市后按净头寸计算保证金,所以在没有资金的情况下也能抛出巨额仓单,信用风险很大。

第二,没有涨跌停板制度。涨跌停板制度对抑制期货价格过度波动,维护市场的稳定运行有重要的作用。交易所曾经试用过涨跌停板制度,但后来因故取消,助长了交易者的投机心态。

第三,对会员和特别席位的持仓限额没有统一的标准和依据,也没有对各品种持仓比例的规定,致使交易大户在一个品种上就超出总持仓量。对超仓报单也没有明文禁止,也没有设置超仓报单的自动停报系统,可以说是信用制度下的现货交易方式。

第四,没有大户报告制度,使交易所不能及时掌握持仓大户的交易情况。在这种情况下,如果市场环境发生变化,很容易酿成风险事件。

与此形成鲜明对比的是,一些国债期货交易所,如北京商品交易所等期货交易所尽管成交量非常大,但是由于采用了期货管理模式,在国债期货交易中始终未发生任何交易风险。

3. 信息披露不规范,使得国债期货成为"消息市"的牺牲品

金融市场从根本上说是一个信息市场。国债现货市场信息的透明度以及信息披露是否规范,对期货市场的规范性具有直接的影响。国债期货价格的变化不仅取决于宏观形势的变化,而且与重大信息的披露及有关财政金融政策、信息息息相关。在证券市场比较成熟的国家,重大信息的披露及有关政策的公布均具有严格的程序和保密性,泄密者将受严惩,以保证交易具有"公开、公平、公正"性。但在我国的国债市场中,国家的国债利息政策、发行计划和保值贴补率的信息在正式公布之前就被少数人提前知晓。如1995年2月6日交易所一开市,国债期货就急升了起来,且一直居高不下,原因是已有人知道2月份公布3月份的保值贴补率高达11.82%,而普通大众要在2月10日报上公布后才知晓。在327国债期货事件中,政府对1992年3年期国债的票面利率由9.5%贴息至12.24%的消息直到25日才公布,但22日下午就已有大量的知情者,结果第二天一开市就被知情者急推至令空方爆仓的价位上,从而引发了这场事态严重的327国债期货事件。

4. 合约设计不符合国际惯例,忽视了对风险的控制

首先,合约设计方面有缺陷。当时,上海证券交易所在合约的设计方面采取了很多与国际通行惯例不同的做法。在保证金设置方面,国际上对保证金都是按照期货合约市场价格的一定比例收取,而上海证券交易所则是按票面价值计算。当时的《上海证券交易所国债期货业务试行细则》规定,对于会员自营,只收取1%的保证金,而且是按票面价值计算,若按市场价格计算只有0.7%左右。对于一般投资者,只收取2.5%保证金,也是按票面价值计算,实际只有1.5%左右。以面值计算保证金的方式使得当国债价格上涨时,实际收取的保证金比例下降,结果是放大了市场风险。

其次,在标的物选择方面,国际上国债期货合约允许交割的债券并不仅限于一种国债,凡是到期期限符合规定的债券都可以用于交割。期货合约的卖方,可通过转换因子制度,从各种不同的可交割债券中选择出最便宜的可交割债券(CTD)进行交割。这样的一种合约设计可以克服单一资产市场容量太小的弊端,最大限度地避免市场操纵问题的发生。而我国国债期货试点时期的各种国债期货是以某一年度发行的国债作基础资产,甚至以某一特定的国债(如1992年发行的3年期国债)为交易品种。由于单一品种现货市场的容量非常有限,很容易在期货市场上产生"多逼空"的现象。

附录6 姜洋对 327 事件中中央对手方 风险失控的分析[1]

如果刨除国债期货产品先天不足、万国证券等机构内控制度缺失、法律法规不健全、政府监管缺位等方面的原因，主要从中央对手方风险控制的角度看，上海证券交易所作为国债期货市场的中央对手方，没有一整套风险控制制度安排或者说有些制度虽然有，但实际上没有严格执行，当遇到风险的时候"刹车失灵"，这才是导致"327 事件"发生的一个重要原因。

1997 年，作为组长，我带领国务院"辽国发"资产负债联合调查组前往上海调查"辽国发"的资产负债问题（"辽国发"是"327 事件"中的一个重要角色），发现当时上海证券交易所在"327 事件"中，其作为中央对手方的职责定位和风险认识并不清晰，在风险控制上只有很粗略、概括的安排，规定既不详细，执行也不到位，更难有什么周密、精细可言。因此从这个角度看，风险的发生似乎是必然而且顺理成章的。与之形成巧妙对比的是，当时也在进行国债期货交易的北京商品交易所，建立了一套较为完备的包括保证金制度、限仓制度、逐日实时盯市制度、涨跌停板制度的风险控制机制，中央对手方风险控制制度的落实比较到位，所以没有出现大的风险。归结下来，当时上海证券交易所在国债期货市场中央对手方风险控制方面存在以下几个问题。

一是限仓管理太松、制度形同虚设。当时的上海证券交易所国债期货交易风险管理制度规定："交易所根据会员公司的资本金、经营信誉和管理经验，按 20 万口[2]、10 万口、5 万口与 1 万口的标准，核定各会员公司围债期货的最高持仓限额。……任意客户在单一品种合约上的最高持仓不得超过 5 万口。"[3] 但在实际操作中，持仓限额的规定并未得到严格执行。一方面，上海证券交易所为了做大交易量，对于市场份额比较大的会员公司，主动突破持仓限额的规定，且没有统一的标准和依据。比如交易所核定给万国证券和中经开的持仓限额均为 40 万口（万国证券的说法是，交易所核定给它的持合限额是 70 万口）。另一方面，对会员和客户明目张胆地突破持

1　摘自姜洋：《发现价格：期货和金融衍生品》，中信出版集团 2018 年 9 月版，第 251—258 页。

2　这里的"口"即"手"，一口等于一张合约。

3　陆一：《中国赌金者——327 事件始末》，上海远东出版社 2015 年 1 月版，第 64 页。

仓限额规定,交易所则视而不见。比如 1995 年 2 月 23 日一开盘,辽国发控制下的无锡国泰期货公司超仓数倍卖出 200 万口 327 合约。此外,为了规避交易所的限制,当时市场无论做多或做空,到处外借席位开仓成为风气,如万国证券、辽国发等空头先后在外借用了广发、兴业、海发、京发、安徽、财政、华夏、深发等券商的期货仓位大量开设空仓,多头也是如此。而交易所在 327 事件发生前,对市场上普遍出现的分仓、借仓等行为基本采取不闻不问、放任自流的态度。交易所的失职,最终导致了两方面的后果。

1. 由于没有任何的外部监管约束和干预,在国债期货市场上"杀红了眼"的万国证券在 327 合约上的空头持仓节节攀升。从 1 月 23 日的 25 万口、1 月 27 日的 40 万口、2 月 16 日的 87 万口、2 月 17 日的 130 万口、2 月 22 日的 144 万口,一直上升到 2 月 23 日离收盘 8 分钟前的 193 万口。仓位越来越高,价格的任何不利变动都会使万国证券面临巨大的亏损,最终只能选择孤注一掷。如果交易所严格认真执行限仓制度,把任何会员的仓位都牢牢控制在 40 万口的限额以下,万国证券就不会发生那么大的亏损,也就不会激发起它越来越大的"赌性"。这就是期货市场外部监管的作用,有效的监管制度能够抑制市场参与者的非理性行为和赌徒心理,而无效的监管制度则会使这种非理性行为进一步放大。

2. 限仓制度未嵌入交易所技术系统,给了万国证券拼死一搏的机会。如果限仓制度在交易所技术系统中得到真正实现,无论是 2 月 23 日一开盘辽国发的 200 万口空单,还是离收盘最后 8 分钟万国证券的 2000 多万口空单,都下不到交易所的技术系统里,也就不会使结算系统出现巨大的风险敞口。这说明制度不能仅停留在纸上,必须要在技术上实现,这样即使投机者已经失去理性,其交易指令会被技术系统挡住,就能杜绝这种巨大的穿仓风险发生。而当时上海证券交易所国债期货市场的实际情况恰好相反!

二是保证金制度没有得到严格的执行。上海证券交易所的老员工陆一在其《中国赌金者——327 事件始末》一书中写道,上海证券交易所的国债期货交易规则中,保证金控制和持仓限额这两条是明文公布并得到市场各方认可的、维持上海国债期货市场运转的基本法则。[1] 但就是这两条基本法则的失守,最终导致了灾难的发生。限仓制度如此,保证金制度更是如此。

1. 保证金制度"似有实无"。上海证券交易所虽然有保证金的规定,但实际执行的是完全的信用交易。会员或客户在下单时不用计算保证金,收

---

1 陆一:《中国赌金者——327 事件始末》,上海远东出版社 2015 年 1 月版,第 117 页。

市后按净头寸计算保证金,所以在没有资金的情况下也能抛出巨额仓单,信用风险很大。

2. 保证金设置"名高实低"。期货交易的保证金一般都是按照期货合约市场价格的一定比例收取的,而上海证券交易所是按票面价值计算。对于会员自营,只收取票面价值(100元)1%的保证金,若按市场价格(150元左右)计算只有0.7%左右。对于一般投资者,只收取2.5%的保证金,实际只有1.8%左右。在这种方式下,随着国债期货市场价格上涨,实际收取的保证金比例还在不断下降,杠杆进一步加大。

3. 保证金收取"虚实难辩"。当时,辽国发等国债期货交易大户用国债"代保管单"或"入库通知单"作为国债期货交易的保证金,而这些"代保管单"或"入库通知单"都是一些没有现券依托的虚假空单。其在与交易所进行的国债回购业务中也是"如法炮制"。此外,在辽国发持有的国债期货合约空仓到期交收时,其无法交付足够的符合要求的现货券,用于替代交收的"代保管单"或"入库通知单"也是空单。在上述国债期货交易和国债回购业务中,辽国发对上海证券交易所共形成总负债64.38亿元,其中直接和国债期货交易相关的有20多亿元。[1]

4. 会员与客户的保证金"彼此不分"。国际期货市场的惯例是中介机构的资金应与客户的资金隔离。但上海证券交易所对会员国债期货保证金的使用没有专门的规定,会员的自营交易与代理客户交易混在一起,会员经常对少数大户以融资、少收保证金、垫支保证金等形式,允许他们透支进行国债期货交易。

三是没有涨跌停板制度与保证金制度的协调安排。327事件发生之前,北京商品交易所就对国债期货交易实行了涨跌停板制度,但上海证券交易所一直没有实行,这在一定程度上助长了交易者的投机心态。而且,当市场价格波动加大时,容易导致会员或客户的保证金穿仓风险。327事件发生之后,北京商品交易所决定将国债期货的保证金提高到3%,将涨跌停板限制到2%,确保交易所收取的保证金水平能够覆盖单日可能发生的最大波动。这是期货市场100多年总结出来的覆盖风险的逻辑和风险文化。而上海证券交易所是以现货交易为主,文化理念、风险防范逻辑与期货不同。因此,上海证券交易所出台的新规定,虽然也开始对国债期货交易实行涨跌停板制度,但并未考虑与保证金制度匹配的问题,仍然无法有效覆盖价格波动的

---

1 陆一:《中国赌金者——327事件始末》,上海远东出版社2015年1月版,第164页。

风险。这也许是证券现货与期货风险文化有区别而导致的。

四是盘中实时监控（盘中盯市）缺位。有了交易规则，但技术系统跟不上，没有技术手段控制，也是没有用的。对市场交易行为"看不见""说不清"，最后的结局就是"管不住"。从当时上海证券交易所的情况看，对国债期货市场既没有盘中实时监控的意识和概念，也没有相应的技术和人才配置，导致持仓限额和保证金控制这些风险控制制度只停留在纸面上，根本落不到实处。体现在以下 4 个方面：

1. 对于万国证券、辽国发等大户盘中公然的超额开仓、突击砸盘等行为，上海证券交易所事前无法控制、事中无法制止，束手无策。

2. 对市场上普遍存在的规避交易所规则限制的借仓、暗仓等行为，上海证券交易所没有任何监测监控的手段，发现不了。直到"327 事件"发生的当天上午，上海证券交易所对万国证券长期存在的严重超仓行为还完全不知道，更别提按规定强行平仓了。

3. 对盘中的保证金透支和风险缺口底数不清、情况不明。和北京商品交易所的"逐笔盯市"不同，上海证券交易所的保证金只是"逐日盯市"，所以无法实时控制每笔交易的保证金是否足够。2 月 23 日上午，在万国证券、辽国发的账户已经巨额亏损、保证金严重透支的情况下，它们还能大量透支开设仓位，进一步放大了市场风险。

4. 对市场操纵、对倒等严重违规行为司空见惯、听之任之。当时的国债期货市场上，中介机构联手操纵市场，同一会员不同席位、同一客户不同账户间互相对倒操纵市场价格的行为非常普遍。这些行为扭曲了市场价格、扰乱了市场秩序，无论是按国际期货市场上的规定，还是按我国期货市场现在的规定，都属于严重的犯罪行为。但当时没有法律法规，交易所也没有相应的规则，对此一直处于司空见惯、听之任之的状态。

五是缺乏其他风险控制制度安排，即使有，也执行不到位。如上海证券交易所没有大户报告制度，不能及时掌握辽国发等持仓大户的交易情况；没有单笔报单的最高限额；没有严格执行逐日盯市制度等。

由于上海证券交易所的风险控制制度不完善，实际执行中又存在这样或那样的问题，严重影响和极大削弱了其作为中央对手方的公信力和权威性。当市场中有一方发生较大亏损时，他们不认为是自己的市场判断、风险控制、交易策略出了问题，不是想着自己要去调整或补救，而是认为大家都在违规，"认赌却不服输"，寄希望于交易所临时改变规则或取消对他们不利的交易。327 合约上如此，在这之前的 314 合约上也是如此。在这种情况下，市场参与者的非理性或赌性被急剧放大了。当这些恶性投机者的无理要求被交易所拒绝以后，2 月 23 日当天，无论是万国证券还是辽国发都抱着同样的心思，那就是妄图用规模更大的违规交易绝地反击，万一胜了则一举扭转局面，败了就把所有的透支和亏损甩给交易所，让交易所去擦屁股。从某种意义上来说，在当时的上海国债期货市场，不健全的中央对手方清算机制不仅没有起到控制风险的作用，反而为违规者肆无忌惮的惊天豪赌提供了可乘之机，风险潮水般地涌过来，穿过那一道道形同虚设的控制阀口，迅速堆积到交易所的结算系统上。一旦风险足够大，交易所的结算系统不堪重负而崩溃，清算中断，系统性风险也就发生了。所幸，327 事件发生的当天，在上海市政府的紧急协调和相关金融机构的支持下（当时交易所还属地方管理），结算得以完成，系统性风险最终得以避免。上海证券交易所逃脱了中央对手方违约致使市场崩溃的命运。[1]

---

1 这次风险事件留下的 30 多亿元结算资金缺口，上海证券交易所和中国证券登记结算有限公司从 1998 年开始到 2001 年 4 年时间通过动用坏账准备、风险基金以及上海市财政的拨付资金才逐步补上。

办理借款合同及支付利息。嗣后,朱经管金生同意,将上述公款连同管、朱的私款计息借给朱的亲戚,进行经营活动。1995年2月。管金生得知上述借出的人民币20万元,已由朱的亲戚归还并支付利息人民币4万元后,将该款用于管个人购买国债,因故未成。上述挪用的公款人民币20万元于本案案发后被追回。

以上事实,有查获的赃款和有关的合同、财务凭证、收据以及任免呈报表等物证、书证;有上海市人民检察院《笔迹鉴定书》和外汇牌价证明材料及证人证言等证明属实,证据确实、充分。

本院认为,被告人管金生身为国家工作人员,利用职务便利在业务活动中为他人谋取利益,非法收受贿赂3次,受贿金额共计人民币29万4千余元,其行为已构成受贿,其数额特别巨大;管金生还利用职务便利,挪用公司公款3次,共计人民币240万元,供他人进行营利活动,于案发后才予归还,其行为又构成挪用公款罪,且情节严重,依法应予两罪并罚。鉴于管归案后能坦白上述犯罪事实,且其犯罪所得已被全部追回,酌情可予从轻处罚,管金生在庭审中辩称其行为不构成犯罪,经查与客观事实不符,本院不予采信。为维护国有企业的管理秩序,保护公共财产不受侵犯,依照全国人大常委会《关于惩治贪污罪贿赂罪的补充规定》第四条、第五条、第二条第一款第一项、第三条、第十二条和《关于惩治违反公司法的犯罪的决定》第十二条以及《中华人民共和国刑法》第五十二条、第六十四条之规定,判决如下:

一、被告人管金生犯受贿罪,判处有期徒刑15年,剥夺政治权利4年,并处没收个人财产人民币10万元;犯挪用公款罪,判处有期徒刑9年,剥夺政治权利1年;决定执行有期徒刑17年,剥夺政治权利5年;并处没收个人财产人民币10万元;

二、挪用的公款予以追缴,受贿和挪用公款所得予以没收。

如不服本判决.可在接到判决书的第二日起10日内,通过本院或者直接向上海市高级人民法院提出上诉。书面上诉的,应交上诉状正本一份,副本一份。

审判长赵卫平
审判员周芝国
代理审判员周理庸
1997年2月3日
(院印)
本件与原本核对无异
书记员吴树信

附录 8　与证券交易所相关的法律规章演变[1]

　　在中国证券市场上,证券交易所在整个监管制度安排中的地位、角色和作用是非常怪异的。从法律上讲,它是一个相对独立的市场自律组织;但在行政管理上它是由中国证监会直接领导的派出机构;从部门规章和机构章程上讲,它的管理和理事机构应该产生自最高权力机构会员大会;但在组织人事的实际隶属上,它的领导班子是由证监会派出和任命的(证监)会管干部。

　　这种法律和法规在书面上、形式上和现实中的严重脱节和背离,是我国证券市场新兴加转轨的特殊社会政治演化背景所决定的。

　　以下是国家大法《证券法》、部门规章《证券交易所管理办法》和机构章程《证券交易所章程》这三个层面的法律规章的相关规定,以及这些规定的演变过程。

《证券法》中有关证交所的相关规定

实行日期	1999 年 7 月 1 日	2006 年 1 月 1 日
性质	证券交易所是提供证券集中竞价交易场所的不以营利为目的的法人。证券交易所的设立和解散,由国务院决定。(第九十五条)	证券交易所是为证券集中交易提供场所和设施,组织和监督证券交易,实行自律管理的法人。证券交易所的设立和解散,由国务院决定。(第一百零二条)
理事会	证券交易所设理事会。(第九十九条)	证券交易所设理事会。(第一百零六条)
总经理	证券交易所设总经理一人,由国务院证券监督管理机构任免。(第一百条)	证券交易所设总经理一人,由国务院证券监督管理机构任免。(第一百零七条)

　　资料来源:中国证监会网站。

---

[1] 摘自陆一:《谈股论经:中国证券市场基本概念辨误》第一章第四节,上海远东出版社2010 年版,第 23—37 页。

证券交易所管理办法中的相关规定的演变

	暂行办法1993年版	1996年版	1997年版	2001年版（沿用至今）
性质	证券交易所是不以营利为目的，为证券的集中和有组织的交易提供场所、设施，并履行相关职责，实行自律性管理的会员制事业法人。（第三条）	证券交易所是指依本办法规定条件设立的，不以营利为目的，为证券的集中和有组织的交易提供场所、设施，履行国家有关法律、法规、规章、政策规定的职责，实行自律性管理的会员制事业法人。（第三条）	证券交易所是指依本办法规定条件设立的，不以营利为目的，为证券的集中和有组织的交易提供场所、设施，履行国家有关法律、法规、规章、政策规定的职责，实行自律性管理的会员制事业法人。（第三条）	证券交易所是指依本办法规定条件设立的，不以营利为目的，为证券的集中和有组织的交易提供场所、设施，履行国家有关法律、法规、规章、政策规定的职责，实行自律性管理的法人。（第三条）
领导、管理和监督	由所在地的市人民政府管理，中国证券监督管理委员会监管。（第四条）	证券交易所由中国证券监督管理委员会监督管理。（第四条）	证券交易所由中国证券监督管理委员会监督管理。（第四条）	证券交易所由中国证券监督管理委员会监督管理。（第四条）
职能	（一）提供证券交易的场所和设施；（二）制定证券交易所的业务规则；（三）审核批准证券的上市申请；（四）组织、监督证券交易活动；（五）根据《股票条例》以及证券交易所业务	（一）提供证券交易的场所和设施；（二）制定证券交易所的业务规则；（三）接受上市申请、安排证券上市；（四）组织、监督证券交易；（五）对会员进行监管；（六）对上市	（一）提供证券交易的场所和设施；（二）制定证券交易所的业务规则；（三）接受上市申请、安排证券上市；（四）组织、监督证券交易；（五）对会员进行监管；（六）对上市	（一）提供证券交易的场所和设施；（二）制定证券交易所的业务规则；（三）接受上市申请、安排证券上市；（四）组织、监督证券交易；（五）对会员进行监管；（六）对上市公司进行监管；（七）设立证券登记结算机构；（八）管理和公布市场信息；

	暂行办法 1993 年版	1996 年版	1997 年版	2001 年版（沿用至今）
	规则的有关规定对上市公司进行监管；（六）依照证券交易所章程、业务规则的规定对会员的证券交易活动进行监管；（七）提供和管理证券交易所的证券市场信息；（八）证券委许可的其他职能。（第十一条）	公司进行监管；（七）设立证券登记结算机构；（八）管理和公布市场信息；（九）证券委许可的其他职能。（第十一条）	公司进行监管；（七）设立证券登记结算机构；（八）管理和公布市场信息；（九）证券委许可的其他职能。（第十一条）	（九）证监会许可的其他职能。（第十一条）
权力机构	会员大会为证券交易所的最高权力机构。（第十四条）	会员大会为证券交易所的最高权力机构。（第十七条）	会员大会为证券交易所的最高权力机构。（第十七条）	会员大会为证券交易所的最高权力机构。（第十七条）
会员大会期限	会员大会每年至少召开一次。（第十五条）	每年召开一次。（第十八条）	每年召开一次。（第十八条）	每年召开一次。（第十八条）
会员大会召集		会员大会由理事会召集。（第十八条）	会员大会由理事会召集。（第十八条）	会员大会由理事会召集。（第十八条）
日常决策机构	理事会是证券交易所的决策机构。理事会对会员大会负责。理事会每届任期三年。（第十六条）	理事会是证券交易所的决策机构，每届任期三年。（第二十条）	理事会是证券交易所的决策机构，每届任期三年。（第二十条）	理事会是证券交易所的决策机构，每届任期三年。（第二十条）
会员理事产生	会员理事由会员大会选举产生。（第十七条）	会员理事由会员大会选举产生。（第二十一条）	会员理事由会员大会选举产生。（第二十一条）	会员理事由会员大会选举产生。（第二十一条）

	暂行办法 1993 年版	1996 年版	1997 年版	2001 年版 （沿用至今）
非会员理事产生	非会员理事由证券交易所所在地人民政府会同证监会提名，会员大会选举产生。（第十八条）	非会员理事由证监会委派。（第二十一条）	非会员理事由证监会委派。（第二十一条）	非会员理事由证监会委派。（第二十一条）
理事任期	理事连续任职不得超过两届。（第十八条）	理事连续任职不得超过两届。（第二十一条）	理事连续任职不得超过两届。（第二十一条）	理事连续任职不得超过两届。（第二十一条）
理事会领导班子产生	理事长、副理事长或者常务理事由证券交易所所在地人民政府会同证监会提名，理事会选举产生，报证券委备案。（第十九条）	理事长、副理事长由证监会提名，商证券交易所所在地人民政府后，由理事会选举产生。（第二十二条）	理事长、副理事长由证监会提名，理事会选举产生。（第二十二条）	理事长、副理事长由证监会提名，理事会选举产生。（第二十二条）
经理领导班子任期	总经理、副总经理任期三年。（第二十条）	总经理、副总经理任期三年。总经理连续任职不得超过两届。（第二十五条）	总经理、副总经理任期三年。总经理连续任职不得超过两届。（第二十四条）	总经理、副总经理任期三年。总经理连续任职不得超过两届。（第二十四条）
经理领导班子产生	总经理由证券交易所所在地人民政府会同证监会提名，理事会聘任，报证券委备案。副总经理由总经理提名，理事会聘任，报证券交易所所在地人民政府和证监会备案。（第二十条）	总经理、副总经理由证监会提名，商证券交易所所在地人民政府后，由理事会聘任。总经理、副总经理不得由国家公务员兼任。（第二十四条）	总经理、副总经理由证监会任免。总经理、副总经理不得由国家公务员兼任。（第二十四条）	总经理、副总经理由证监会任免。总经理、副总经理不得由国家公务员兼任。（第二十四条）

资料来源：中国证监会网站。

上海证券交易所章程各版本的演变和比较[1]

	上海证交所章程 1990 年版	上海证交所章程 1993 年版	上海证交所章程 1999 年版（沿用至今）
宗旨	为了完善证券交易制度，加强证券市场的管理，促进我国证券事业的发展，维护国家、企业和社会公众的合法权益，特设立本所。（第一条）	为促进社会主义市场经济的发展，创建公平、稳定、高效的证券市场，维护投资者的合法权益特设立本所。（第一条）	为建立公开、公平、公正和稳定、高效的证券市场，保护投资者的合法权益，促进社会主义市场经济的发展，维护证券市场的正常秩序，根据有关法律法规，制定本章程。（第一条）
性质	本所为会员制、非营利性的事业法人。（第二条）	本所是不以营利为目的，实行自律性管理的会员制事业法人。（第三条）	本所是为证券的集中竞价交易提供场所、设施，履行国家有关法律、法规、规章和政策规定的职责，不以营利为目的，实行自律性管理的会员制法人。（第三条）
领导、管理和监督	本所接受国家证券主管机关中国人民银行的领导、管理和有关部门的监督。（第三条）		
业务或职能	1. 提供证券集中交易的场所； 2. 管理上市证券的买卖； 3. 办理上市证券交易的清算交割； 4. 提供上市证券的过户和集中保管服务； 5. 提供证券市场的信息服务；	1. 提供证券集中交易的场所和设施； 2. 组织、管理上市证券的交易活动； 3. 依法对上市公司和会员的业务经营活动进行监管； 4. 国家证券主管机关许可或委托的其他职能。（第七条）	1. 提供证券集中竞价交易的场所和设施； 2. 制定和修改本所的业务规则； 3. 接受上市申请，安排证券上市； 4. 组织、监督证券交易； 5. 按照会员的风险管理水平进行分类管理，并实施日常监管； 6. 对上市公司信息披露等行为进行监管； 7. 设立或参与设立证券登记结算公司； 8. 管理和公布市场信息； 9. 法律、法规规定的以及中国证监会许可或授权的其他职能。 　制定和修改业务规则，由本所理事会通过，报中国证监会批准。（第六条）

---

1 深圳证券交易所的各版本章程，在主要内容上和上海证交所各版本章程基本雷同。

	上海证交所章程 1990 年版	上海证交所章程 1993 年版	上海证交所章程 1999 年版（沿用至今）
	6. 中国人民银行许可或委托的其他业务。（第七条）		
权力机构	会员大会是本所的最高权力机构。（第十二条）	会员大会是本所的最高权力机构。本所会员为会员大会的当然会员。（第十三条）	会员大会由所全体会员组成，是本所的权力机构。（第十三条）
会员大会期限	会员大会每年召开一次，须由三分之二以上的会员出席。在会员大会闭会期间，经理事会或三分之二以上的会员提议，可召开会员大会的特别会议。（第十三条）	会员大会每年召开一次，须有三分之二以上会员出席。在会员大会闭会期间，经理事会或半数以上会员提议，可召开会员大会特别会议。（第十五条）	会员大会由理事会召集，每年召开一次。有下列情形之一的，应当召开临时会员大会： （一）理事人数不足本章程规定的最低人数； （二）占会员总数三分之一以上的会员请求； （三）理事会认为必要。（第十五条）
会员大会召集	会员大会由理事会召集，主席由理事长担任，理事长缺席时，由副理事长担任。（第十五条）	会员大会由理事长召集，主席由理事长担任，理事长缺席时，由理事长指定的常务理事担任。（第十六条）	会员大会主席由理事长担任，理事长缺席时，由理事长指定的副理事长或其他理事担任。（第十六条）
日常决策机构	本所设理事会，为会员大会日常事务决策机构，向会员大会负责。（第十八条）	本所设理事会，为会员大会日常事务的决策机构，对会员大会负责。（第十九条）	本所设理事会，为本所的决策机构，每届任期三年。（第十九条）

	上海证交所章程 1990 年版	上海证交所章程 1993 年版	上海证交所章程 1999 年版（沿用至今）
会员理事产生	由会员大会从会员的法定代表人或出席会员大会的代表中选举产生。（第二十条）	会员理事由会员大会选举产生。（第二十二条）	会员理事由会员大会在会员中选举产生。（第二十四条）
非会员理事产生	由中国人民银行上海市分行提名，经会员大会选举后产生。（第二十条）	非会员理事由国家规定的有权机关提名，会员大会选举产生。（第二十二条）	非会员理事由中国证监会委派。（第二十四条）
理事任期	会员理事每年轮换二人；非会员理事任期三年。（第二十条）	会员理事，非会员理事任期三年，可连选连任。（第二十二条）	理事连续任职不得超过两届。（第二十四条）
理事会领导班子产生	理事长由非会员理事担任，任期三年，由中国人民银行上海市分行提名，理事会选举并报中国人民银行总行核准。副理事长由会员理事担任，任期一年，由理事会选举产生。（第二十一条） 设常务理事三人，由理事长、副理事长、总经理担任（第二十二条）	理事长由国家规定的有权机关提名，理事会选举产生。理事长、总经理为理事会的当然常务理事，其他常务理事由理事会选举产生。（第二十三条）	本所总经理为理事会当然成员。（第二十四条） 理事长、副理事长由中国证监会提名，理事会选举产生。理事长不得兼任本所总经理。（第二十五条）
经理领导班子任期	任期三年，可以连任。（第二十五条）	总经理、副总经理任期三年，可以连任。（第二十六条）	总经理、副总经理任期三年。总经理连续任职不得超过两届。（第三十条）

	上海证交所章程 1990 年版	上海证交所章程 1993 年版	上海证交所章程 1999 年版（沿用至今）
经理领导班子产生	总经理、副总经理由中国人民银行上海市分行提名，总行核准，理事会聘任。（第二十五条）	总经理由理事长按国家规定的程序提名，理事会聘任。副总经理由总经理提名，理事会聘任。（第二十七条）	总经理和副总经理由中国证监会任免。总经理、副总经理不得由国家公务员兼任。（第三十一条）

资料来源：上海证券交易所历年公告、文件汇编及媒体报道。

从上海和深圳证券交易所管理体制的演变过程可以看出，它经历了一个自主管理——地方政府管理——中央地方双重管理——中央直接管理的发展过程。但是，在中国社会转型的过程和现实中，证券市场的领导权、管理权的执行和转移，是一个非常复杂的过程。

见诸法律和法规上的规定只不过是一种书面形式，它们的落实还需要司（执行）法和行（行使）政系统有法必依的作为。在现实中，法律和法规的执行才是制度安排能够正常运作的根本性要素。

在中国证券市场的现实运作中，从 1997 年开始到 1999 年完成了证券市场全国统一的垂直管理系统的建立之后，在行政组织体系的保证下，作为证交所的最高权力机构——会员大会，就已经变得可有可无了。甚至在证交所的章程中竟然违反下位法服从上位法的法律常识，将《证券交易所管理办法》中迄今仍明确规定的"会员大会为证券交易所的最高权力机构"，修改为会员大会"是本所的权力机构"。而证监会现行的《证券交易所管理办法》中尽管规定"会员大会为证券交易所的最高权力机构"，但在对证交所这个特殊的法人的定性中去掉了"会员制"这个限定词，使得同一个部门规章前后法理出现了明显的矛盾。正因为如此，在现实运作之中，从 1999 年新的一届理事会产生之后，上海证交所迄今 15 年时间里没有再召开过一次会员大会。尽管在 2001 年 10 月由中国证监会下派并任命了新的理事长，但在此前后并没有召开会员大会，该届理事会也自动延任至今。

上海证券交易所历次会员大会[1]

时间	会议次数	内容
1990年11月26日	上海证券交易所成立大会暨第一次会员大会在上海华南宾馆举行。	会议审议通过上海证券交易所章程,任命李祥瑞为第一任理事长,尉文渊为第一任总经理。
1992年1月6日	上海证交所第二次会员大会在上海浦江饭店举行。	审议总经理工作报告和财政执行情况的报告,改选部分会员理事和副理事长。
1993年1月29—31日	上海证交所第三次会员大会在上海展览中心友谊会堂举行。	通过大会决议并改选副理事长和部分理事。
1994年3月12—13日	上海证券交易所第四次会员大会在上海展览中心友谊会堂举行。	审议通过总经理工作报告、财务预决算报告和章程修改方案,选举产生理事会。选举李祥瑞为理事长、尉文渊为总经理。
1996年4月20—21日	上海证券交易所第五次会员大会在上海世博会议大酒店举行。	大会增选杨祥海和申银证券公司总裁阚治东为本届理事会理事。会后上海证券交易所召开二届七次理事会,会议增选杨祥海总经理为常务理事。
1999年4月26—28日	上海证券交易所第六次会员大会在上海世博会议大酒店举行。	听取并审议通过了屠光绍总经理所作的工作报告,以及有关的财务报告和修改后的上证所章程,还酝酿产生了新一届上海证交所理事会候选人。

资料来源:上海证券交易所历年公告、文件汇编及媒体报道。

在实际的管理运作中,证券交易所的理事、理事会和总经理的任期、总经理身份的限制、副总经理的人数等,都与《证券法》《证券交易所管理办法》《证券交易所章程》的规定有不尽一致之处。

---

1 上交所直到2016年才恢复召开会员大会。深圳证交所第一到第四届会员大会分别于1991年6月、1992年5月、1994年5月、1996年9月5日召开,1996年之后未见新一届会员大会召开的记录,直到2017年才恢复召开会员大会。

附录 9 从 327 到 816[1]

　　最近正在重新深入考证和研究当年的 327 事件,作为一个历史事件,历经将近 20 年居然仍无法完全还原完整的历史细节、无法提供后人一个准确的复盘记录以便反思正确的教训,这未免让一个证券史研究者自己感觉有些说不过去……

　　就在这当口,光大证券引发了 816 事件,观察整个事件发生发展的过程,对照自己正在进行中的 327 历史研究,不免感慨良多。

　　816 事件发生后,老万国的朋友们就在微信群里表示这很像当年的 327 事件。在 8 月 18 日上海书展上为新出版的《梦想的力量——万国人的口述历史》做签售时,大家就不免感慨,这两个事件有诸多相似之处,却可能有诸多不同的结果。

　　正在这时,FT 中文网的财经编辑徐瑾在微博上转来了 FT 中文网总编力奋兄的问候,并询问:有无兴趣写点什么呢,特别是光大的事件,这个事件我觉得最适合您来谈,肯定会进入历史的。

　　我答应在事件有一个阶段性的结果时,谈谈我对这两个事件的一些个人的感慨。

　　所有的历史事件,在发生时绝大多数人都会觉得这是——空前的;但对于我这样经历了、观察了、考证了太多历史事件的人来说,所有的历史事件都不会是——绝后的。

　　要说这两个事件有相似之处,主要是这两个事件都对当日的行情走势产生了巨大的影响。只不过 327 事件是垂直地把 327 合约从置万国于死地的价位打入了所有人都爆仓的地狱;而 816 事件则是将上证指数中五六十只权重股陡直地旱地拔葱拉上了涨停的天花板。

　　要说不同的是,327 事件是有意、欠缺理智且铤而走险的孤注一掷;而 816 事件则是高频套利系统出错,而公司非常理智却欠缺信息披露的自我救赎、对冲风险。

　　同样是因为体制的疏漏和管理的松懈,因为一个偶然因素而被逼到一个窘境,327 事件中的万国证券在 2 月中旬到出事当天,被多逼空找不到任何还手的机会,操不起任何还手的工具,只能任由市场把自己逼到一个死

――――――――――

1　作者陆一,原载英国金融时报 FT 中文网"中国股事钩沉"专栏,2013 年 9 月 3 日。

角,不甘认输的万国最终只能掀翻台面、满盘皆输;而 816 事件中的光大证券,从前市临近收盘出现异常交易造成 72.7 亿元的不当成交,几乎同时就开始卖出股指期货 IF1309 空头合约,以对冲股票持仓风险。11 时 40 分至 12 时 40 分极高效率地协调公司其他子公司决策共同对冲风险自救,13 时至 14 时 22 分,将已买入的股票申购成 50ETF 以及 180ETF 在二级市场上卖出,同时,逐步卖出股指期货 IF1309、IF1312 空头合约,以对冲上午买入股票的风险,使得收盘时当日盯市损失减少至约 1.94 亿元。

——这也许昭示着我们用了 20 多年的时间,尽管还有诸多不尽如人意之处,但市场本身已经发展到可以用自己的方式来自我修补行情缺口,并有了对冲市场风险的基本工具,而不需再如历史上那样伤痕累累地面对指数的"刘鸿儒缺口""519 行情缺口"和"股改行情缺口"而捶胸顿足、望洋兴叹……撇开信息披露的欠缺之外,光大证券依靠市场自救和对冲风险可谓完美,几乎可列入证券期货专业的经典教案。

从信息流通上来说,导致 327 事件的深层次原因,即财政部的加息决定,官方的公布是在 327 出事的两天之后,而极其准确的市场传言确实在事件发生前两天就人尽皆知了。而事后的调查、公告、处理,几乎拖了大半年;而 816 事件,几乎是在出事的当时,网络上、微博上,传言、猜测、误导和证实,几乎同时在传播,到后市开市前和全天收市后,已经将基本属实的信息传播到网上。18 日光大的新闻发布会、25 日交易所召开新闻发布会、30 日中国证监会公布处理结果。

——信息的不对称,在双轨制的转型过程中,在 327 事件中是一个大家都知道但怎么也不放上台面来讨论的体制弊端;而在 816 事件中,信息传播的速度让公众感觉有点太快、太多,第一时间的信息量达到近乎污染的程度,反而使绝大多数投资者无所适从。而光大证券本身有意无意利用信息不对称对冲风险而被认定为内幕交易和操纵市场,这也许给市场提出了一个新的信息流通标杆,当事机构真实信息的及时披露或被要求强制披露、市场组织者对有效信息的甄别、澄清和出面强制当事者披露,这些也许在未来会成为监管的一个基本要求。

从公司内控和自我监管方面来看,在 327 事件中,万国证券的交易总部尽管只是一个非独立的公司业务部门,却不受公司风险控制地拥有"部门自行对外融资、自行决定自营投资规模"这样类似于独立法人机构的权力,尽管已经意识到问题之所在、也准备在春节以后实施被称为"五大机制"的内部机制改革方案,但尚未动手改变,内部的制度病变已经挟持整个万国证券公司走向轰然垮塌的深渊。而在 816 事件中,光大证券的策略投资部长期没有纳入公司的风控体系,技术系统和交易控制缺乏有效管理。订单生成系统中 ETF 套利模块的设计由策略投资部交易员提出需求,程序员一人开发和测试。甚而至于,异常交易发生后,光大证券程序员想把订单生成系统中手动触发的"重下"功能改成是由系统自动引发造成的交易事故,意图想把相关责任推给他人。

——公司的内控就像一个人的自制一样,一旦放纵,就像笔者 1992 年就预测万国内部体制缺陷的后果那样:"要么不出事,要出就是大事!"

当天的交易行为结果,同样是交易所收市后即时公告,一个是宣布尾市 8 分钟的交易中存在"严重蓄意违规行为",并推迟向会员公司发送清算资料,并最终取消最后 8 分钟的违规交易;一个是表白"当日交易系统运行正常,已达成的交易将进入正常清算交收环节"。

——交易所的市场自律组织一线监管功能弱化,表现在 327 当年是证监会让交易所自己处理,而 816 的现在是交易所等待证监会来处理。如何提高市场自律组织的一线监管作用,是从体制上"处理好监管部门与市场主体的关系","归位尽责"的应有之义……

从监管部门的执法手段上说,当年只有一个国务院多部门对 327 事件的调查结论,很快将万国证券合并入申银证券,所有的相关人员更替、判刑却没有一个直接宣称和 327 事件有关;而针对 816 事件,尽管交易所宣称"已达成的交易正常清算交收",证监会也认可"事件的起因是系统技术缺陷,调查没有发现公司及相关人员组织、策划、促使这一事件发生的证据。"但同时证监会认定"14 时 22 分公告前,光大证券知悉市场异动的真正原因,公众投资者并不知情。在此情况下,光大证券本应戒绝交易,待内幕信息公开以后再合理避险。光大证券在内幕信息依法披露前即着手反向交易,明显违反了公平交易的原则……采取了错误的处理方案,构成内幕交易、信息误导、违反证券公司内控管理规定等多项违法违规行为。"最终采取了"处以 5.23 亿元的巨额罚款,相关当事人被处以证券市场终身禁入等一系列行政处罚措施",并第一次明确表示"对于投资者因光大证券内幕交易受到的损失,投资者可以依法提起民事诉讼要求赔偿。"

——当年是法律依据欠缺,行政公权无奈强力干预市场违规事件;而今监管部门处置手段多样灵活,并在 20 多年后第一次明确代言投资者:可依法提起民事诉讼要求赔偿因内幕交易所受损失。市场和法律的进步应该可喜,其实关键端看是否真下决心去执行……

从市场的技术创新和社会责任角度来说，当年上海证交所在财政部国债司指导下创设国债期货交易，双方的合作是有更高的国家战略考虑的，那就是用国债期货来解决国债发行困难、加速国债二级市场流通、实现国债的价值发现、提供商业银行优化资产配置、通过长短期套保等功能促进现代金融市场调控体制的出现和建立。创新并非仅为创新本身！这也是国务院批准试点的出发点。327 事件真正起因是体制转型阵痛所造成的。而 816 事件后，市场所传出的要求股票交易恢复 T＋0，其叙事逻辑竟然是：当市场组织者通过创新给了机构量化交易、高频交易和跨市场套利及对冲风险的工具，那也应该同样给个人投资者 T＋0 的投机、快溜的手段。

——市场创新的行事逻辑不能忽略技术和工具创新背后的社会因素。不然，事后的维稳代价将是事前用数理逻辑无法计算的。

此外，光大证券区区 72 亿资金让上证指数瞬间上涨将近 6%，指数权重股设置的缺陷、跨市场套利会否引发更深层次的潜在危机风险？笔者在 2008 年的专著《谈股论经：中国证券市场基本概念辨误》中就指出，上证指数中权重股的实际流通股占总股本比例很小，但因计入指数权重时采用总股本，从而在市场实际操作中对指数涨跌影响形成极高的杠杆比例，这或将成为中国股市潜在的危机病灶。当年的中石油占上证指数权重 16.63%，而流通股比例只有 2.18%，目前这种状况并没有十分明显的改变。加上 A 股H 股同时交易、股指现期联动和跨境、跨市场的差异，这是不用量化交易软件都能明白的套利机会。

——816 事件也许让境内外所有意图跨市场、跨地区套利中国或操纵市场者看到了一个获利及对冲样本；而这，其实也同样应该给监管者提供了一个修补漏洞的实测脉冲。

附录 10　万国证券年轻人在微信群内由纪念庄东辰而引发的对 327 事件的反思

2013 年 5 月 4 日,庄东辰博士离世 8 周年纪念日,原万国投资银行部顾旭在"万国人"微信群里转发了一段纪念庄博士的文字——

@顾旭:怀念//@巴曙松:音容宛在,怀念庄总//@李迅雷:【怀念庄东辰】……不料,过一年后,老庄在成功登上非洲最高峰吉力马扎罗不久,于2005 年 5 月 4 日在攀登西藏启孜峰时不幸遇难,迄今离世已整整 8 年,立此文字以祭奠!

原万国研究所几位庄博士的老同事很快响应,微信还引来顾永喆的一段回忆:

@顾永喆:庄博和我同一年进万国,一同在万国黄浦实习。实习结束后他进了万国研究所,而我在黄浦转正后调财会总部会计科工作,都在浦三路上班。记得他在研究所最早研究的是国债模型,每次模型搭建后他总是第一个找我观摩他的研究成果,并一起做实证分析。此情此景历历在目,让人唏嘘不已……

原万国公关部的马宏继而发言:

@马宏:庄博士"在研究所最早研究的是国债模型",而且早就准确预言了国债 327 品种的走向,结果万国还是倒在了 327 品种上。这实在很有些滑稽可笑,就像柯达最终壮烈(牺牲)在自己发明的数码相机面前一样!

似乎言犹未尽,他又加上一句:

@马宏:"昔日万国大谈人才战略,是装点门面还是叶公好龙?"

一句过激的言论,随即引发连锁反应——

@金炯:知易行难

@谢荣兴:回避反思

@黄宾:一边是实战人才,一边是理论人才,你选择相信哪个人才?

@马宏:一边是现实利益,一边是未来方向,你选择哪一个?

@谢荣兴:关键在人治

@秦曦:交易就像打仗,生死存亡之道,大意不得。与国债有关的品种,确定性高,无法搞糊糊,也不是钱多就可以搞定的。

……

原万国国际业务部金炯的一句"327,偶然还是必然?"的发问,把问题引向了制度层面——

@秦曦：管理上肯定有问题。研究与交易不可脱节。交易员必须是研究员。

@马宏：从根本上说，没有人会跟巨大利益过不去。还是制度设计上的问题。

@谢荣兴：权力决策大于实战决策，知错了明明可以逃生，却走向对决。这种机制的后果是必然的，不可避免的。

@秦曦：阴谋论是一方面，专业主义的缺失是根本问题，包括管理的专业。

@金炯：必然发生的事情就有演进的逻辑，怎么理出这个因果关系？

@马宏：明明白白的错，为什么还要义无反顾？明明一而再再而三地决议减仓，实战时却一而再再而三地增仓？

@黄宾：人才的观点不是一致的，十个经济学家也会有十一观点。事后来评判一件事很容易……很多学者输就输在理性对抗制度，327根本上也是。

@陈旻：首先，当初在利率非市场化的情况下推出国债期货时间太早；其次，期货一定要具备相应的风控制度……券商的本质应是做中间业务为主，自营业务规模一定要在可控范围内，以免把整个公司给堵上去了……必须要有风险敞口控制，强行平仓措施。

……

话题进入到对万国曾经推出的"五大机制"的思考：

@马宏：决策机制到底如何建立？作为前提的约束机制是什么？部门间相互沟通协同作战的经营机制如何落实？相应的风险控制机制是什么？最后才能落实到激励机制。

@秦曦：国家为保证后续国债的发行，在当时环境下不可能不对国债进行补贴，计算方法也是公开的。做空从一开始就错了。记得当时我代表研究部参加过几次讨论。先是争论计算结果问题，后来发现这没有什么可争论的，于是就争论是否会补贴。现在回想起来，完全是强词夺理。

@马宏：秦曦代表后来不是就不被邀请参加决策会了吗？表决无法控制，与会代表却是可以选择的。也许这就是当时一天一个决策小组组长的原因。

@秦曦：大家都不敢讲真话。

@谢荣兴：客观制度设计不完备，有不当之处，但无法回避自己决策体制的欠缺。

谢荣兴依然是当年老万国时的"大炮"风格：

@谢荣兴：老鼠仓影响了正确的逃生决策……制度设计错了，所有参与者全部都失败了？没有啊，零和游戏也，盈亏平衡。

@顾旭：327输在用人上，输在管理上。另一个关键是那时没有讲真话……讲真话也没人听。老鼠仓的人是不会讲真话的。

@谢荣兴：可悲：老鼠仓的损失最终还让公司买单……我曾经出过一个制度，所有营业部（包括国债部、自营部、房产公司）融到的资金，一律上交资金计划部，用钱时再向资金计划部申请，不能自收自取……

@顾旭：还记得辽国发吗？何谓借仓？何谓合仓？保证金谁出？盈亏又怎么分？谁定的？报告过吗？

@谢荣兴：327前，王礼华和我二人私聊。王担心国债部资金量过大，还不断要钱，而且是领导直接打招呼，很难办。我说：最后无论赚钱亏钱你都要倒霉，盈了，会说为什么不多给点钱，不是你压着，还能多赚多少；亏了，会说为什么给那么多资金，你没管好……

@吕明方：事后的总结常常是正确的，当时的场景常常是糊涂的。亦或人性之天然之弱？也许，人常常容易明哲保身，似乎明哲，实则中庸而已，背后还有自我……

……

@马宏：万国留给我们的到底是什么？仅仅是昔日的荣耀和曾经的激情？

@秦曦：也有深深的遗憾。

@顾旭：我觉得1993年以后万国的企业文化是有些问题的，人治因素太强……五大机制弄晚了，而且即便是弄了，知易行难啊。万国留给我们的主要是精神财富……万国是我们的母校，万国倒了，全体万国人都受伤，毕竟我们的激情梦想都在里面。

@金炯：我们依然需要反思。

@陈晓升：反思更有价值。

@秦曦：反思说明万国人的勇敢。

……

微信不断被刷新，反思还在继续。有趣的是，绝大多数当年直接参与者和万国高层选择了沉默。

万国人还在路上……

附录 11 管金生 2013 年 7 月 18 日在万国人 25 年再聚首晚会上的讲话[1]

·编者按·

2013 年 7 月 18 日,上海万国证券公司创立 25 周年。

此前两天,《东方早报·上海经济评论》摘录了《梦想的力量——万国的口述历史》之中的五篇文章。管金生 1994 年 7 月 17 日文稿《超越自我——万国证券成立六周年之际与员工共勉》提出"根本性的、深刻的、革命性的自我改造和自我超越"。

他看到,"市场是变幻莫测的","中国证券市场尤其如此","这是一个法无定规、适者生存的市场"。

19 年后的 2013 年 7 月 18 日,管金生与万国人又团聚了。

"那天晚会,万国人从各地赶来,共 120 余人,全部由万国人自费举办。历时 4 个多小时,意犹未尽,更多的是对一种万国精神的追忆,对中国改革开放的期待,对上海城市精神的传承,以及历经 25 年风雨过后万国人的一份彼此真诚回望。"吕明方说。

管金生讲话:8 年"完善自我、超越自我";8 年"(提)篮桥(监狱)大学""反省自我、批判自我";10 年重归社会"重拾自我、修炼自我"。

66 岁的他已不求东山再起,但相信历史会客观评价 327 国债期货事件。

一般都认为,管金生误判了形势。其实,他只是面对"法无定规"不愿意认输而已。

这个时代应当能够坦然面对以管金生为代表的万国人。1995 年 2 月 23 日资本市场那 8 分钟的结总得解开。

我们在此刊发这篇讲稿。

祝福万国人。

万国的老同事们:

大家好!

---

1 原载于 2013 年 7 月 30 日《东方早报》第 8 版。由吕明方根据原上海万国证券公司总经理管金生讲话录音整理而成,经管金生审订并授权刊发。

25 年前的今天,也就是 1988 年的 7 月 18 日,上海万国证券公司作为全国第一家自下而上发起组建,并获中国最高金融主管当局批准设立的非银行金融机构光荣诞生。25 年后的今天,《梦想的力量——万国人的口述历史》一书正式出版发行。这是两件值得永久纪念的事。

　　我们大家都很久没有见面了。人可以不说话,但一定不能说假话。其实,大家愿意听的,可能正是我从 1988 年筹办公司到现在这 25 年个人的心路历程。我想,大概可以分成三段。

　　第一个 8 年,就是 1988 年至 1995 年,可以说是完善自我、超越自我的 8 年。七八个读书人当初没有花国家一分钱,没有用国家一个用工编制指标,办起了一个非常特别的非银行金融机构。紧接着一批又一批有为青年加入了万国的队伍。万国人高呼"追求卓越"的口号,开始了 8 年艰苦卓绝的集体奋斗。公司当时作为计划经济汪洋大海中的一叶孤舟,摸索出了一条通往市场经济的不平凡航道,并迅速成为中国早期资本市场上的一艘证券航母。我们每个万国人都以真诚的付出和勇敢的追求,既成就了他人,也成就了自我,更造就了公司。万国证券成了国内金融市场有口皆碑、国际金融市场也信誉卓著的令人尊重的金融企业。打造中国的美林、中国的野村不仅是某一个人的美梦,也是全体万国人的美梦。可用一首唐诗描述我这 8 年的心情:"天际霞光入水中,水中天际一时红。直须日观三更后,首送金乌上碧空。"(编注:《晓日》,韩偓)万国就是我心中的金乌。

　　327 事件之后,我在上海提篮桥监狱度过了 8 年的铁窗生涯,这是我的第二个 8 年,也是我人生的第五个大学(我称之为"篮桥大学"),我学到了我在剑桥大学万万学不到的东西。梦想是美丽的,但现实太骨感。于是,我学会了反省自我、批判自我,学会了忘记个人恩怨,放下儿女情长。每个人都可以有自己的美丽梦想,但要梦想成真,把个人梦想变成一个集体的梦想,这可能只是小成,美丽的梦想只有能变成全社会的梦想,才可能是大成,但这决不是我个人能力范围之内的事。

　　我是一个农民的儿子,从小学会了勤劳、勇敢、善良和节俭,学校和社会又教育我要为他人服务,为他人尽责。但 18 年的农村生活中真正的小环境还是学校,30 年的城市生活其实小环境仍然是学校和机关。虽然受到了中外名牌大学校园文化的良好熏陶,但是却严重缺乏上海弄堂文化的有力滋润,对社会的深层次、对人生的真谛缺乏全面准确的了解和把握。因此,本质上我还只是一介书生,对真善美的东西容易接受和消化,对伪劣产品反而不易识别;对社会的正能量容易接收,对社会的负能量缺乏警惕。这就决定了我不能像王石、柳传志他们那样，在遇到急流险滩时，能够把握和调动资源及时突围脱险，让自己不至于成为牺牲品。既然这人生，我上半场拼过命，现实证明技不如人，那就更需自我修炼。因此，就需要在人生下半场认命，就需要学会宽恕。只有宽恕别人才能放过自己，放下自己。这8年的心境也可用一首唐诗表达："君问归期未有期，巴山夜雨涨秋池。何时共剪西窗烛，却话巴山夜雨时。"（编注：《夜雨寄北》，李商隐）

我走出"篮桥大学"重归社会，又走过了10年。这10年的心境，也可用一首唐诗表达："千山鸟飞绝，万径人踪灭。孤舟蓑笠翁，独钓寒江雪。"（编注：《江雪》，柳宗元）这10年的心是孤独的，但并不空虚。这10年是重拾自我、修炼自我，与人和谐、与己和谐的10年，是有所求有所不求的10年。不求东山再起，但求有尊严地活着，不翻历史旧账，但求一点浩然正气长存心间，默默祈祷社会的进步和国家的繁荣昌盛。

任何社会都没有绝对的公平与正义，公平与正义是相对的，空间横向上是相对的，时间纵向上也是相对的。但不断追求公平与正义，却是人类社会永恒的主题。因为，公平与正义是社会进步的正能量和原动力。

327这样一个偶然事件，改变了我个人的命运，也改变了整个万国人的命运。也许我们今天还没有能力去评价这个事件爆发的间接和直接原因，我们也没有资格去评论，因为我们是当事人。但我们相信，终究有一天会有人去客观公正地评说这段历史，这肯定将是一个具指标意义的历史性进步。对于这样的结果，我们只能祈求但不能奢求，更不能强求。因为追求拼搏乃人性，舍得放下是禅心。

历史从来就是一部无字天书，未来的篇章本就无字，空白着等待人们去填写。过去的篇章似乎有文字记载，但同样的文字可以有不同的解读，更何况还有的篇章只是写在人们心中并未见诸文字。对上海万国证券公司的历史只能是见仁见智，但我相信，在大多数万国人心中，这是一部可歌可泣值得引以为荣的历史。公司英年早逝固然可惜，但只要有生之年活得精彩，活得有尊严，这就已经足够。相信追求卓越、追求公平与正义、追求尊严与独立的精神将会永存，它就像一只不死鸟，或者就像一个幽灵，一个追求真理的幽灵，永远徘徊在人们心中，永远为社会传递正能量。

我是一个已经退出历史舞台的人，中国资本市场的历史还要你们年轻人去续写，还需要改革开放的新生代去努力，我们为你们提供了经验和教训，相信你们一定比我更坚强、更有智慧。中国资本市场的未来属于你们！

祝福你们！

附录 12 管金生 2015 年 6 月 6 日在"互联网+"金融投资高峰论坛上的演讲[1]

　　各位朋友们大家好,感谢本次论坛的组织方给我这个机会上台发言,方志是我的学生,按照专业水平来讲,他早就青出于蓝胜于蓝,这个题目应该是他讲,他来讲肯定比我讲的更精彩,主要是让我谈谈互联网时代给我们期货投资带来什么变化,对互联网 + 金融投资有什么新的格局展望。主办方给我这个机会是希望我谈点经验教训,谈这个之前首先声明一下,今天是周末,我的发言是个人的看法,跟任何单位都没有关系,我主要是跟各位新老朋友们谈心。

　　很多人都问我,为什么总回避 327 这个问题,现在都出书了,为什么不能讲讲这个事情呢? 如果直接讲这个问题应该是本着实事求是的原则,本着总结经验、教训的原则,通过总结历史来寻求历史的真相,才有可能实现社会的和谐。

　　众所周知,由于二十年前的 327 事件,我并不口服心服,但是在行动上绝对尊重和遵守了法律的判决,接受了十七年的有期徒刑的惩罚。前几年朋友们私下经常问我,你作为一个 60 多岁的老人为什么会对互联网情有独钟呢? 很多人觉得是不是你学习能力超强? 是不是记忆力特别好? 不是的,今天给大家讲。实际上我在上海提篮桥监狱将近八年的生活,就是翻阅大量的全球化和互联网的英文资料,我比在座的都更早地接触了互联网,了解国外的情况,特别是对互联网接触的比较早一点,当时有一个叫张志雄的朋友来看我,他说你这个脚肿的,我说天天在翻东西,动都动不了,我觉得这是一个很好的机会,正是因为这个机会,使我渐渐地丰富了自己个人的知识结构,我也感谢这次机会,这是祸兮福之所倚,通过这次牢狱不仅丰富了个人的知识结构,还了解了外面的世界原来很精彩。

　　像我这么一个有特殊经历的老人,怎么看待互联网给期货投资所带来的变化呢? 这也是方志给我出的第一个题目。毫无疑问,由于互联网技术,特别是移动互联网技术,云计算技术、大数据技术和物联网技术的突飞猛进,正在改变原有人类社会的发展轨迹,开启了一个崭新的时代,使人类社

---

1 论坛由和讯网联合赢贝金融共同举办,之后和讯期货以"管金生首次公开谈及 327 事件:我错在缺少政治智慧"为题,披露了管金生的演讲内容。

会形态从农业社会到工业社会进入到了互联网的时代，或者可以说是互联网社会。互联网技术的进步是划时代的历史事件，因为它不以任何人的意志为转移。

互联网技术从根本上改变了信息传输方式，相当彻底地解决了信息不对称，以及由于信息不对称所带来的各种社会问题，在这样一个信息爆炸、知识爆炸的时代，由于互联网推动着万物互联，知识得到了极为广泛的传播。比如说期货交易的本质是什么？在二十年前可以说是一个很少有人明白的问题，今天已经不稀奇了，已经成为常识。但是在二十年前没有人知道期货交易的本质是什么，期货交易的本质是合同买卖，如果当时327国债贴息的决策者们懂得期货交易的本质是合同买卖，他们就一定会意识到贴息就是改变了交易合同的内容。就一定要在决定贴息之后迅速通知上海交易所对正在进行交易的327品种实行立即无条件停牌，这样就可以避免多空双方信息在不对称的情况之下厮杀。

如果当时上海证券交易所的管理人员掌握了期货交易的本质是合同买卖这个前提，他们也完全可以在接到要求交易所停牌的正式要求之后，认真研究紧急建议是否合理，是否需要紧急报请监管部门实行立即停牌。至少不会做出空方要求停牌是因为输了钱，所以不允许这个停牌这样一个错误的判断。如果没有这样一个误判，事情的发展可能就完全不同，但是历史没有如果，我之所以在事隔二十年之后，在今天这样一个学术性的研讨会上首次提出自己的看法，因为我们面对一群年轻人可以不说话，但是绝不可以说假话。

经过了二十年的时间，今天又有互联网这么一个空间，时间和空间的变化，相信当年的多空双方的人们早已回复了平静，早已不再有利益的纠葛和冲突。寻求历史真相，完全不必追究历史责任，这是两回事，特别不应当追究个人的责任，应当是对事不对人。在327事件当中，我个人也有自我检查和自我反省。

当时市场管理者对我提出合理化的停牌建议之后，采取了不作为的做法。有人说你一天赚钱赚这么多干什么？这不是赚钱不赚钱的问题，因为突然改变贴息，突然改变交易合同的内容，任何交易所唯一的做法只有停牌，这是国际惯例。如果照当时那天情况，继续交易的结果一定是空方券商全部破产，没有任何一家的空方可以幸免于难，几十家的券商破产，一定会发生大规模的股民投资者上街挤兑，到证券公司挤兑，在上海这个地方如果发生这样的事情这绝对是一场金融风暴，全世界都要震惊。真的完全有可能发生金融风暴。

我没有采取不作为，我是想有所作为，想制止出现这种情况，但是我错在什么地方呢？我采取了单纯的技术处理办法，如果当时我有足够的智慧，完全应当综合采用外交和政治的手段，管理者不作为就再向管理者的上级反映，一定要停牌，没有别的解决办法。全球如此，这不是道义的需要，这是金融秩序的需要，总经理可以不听，我整整一个上午都在那里苦口婆心地说，就是不听，不听我就放弃，我就以为到此为止了，因为他是最高的管理当局。如果我能够更有智慧，继续采取一些办法，可以向他的上级报告，报告他的不作为。比起那些始终坚持改革不动摇又能安全交易的那些企业家，我跟他们差得很远，差在智慧上。

　　互联网时代改变了信息不对称，这些历史的悲剧完全可以避免。今天的互联网可以把各种有关交易的信息以最快捷的方式推送到每一个交易者那里，无论是市场管理者还是市场参与者，都能够毫不例外、平等地接受到这种有价值的交易信息，这是互联网时代对期货交易带来的一个最大的东西——改变信息不对称。很多变化就不一一详述了。

　　对互联网＋、金融投资未来的新格局有什么展望？互联网技术金融新格局，我的展望，从商业活动、经济活动来讲，未来全球的经济和商业活动还是中美两国两个引擎，互联网技术对金融投资，包括期货投资，一定会带来新的格局，中美之间的竞争与合作并存，常态就是互联网金融的大的全球背景因素，互联网＋核心的金融逻辑是什么呢？互联网技术如何改变金融投资的逻辑？互联网技术的跨界思维一定会极大的提升金融的渠道能力。互联网技术带来的数据革命对金融本身所具有的信息数据的要素进行了全面的提升和升级换代，从而提升金融的服务能力，也会极大地扩大服务的规模。互联网技术带来的云计算革命，对金融的后台技术支撑系统进行了全面的改革和创新。从而极大地降低成本，极大地增加稳定性。降低交易成本，增加交易稳定性，有可能极大地增加弹性扩展空间，这就是我对未来金融投资互联网时代新格局的基本看法。这种新格局的形成首先依赖资本市场的制度创新，资本市场的制度创新又与互联网思维被社会接受的广度和深度密切相关，只有当互联网思维基本上成为社会大多数成员的共识，并逐步发展成为互联网世界观和人生观，从而构建起一个全新的价值体系，资本市场的制度创新才会有坚实的思想土壤。我的看法，互联网思维并不是简单的方法论，而是一个系统的世界观、人生观和价值观，这三观都要进一步调整。

　　到底什么是互联网思维？这种思维的本质又是什么？我个人认为，互联网思维包含了以下几点。

一、任何草根只要有梦想就有可能变得伟大，任何个人的梦想只要能和中国梦保持一致，并成为中国梦的一个组成部分，就一定会有圆梦的一天。

二、任何个人的智慧都不可能超过众人的智慧，这是群众路线的灵魂所在，任何的领袖其实都是智慧众筹的高手。

三、从来就没有一贯正确，只有不断试错，及时改错，才能不断地接近正确，从而保持基本正确。

四、从来就没有千古不变的界限，只有跨界思维才会产生真正的全局意识，才能真正形成渠道扩张能力。

互联网思维不仅是改造世界的思想源泉，而且更应该是改造自己的思想动力源泉。327事件当中，刚刚给大家讲了我的错误是什么——我是单纯的技术观念，不懂得进行外交政治的斡旋，觉得自己不想这么做，当时不想改变自己。所以我觉得互联网思维不光是在改变世界，首先要改造自己。如果我当时没有读书人内心的清高，我会向当时上海证券交易所总经理正确指出应当及时停牌，上报政府，上报最高监管当局，但我提出这个合理建议之后就觉得没事了。我又不是交易所的成员，向不向上面汇报是你的事，我认为我完成了我的任务，不能越俎代庖。

这事实上是读书人很要命的东西，我这一生吃亏，吃很大的亏，就是没有放下自己内心的骄傲和清高，我如果当初可以克服自我，做自己不愿意做的事情，不断的向交易所上级部门、再上一级部门奔走呼号，说不定真的能改变现实，能够扭转乾坤，因为当时没有报到上面去，如果往证监会报，证监会知道这个事情很大。有人提出了停牌，为什么不能做呢？说不定可以挽救很多。时过境迁，物是人非，但往事并不如烟，不要追究历史责任，但要总结历史教训，要使自己的教训成为别人的营养，因此互联网思维不应该只是改造世界的思维，首先应当是改造自我的思维，要想改造世界，打造市场的新格局，重要的支点不是市场管理者，也不是别人，只能是自己的心灵，要想改变世界，必须从改变自己开始，要想撬起金融投资市场新格局，必须把支点选在自己的心灵之上。谢谢各位。

附录 13　交易员王书琴[1] 2017 年 8 月 15 日再反思 327 事件[2]

　　已经过去了二十年。那时候我只是人微言轻的一个小卒子，但事件发生时却处在风暴眼中——只是彼时并不知道那将是怎样规模的一场风暴。有些数据如此熟悉，几乎可以说是"不用想起，也不会忘记"，比如那些国债的票面利率，当时的三年期存款利率，我交易过的那几个品种的代码……有些事情，直到二十年后看这本书时才知道——原来那时候公司下了那么巨大的空单，原来我和高山唯一的一次面对面的高谈阔论，也许无意中促使他们下了反水的决心……

　　俱往矣！

　　狄更斯《双城记》里开篇的那段话，放之四海而皆准。因为在任何时代，任何地方，总会有人觉得：

　　这是一个最好的时代，这是一个最坏的时代；

　　这是一个智慧的年代，这是一个愚蠢的年代；

　　这是一个光明的季节，这是一个黑暗的季节；

　　这是希望之春，这是失望之冬；

　　人们面前应有尽有，人们面前一无所有；

　　人们正踏上天堂之路，人们正走向地狱之门。

　　▲其实按照公告[3]的精神，92 年三年期的国债到期兑付价格应该比 160 元还要高几块钱才合理——公告说要保护国库券投资者的利益，160 元的兑付价并没有充分保护投资者的利益，因为没有全贴息。换句话说，空头应该亏得更多，多头应该赚更多才对。

1　王书琴当年为万国证券公司基金部驻北京一线交易员，现旅居英国。
2　根据王书琴在微信朋友圈的发文整理而成。
3　指财政部 1993 年 7 月 10 日颁布的《关于调整国库券发行条件的公告》（财国债字［1993］
　　第 62 号）。

▲万国证券的所谓预测根本就是不懂胡扯。1991 到 1994 年通胀率居高不下，而保值贴补率一直在 7%—8%，那是因为算保值贴补率用的数据并非通胀发生当年的数据，而是之前三年的。所以 1996 年的保值贴补不可能降而必须高，因为它用的数据是 1993、1994、1995 年的，是通胀率最高的数据，而且做手脚的空间不大——因为数据都是已经公开的，保值贴补率的计算公式也是公开的，一个有初中数学水平的人就可以从报纸上的公开数据推算出保值添补率的最低可能的数值。

▲那时候我在基金部，我做多。1995 年 2 月风闻我们公司做空，我还不大相信，心想公司怎么可能这么傻。到几乎最后一刻才知道，原来真的那么傻，而且傻到可怕——居然是在 148 元附近放空，那是我认为可以继续买多的价位。

▲后来公司在上海的同事就是这么告诉我的——操盘的人跟管总讲这个没有绝对的对错，谁狠谁赢。但是他们错了。那时的商品期货也许是的，谁资金大谁够狠，谁就赢，但国债期货不是。

▲那时我不知道公司到底总共放了多少空仓。一来我一小巴拉子怎么可能知道如此内幕，二来我也不关心，因为我不是国债部的，觉得他们做什么与我无关。记得出事前夕某一天，在公司北京营业部见到辽国发三兄弟之一高山，聊到当时的行情，我傻乎乎大放厥词，对着他说了一通做空有多么多么错，应该认亏平仓反手加倍做多，154 元以下绝对可以买进……高山还盛邀我和陈健，说任何时候只要我俩愿意加入，辽国发大门都是敞开的。嘿嘿，他们自己后来都人间蒸发了。

▲有人认为贴息 5.48 元的消息公布前在市场上流传是"泄密"。其实哪有什么秘密可言，那是个常识就可以判断的事情——发行国债时财政部公告上讲要保证国债收益率不低于同期银行储蓄存款的利率。什么叫不低于？就是大于或等于，你不高过三年期存款利率的话，至少要等于吧？如果要等于，就必须把国债票面利率 9.5% 和三年期存款利率 12.24% 之间的利差补齐，$(12.24 - 9.5) \times 2 = 5.48$，就这么简单，不用它公布也应该知道。

▲全部打涨停板这一幕我不记得了，我只记得我手里握有基金部四千手多

仓,在最后一刻被要求"全公司一盘棋",和公司的空仓对冲了。然后那天上海收盘后陈健接了个电话,得知最后八分钟公司在上交所下的单,我们的确是傻了。那天晚上我俩想着完了完了,明天公司将破产,据陈健讲公司的股东浦发银行、养老基金都得完,会被挤兑……我俩可能要失业了。然而我并不为自己担心。

后记

　　本书在 2015 年 2 月初版问世后,几乎是同时就开始了补充修订工作。整整五年,数十遍的修改和补充的过程,每一遍都让我感慨万千。

　　我在本书的初版后记中曾这样写道:在证券市场上叱咤风云的各位当事人,都自认为自己能够左右自己的命运,但每一个人其实都不知道最后左右自己命运的是什么。当年尉文渊在接受我访谈时曾说过这样一句话:“327 事件中惊险曲折的过程也是一个很好的金融文学题材。”当我在历史资料中不断看到连专业编剧都很难设计出来的戏剧性情节,居然在现实中就这样自然而然地发生着;当我发现无常的命运安排和弄人的造化演绎,居然在现实中一个接着一个地发生在各位当事人身上;当我从证券市场发展的轨迹中看到,一个市场化的股市最终落入极具计划经济色彩的体制旧巢;当我眼见华尔街数百年演进历史最终被推崇为一种“伟大的博弈”,而中国证券市场发展历史因为 327 事件所造成的转折,落得的却是一场"无常的博弈"……我明白了,还原 327 事件的历史应该呈现这谁都没有去正视的大背景下的历史真实!

更让我唏嘘感叹的是,五年前在开始本书修订的几乎同时,正逢 2015 年股灾的发生。延续至今,股灾的阴影仍未远离,整个市场在原有的惯性下跌宕至今;这五年,恰好涵盖了我对本书修改补充的全过程。造成市场的灾难性因素,尽管不被承认,其实并未消除,可能还会延续多年;而 327 事件真相的揭示工作和对它的阅读理解,对于作者和读者而言,也可能再延续很久——直到我们纪念这一事件发生 30 周年或者以后……

这是因为,无论是参与市场的个人、机构还是监管者,都曾经、正在和即将充分演绎和展示人性的贪婪和恐惧。"赌"这个简单的字在这五年的市场发展中得到了充分的表演——和当年 327 事件中的表现如出一辙,也必然会在今后的市场发展中继续有淋漓尽致的表现。

在中国资本市场发展历史上,由于缺少整体规划和长远目标,迟迟不能在跨市场的整体制度设计和法律框架上建立符合中国经济长远发展的市场环境,而市场自有其发展逻辑。跨市场、跨品种、跨地域的交易,在 327 当时的市场发展初期就已经出现,只是使用者的行为比较拙劣和幼稚而已;而到了 2013 年 816 光大乌龙指事件,更以明确的脉冲信号在提醒市场监管者应该与时俱进;可惜的是,直到 2015 年股灾,甚至延续至今,市场的监管者面对眼花缭乱的新交易方式、手段和技术仍采取熟视无睹的态度,一以贯之地想当然,继续愈演愈烈地以"改革"之名在技术细节和局部领域单兵突进地倡导"创新",以至于当热潮退去之后,在市场上留下哀鸿遍地、满目疮痍。

产品和技术创新,如果有宏观战略意图,是受控而有风险的探索和创造;反之,则必然带来整体性与系统性的风险和溃败。因为金融和证券衍生品是一个经济体的活跃细胞,作为工具并无对错,但一旦受体无法从整体上驾驭和控制它们,就会转变成这个经济体的癌症……

这正是327事件、816事件、2015年股灾和市场上林林总总各种事件给予我们的启示。

将近30年以来,随着市场的发展,投资者的结构改变了,投资行为也随之改变;市场的结构改变了,市场的运行方式也随之改变……但无论怎样变化,市场参与者对"政绩收益"和"业绩收益"的贪婪,是永远都不会变的。

因应无常只有如常!所以,无论是327事件还是股灾,最终要面对的仅仅是——人性。

陆 一

2019年11月

图书在版编目(CIP)数据

无常的博弈:327 国债期货事件始末/陆一著. —上海:上海
三联书店,2023.4 重印
 ISBN 978 - 7 - 5426 - 6884 - 4

 Ⅰ.①无⋯ Ⅱ.①陆⋯ Ⅲ.①国债市场−期货交易−历史
事件−研究−中国 Ⅳ.①F832.5

中国版本图书馆 CIP 数据核字(2019)第 272284 号

无常的博弈

327 国债期货事件始末

著　　　者 / 陆　一

责任编辑 / 匡志宏
装帧设计 / Shinorz. cn
监　　制 / 姚　军
责任校对 / 王凌霄

出版发行 / 上海三联书店
　　　　　(200030)中国上海市漕溪北路 331 号 A 座 6 楼
邮　　箱 / sdxsanlian@sina. com
邮购电话 / 021 - 22895540
印　　刷 / 上海展强印刷有限公司

版　　次 / 2020 年 2 月第 1 版
印　　次 / 2023 年 4 月第 2 次印刷
开　　本 / 640 mm×960 mm　1/16
字　　数 / 250 千字
印　　张 / 23
书　　号 / ISBN 978 - 7 - 5426 - 6884 - 4/F·794
定　　价 / 88.00 元

敬启读者,如发现本书有印装质量问题,请与印刷厂联系 021 - 66366565